首都经济贸易大学出版基金资助

# 农村医生工作满意度影响机制的实证分析
## ——来自公立医院的微观证据

董香书 ◎ 著

NONGCUN YISHENG GONGZUO MANYIDU YINGXIANG JIZHI DE SHIZHENG FENXI
LAIZI GONGLI YIYUAN DE WEIGUAN ZHENGJU

首都经济贸易大学出版社
Capital University of Economics and Business Press
· 北 京 ·

**图书在版编目（CIP）数据**

农村医生工作满意度影响机制的实证分析：来自公立医院的微观证据/董香书著．—北京：首都经济贸易大学出版社，2016.7

ISBN 978－7－5638－2516－5

Ⅰ．①农…　Ⅱ．①董…　Ⅲ．①农村—医疗卫生服务—研究—中国
Ⅳ．①R127

中国版本图书馆 CIP 数据核字（2016）第 130293 号

**农村医生工作满意度影响机制的实证分析——来自公立医院的微观证据**
**董香书　著**

---

**责任编辑**　田玉春
**封面设计**　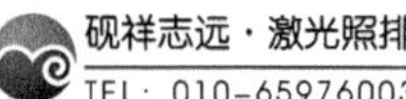

**出版发行**　首都经济贸易大学出版社
**地　　址**　北京市朝阳区红庙（邮编 100026）
**电　　话**　（010）65976483　65065761　65071505（传真）
**网　　址**　http：//www. sjmcb. com
**E－mail**　publish@ cueb. edu. cn
**经　　销**　全国新华书店
**照　　排**　首都经济贸易大学出版社激光照排服务部
**印　　刷**　北京九州迅驰传媒文化有限公司
**开　　本**　710 毫米×1000 毫米　1/16
**字　　数**　228 千字
**印　　张**　13
**版　　次**　2016 年 7 月第 1 版　2016 年 7 月第 1 次印刷
**书　　号**　ISBN 978－7－5638－2516－5/R·14
**定　　价**　33.00 元

---

# 序 言

青年学者董香书的博士论文经过修改和增补即将付梓，请我作序。作为董香书的硕士生导师，而且对于社会公平问题也较为感兴趣，故欣然命笔。

自由市场制度虽然可以促进效率提高，但不会自动产生“社会福利”。市场中包含“利益扩散”的某些机制并不能自动解决社会公平问题。将市场机制引入不应该出现的领域，将不利于社会公平的实现，具有公共品性质的农村医疗服务就需要政府进行必要的干预。但当前对于农村医疗的政策及讨论大多集中在补贴需求方即农民，由于医疗市场存在的信息不对称以及广大农村地区居民居住分散的特征，侧重补贴需求方的政策效果有限。单纯“补需方”的政策不仅带来了农村医疗价格的上涨，还引起了农民患者涌入城市，加剧了城市医疗的紧张。在这个背景下提高农村医疗的供给效率显得尤为重要。卫生服务属于劳动密集型行业，医生对工作的满意程度是农村医疗良性发展的最重要基础。如何建立合理的农村公立医院医生的激励机制无论在理论还是实践中都具有重要的意义。

本书基于田野调查的基础，立足一手的调查数据和访谈记录，对医生自我满意程度三大影响因素——收入、医患关系和医院管理进行了量化分析，并较为系统地讨论了其中的机制。据我了解，本书稿是国内对农村公立医院医生自我满意度较为系统研究的第一本著作，具有较高的学术价值。作者通过研究，提出了医患关系与工作满意度之间存在恶性循环机制，并认为工作收入和医院管理加剧了这种恶性循环机制。这些基本结论包含着丰富的政策信息。

政府应当加大对民生的投入已经成为当前学界共识，但当前政府更多侧重于对农村医院物质资本投资，而忽略了对卫生人力资本的补助。作者认为对于农村医疗这种劳动密集型行业，提高其效率更多应当侧重于对农村医生的补助。农村医生属于知识密集型职业，作者还认为政府需要改善农村医生的工作软环境，给农村医生提供更多的职业发展机会。这些建议对政府如何提高医生的工作满意度有着许多重要启示。

作者在解决农村医生医患关系方面跳出了“政府—市场”的二维框架，提出了“政府—社会组织—市场”三维框架。书稿认为应当建立相对独立的医生行业组织，对农村医生的行为加以有效的约束；建立合理的医疗责任保险赔偿机制等措施，以解决信息不对称的问题，破除医患关系与工作满意度之间存在的恶性循环机制。

“十三五”时期是全面建设小康社会的攻坚阶段，坚持共享的发展理念，提高农村卫生医疗服务水平将成为新的历史条件下的重要政策选择。本书的出版可以成为相关研究人员与政策制定者的重要参考。也希望董香书博士能够在未来结合时代新的变化，继续加强对农村卫生医疗以及相关社会政策的研究，取得更多的成绩。

杨春学

2016 年 4 月 26 日

# 中文摘要

21 世纪以来我国进入了“工业反哺农业，城市支持农村”的历史阶段，健康作为农民福利的重要组成部分，受到了政府的日益关注。2003 年起我国启动了“新农合”的政策，从医疗服务需求面给农民以补贴，缓解了农民“看病难、看病贵”的问题。但是从“新农合”政策实施以来，也出现了县级医院价格上涨、农民涌入城市就诊加重城市医疗机构负担等问题。从供给侧来研究农村医疗服务的提供，开始受到政策界和学术界的日益重视。基本医疗服务具有“有益品”的性质，具有较强的正外部性，政府应当介入。在我国已有的农村三级医疗体系（县、乡、村）中，县级公立医院和乡镇卫生院起到了重要的作用。而医疗服务是劳动密集型行业，医生处于卫生医疗的核心，其工作满意度直接影响医疗卫生服务的质量和效率。农村公立医院医生工作满意度在医疗服务中起着重要的作用，应当引起更多的研究。

本文运用“中国农村卫生人力资源研究”课题组调研的数据，对农村医生工作满意度的影响因素进行较为系统的研究。为克服主观变量可能存在的内生性问题，本文运用递归方程系统（RMP）对工作收入、医患关系和医院管理对农村医生工作满意度的影响进行研究。我们发现工作收入、医患关系和医院管理对工作满意度有显著的影响，而且医患关系还存在较为显著的内生性。结合实证结果和现有文献，我们推测医患关系和医生工作满意度之间存在恶性循环机制，即医患关系紧张导致医生工作满意度下降，而医生工作积极性下降又带来医疗服务质量下降，最终导致医患关系紧张。

进一步我们挖掘了工作收入对医生工作满意度的影响机制。运用双变量 Probit（Bioprobit）模型，结合实证结果、相关文献和调研访谈，作者发现工作收入从三个方面加剧了医患关系和医生工作满意度之间存在的恶性循环机制。第一，对工作收入的不满意严重影响了医生的工作心情，降低了医生对病人的服务质量与人文关怀，最终导致医患双方关系紧张，进一步恶化了医生的工作满意度。第二，工作收入不满意增加医生的离职倾向，优秀医生的离职将会降低医疗服务水平，并降低患者的信任程度。第三，收入不满意加剧了“以药养医”的现象，恶化了医患关系。进一步我们还分县级公立医院、乡镇卫生院医生子样本，高职称医生、低职称医生子样本进行研究，得到了更为细致的结论。

本文还讨论了医院管理对医生工作满意度的影响机制。本文认为由于医生对于医院管理的不满意，一方面导致了医生工作积极性下降，影响医疗服务质量，导致紧张的医患关系。另一方面，医院管理满意度低导致医生产生较强的离职倾向，这些都加剧了医患关系和工作满意度之间的恶性循环。进一步本文对管理的三个纬度：培训机会、提升机会、绩效管理等方面进行研究。我们发现管理的三个纬度都加剧了工作满意度和医患关系之间的恶性循环机制。我们进一步分子样本进行研究，得到了更为细致的结论。

最后本书结合实证研究、调研访谈和相关文献对提高农村公立医院医生工作满意度提出了相关政策建议。对于医患关系，一方面参照国外同行评估（External Peer Review）的成熟经验，建立相对独立的医生行业组织，对农村医生的行为加以有效的规范、监督与仲裁，以此来解决信息不对称问题；另一方面，建立合理的医疗责任保险赔偿机制，缓解医疗事故出现后医生与患者的矛盾。对于工作收入：一方面应当加强上级政府的转移支付力度，加大财政对民生的投入，提高基层医生的收入；另一方面政府财政的投入应由“补物”更多转向“补人”。对于医院管理，一方面政府应当去医疗体制的行政化，加强医生在医院管理中的话语权；另一方面政府要加大农村医生的培训力度、提升机会，改进绩效管理。

**关键词：**农村医生　工作满意度　工作收入　医患关系　医院管理

## Abstract

Since new century, the relationship of rural and city has stepped into a new stage that the industry support the agriculture and city reed rural. As one dimension of the most important welfare of farmers, heath attracted more and more attention from government. The New Rural Cooperative Medical Scheme which was launched in 2003 subsidy rural residents in demand side of health service in order to relieve the dilemma of "difficulty and high expenditure of medical treatment" . At the same time, however, some new issues such as the increase of price of medical treatment in county level hospitals that following the New Rural Cooperative Medical Scheme gradually appeared. In such background, improvement of both quality and quantity of health service in rural area is not only bearing on the welfare of farmers, but also significant for the improvement of the whole society. Both county level hospital and township level hospital have play a vital role in rural three lier health service network which include hospitals that are subordinate to county, township and village separately. As a labor intensive industry, physicians are in pivotal position. Their job satisfaction is of great interrelated with the quality and efficiency of health service. Based on its significance, the research of job satisfaction of physician needs more concern.

Using unique survey data that comes from the project of "Chinese rural human resource for health", this thesis studies Chinese rural doctors' job satisfaction and its influencing factor. To correct the potential endogeneity of the subjective variables, recursive mixed - process model (RMP) is used to study the effect of income satisfaction, doctor - patient relationship and hospital management on the rural doctors' job satisfaction. Empirical result indicates that income satisfaction, doctor - patient relationship and hospital management have significant positive effect on rural doctors' job satisfaction. Furthermore, doctor - patient relationship is found to be endogenous variable. Based on the empirical result and existing literature, we conclude that there is a harmful circulation mechanism between doctor - patient relationship and doctors' job satisfaction. That is, the tensity of doctor - patient relationship causes a decrease of doctors' job satisfaction. Conversely, the decrease of doctors' motivation has a adverse effect on the quality of health service, which result in tensity of doctor – patient relationship.

Further, this thesis investigates the channels how job satisfaction influence doctors' job satisfaction. Using bioprobit model, it is found that income dissatisfaction exacerbates the harmful circulation mechanism in three different paths. First, it is just the income dissatisfaction that affect doctors' mood, which decreases the patience when they treat s patients. As a result, doctor – patient relationship will go on a tense way. Finally, the worsening doctor – patient relationship will have a negative effect on doctors' job satisfaction. Second, doctors have more job quit intention if they are unsatisfied with their income. Consequently, excellent doctors will leave their current job because they have more opportunity to choose. The quitting of excellent doctors will decrease the average quality of health service deliver in rural area, which has a harm effect on patients' trust on the local doctors' competence. In the end, the tensity of doctor – patient relationship will be bad for doctors' job satisfaction. Third, "drugs serving to nourish doctors" exacerbated by doctors' income satisfaction worsens doctor – patient relationship. Finally, the worsening doctor – patient relationship challenges doctors' job satisfaction. In addition, both subsamples of doctors belonging to township hospital and county hospital and with low and high professional qualification are discussed, in order to get more meticulous conclusion.

The mechanism that hospital management works on doctors' job satisfaction is studied as well. Doctors' dissatisfaction of hospital management leads to the decline of their work initiative which has negative effect on the quality of health service delivery, and the latter has contributed to the intensity of doctor – patient relationship. On the other hand, doctors' dissatisfaction of hospital management also leads to the job quits of superior doctors in local which exacerbate the harmful circulation mechanism between doctor – patient relationship and doctors' job satisfaction. Additionally, the effect of three dimensions of hospital management including promotion satisfaction, performance management satisfaction and training opportunity on doctors' job satisfaction is also discussed. Empirical result indicates that the three dimensions of hospital management have all contributed to the harmful circulation mechanism between doctor – patient relationship and doctors' job satisfaction. In the end, both subsamples of doctors belonging to township hospital and county hospital and with low and high professional qualification are discussed as well, in order to get more meticulous conclusion.

Finally, the major conclusions drawn from this thesis are summarized and some policy implications are presented in order to improve rural doctors' job satisfaction. First, it is suggested that relative independent doctors' professional associations be established to regulate, monitor and arbitrate the doctors' behavior, in light of other countries experience in external peer review. Thus, the information asymmetry between doctor and patient can be relived in some extent. On the other hand, reasonable medical liability insurance should be founded in order to mediate the conflict between doctors and patients after malpractice. Second, financial support of the grassroots medical institutions from central and provincial government should be enhanced. In addition, local government should avoid its "GDP worship" and build on a solid foundation for public finance system. On the other hand, the financial support should turn its direction from the subsidy of material to the subsidy of fellow. These schedules make sure to improve rural doctors' income. Last but not least, hospital management should be improved. Administration from the governments on the medical system should be wiped off so that doctors could emit their own voice. Besides, training opportunity, promotion opportunity and the performance management also should be paid more attention so as to enhance Chinese rural doctors' job satisfaction.

**Key words**: rural state owned doctor; job satisfaction; income satisfaction; doctor – patient relationship; hospital organization satisfaction

# 目 录

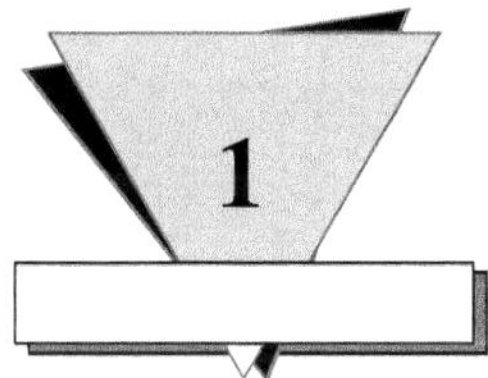

# 导论

## 1.1 研究背景与研究意义

健康作为人类全面发展的基础，构成居民福祉的重要组成部分。著名经济学家阿马蒂亚·森（2002）认为健康是一种非常基本的人类自由，也是人类可行能力的重要方面。医疗保健等服务不但可以创造社会机会，而且有利于经济发展和降低死亡率。[①] 好的健康能够提高人的效用，所以医疗需求是个人生活中必需的服务型消费（Grossman，1972）。健康同时还是一种重要的人力资本（Schultz，1961；Gary S. Becker，2007），对经济增长与发展有着深远的影响（Strauss & Thomas，1998；Pritchett & Summers，1996）。Barro（1991）以及 Levine 和 Renelt（1992）的研究，都讨论了健康通过提高个人的劳动能力提高经济增长的作用。既然健康不仅属于人最基本的可行能力，而且也对经济发展有重要的作用，那么让居民获得必要的医疗卫生服务不论从公平的角度还是从效率的角度都有着重要意义。森也指出人的全面发展（包括健康）不能仅仅看做富国才付得起的某种“奢侈品”，东亚经济体的表现否定了这种偏见。这些经济体在摆脱贫困束缚之前就进行了大规模的教育普及和医疗保健设施建设，取得了较大的收获。[②] 从对经济发展的角度看，提高居民的健康对国家层面来看也有着重要的意义。

既然健康无论从个人层面还是从国家层面来看都有着重要意义，那么与居民健康密切相关的医疗服务应当引起更多的关注，尤其是对步入老龄化社会的国家（Fiorito，2005）。与义务教育类似，基本的医疗服务是一种有益品（Merit Goods）。考虑到医疗服务的正外部性，Musgrove（1958）认为即使社会成员按照其自身偏好和货币支付限制下不需求的情况，也需要政府提供此种服务。Head（1969）提出信息不对称，证明政府供给有益品是合理的。Fioroto 和 Kollintzas（2004）认为有益品可能提高了互补的私人物品的消费，尤其是为穷人提供基本健康服务，更应视做一种有益品。综上所述，考虑到提供的公平性，医疗服务（尤其是基层的医疗服务）更多需要政府的介入。

---

① 阿马蒂亚·森．以自由看待发展．任赜，于真，译．北京：中国人民大学出版社，2002：第33页。

② 阿马蒂亚·森．以自由看待发展．任赜，于真，译．北京：中国人民大学出版社，2002：第33－34页。

医疗作为一种劳动密集型的产业，需要更多医生的投入。如何吸引充足的医生进入医疗服务领域，如何提高医生的工作状态，对一国健康服务的提供有着重要的意义。基层医生尤其是农村公立医院医生（以下简称农村医生）①的工作状态涉及作为有益品的医疗服务的提供质量和效率，更应当受到政策研究界与理论研究界的关注。

虽然改革开放以来我国工业化、城市化快速推进，农业产值占全国经济总量仅10%左右，但2011年依旧有48.73%左右的居民居住在农村。广大农民的健康不仅涉及农民的福祉，也对我国农村人力资本的积累、新农村建设有着重要作用。目前农村形成了以县级医院为龙头、乡镇卫生院为骨干、村级卫生室为基础的农村三级医疗卫生体系，为农民健康的提高做出了重要贡献。但由于我国城乡二元经济的客观存在，农村卫生与城市相比仍然存在较大的差距。从卫生费用的角度来看，1990年农村占城市费用比为24.4%，到2011年也仅为32.3%。从卫生人员数量来看，城市每千人口卫生技术人员为7.9人，而农村每千人口卫生技术人员为3.19人，为城市的40.4%。② 城乡健康服务的差距，不仅影响了农民的福祉，也较为严重地影响了城乡健康人力资本的形成，最终不利于城乡二元格局的缩小。

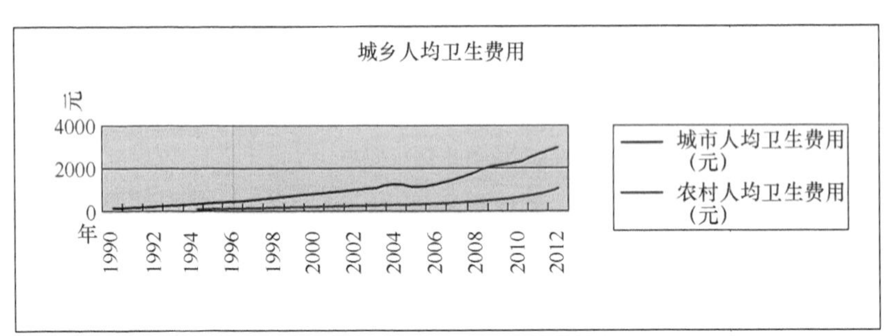


**图1－1　城乡人均费用变化趋势**

注：数据来源于历年《中国卫生统计年鉴》。

2003年以来，我国政府开始强调“工业支持农业，城市反哺农村”，农

① 为简短起见，本文后续将农村公立医院医生（包括县级医疗机构和乡镇卫生院）缩写为农村医生，需要指出的是这里农村医生不包括乡村医生（村医）。

② 以上数据来源于历年的《中国统计年鉴》《中国卫生统计年鉴》。

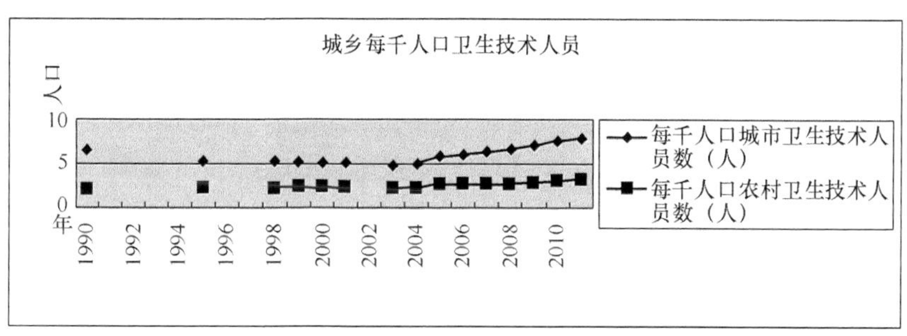


**图1－2 城乡每千人口卫生技术人员变化趋势**

注：数据来源于历年《中国卫生统计年鉴》。

村的发展进入了新的历史阶段。2005 年，中国共产党十六届五中全会通过《十一五规划纲要建议》，提出要按照“生产发展、生活宽裕、乡风文明、村容整洁、管理民主”的要求，扎实推进社会主义新农村建设。2006 年中央一号文件提出社会主义新农村建设，并在“十一五”规划中正式将建设社会主义新农村作为重要目标。农民良好的健康水平不仅有助于农村经济发展，还可以降低农民治疗的开支，减少“因病致贫”的现象，带来农民“生活宽裕”。而且良好的农村卫生基础设施也有助于乡风文明、村容整洁。由于农村医疗卫生的重要性，我国政府加大了对农村医疗的扶持力度。

从需求方来看，2004 年我国推行新型农村合作医疗项目以来，政府公共财政逐渐加大了对农村卫生服务的投入。2010 年，全国新型农村合作医疗的总筹资达 1 308. 33 亿元，其中各级政府的公共财政补助高达 1 079. 38 亿元，公共财政筹资占总筹资比重的 83. 51% （秦立建 & 蒋中一，2011），有效刺激了农村健康的需求，也缓解了农民“看病难，看病贵”的问题。从需求侧对农村卫生的研究也成为当前我国卫生经济学研究的热点。高梦滔（2010），马双、张劼（2011），程令国（2012），白重恩（2012）等文献分别从新农合对农民储蓄、农民营养摄入量、农民的医疗消费、农民消费等方面的影响进行了实证研究。

由于健康是人全面发展的基本权利之一，医疗服务是一种比较刚性的需求（朱恒鹏，2007）。我国新农合政策缓解了农民的负担，同时也在一定程度上放松了农民看病花费方面的约束，让农民在就医方面有了更多的选择。在目前县、乡、村三级网络卫生服务水平有限的客观制约下，许多患者选择进城市大医院看病。2008 年第四次国家卫生调查的数据显示，农村患者中有 50% 的住院病人流向县级以上医院，10.6% 流向省（市）级医院，在乡镇卫生院住院的病人仅为 36.6%，农村三级医疗体系的作用尚待加强。统计表明，同一种疾病在县级医院诊疗总费用明显低于城市大医院。从 2009 年综合医院医疗费用来看，部属医院、省属医院门诊均次费用为 305 元和 238 元，县医院仅为 110 元；从住院的角度来看，差距更大，部属医院、省属医院出院病人平均费用为 1.52 万元和 1.21 万元，县医院仅为 3 000 元（张茅，2011a）。如果再考虑去大医院看病来回交通成本、住院的生活成本，更会加重群众看病的经济负担。农民大量涌入城市就诊，一方面不仅加重了农民医疗负担，加重了政府财政的负担，让新农合政策实际效果大打折扣；另一方面也让大城市的医院负荷更重，“看病难”的问题在城市大医院更为凸显。由于县级医院具有一定垄断性质，有关研究表明，新农合实施以来，作为农村三级网络龙头的县级医院出现涨价等现象，抵消了新农合缓解农民看病贵的作用，这些都使得新医改的整体效果大打折扣（封进，2010）。

有机构调查表明，无论是从住院天数、人均住院费用、特殊检查方面，享受新农合的农民都显著高于居民医保和职工医保。① 综上所述，单纯从需求侧来着手解决农村医疗问题难以真正解决农村医疗服务水平较低的问题，农村医疗服务的供给侧（即县、乡、村三级农村卫生网络）的讨论对农村居民健康的提高有着重要的意义。而且从卫生经济学的理论来看，供给侧研究健康问题也是重要的方面，应当引起我国卫生经济学界的关注。

由于医疗服务对象的高度差异化和复杂化，使得医疗服务是一种劳动密集型产业。医疗服务在很大程度上必须照顾患者的个性特质。更为重要的是，众多患者的种种个性特质，不仅是医学或生理学的特质，还包括心理甚至社会心理特质。这些都需要医生依据具体情况根据其知识和经验进行合理判断，这也使得医疗服务业不能像制造业那样通过开发“流水线”、减少人工来提升效率，而必须动员更多的人力资源进入（顾昕，2011）。处于信息优势方的医生，其工作状态直接关系医疗服务质量。综上所述，医生在医疗服务过程中应当处于核心地位，一定要予以重视。

---

① 白剑峰．解剖过度医疗：过度医疗猛于虎．人民日报，2011－4－14（http：//news. xinhuanet. com/2011－04/14/c_ 121301983. htm）。

2009年上半年我国正式启动了新一轮医疗体制改革，其重点是“保基本，强基层，建机制”①，公立医院的公益性重新得到政府与社会的重视，居于弱势地位的农村医疗受到政府和社会的关注。医生是医改实施的主力军，提高农村医生的积极性成为基层医改成败的关键（张茅，2011b）。周子君、林明健（2003）认为当前中国医生的工作状态堪忧。第四次国家卫生服务调查显示49.7%的医护人员认为社会地位比前几年下降。从2010以及2011年对甘肃、河南和广东三省的调研中我们也发现，即使政府加强了投入，农村医生对于目前社会地位仍然不满，认为社会地位有所提高的仅仅为20%左右，认为社会地位下降的高达58.8%②。中国医生的经济地位和工作环境甚至受到国际医学界的关注，《柳叶刀》（2010）发表社论，认为中国医生的经济和社会地位已经在最危险的边缘。医生对于工作的不满意还表现在对子女的职业选择上，中国医师协会研究发现，医生不希望子女学医的比例不断上升：2002年为53%，2004年为63%，2011年为78%。③ 中国由于客观存在的城乡二元经济格局，农村物质条件、工作环境比城市更为艰苦。而且当前医疗卫生资源的城市倾斜严重，城乡卫生人力分布两极分化严重，最新统计数据表明，2010年农村每千人口的医师（包括助理医生）为1.32个，仅占城市的44%，农村医生的负担远大于城市医生④。这些都让农村医生在服务过程中承载着更大的压力。

具有较强正外部性的农村医疗服务是一种有益品，需要政府的有效介入。在我国现有的三级医疗机构中，农村公立医院主要包括县级医院和乡镇卫生院。县级医院作为农村三级医疗体系的龙头，是临床疑难常见病、多发病以及急危重症病人的救治中心。它上接城市医疗机构、下连乡镇卫生院，在农村医疗服务中起着重要作用。乡镇卫生院作为农村三级医疗体系的骨干，是农村三级医疗网点的枢纽，是农村基层服务的重要提供者。医疗服务具有劳动密集型的特点，要求动员大量的卫生人力资源进入医疗服务行业。要提高

① 2009年上半年，中共中央、国务院颁发了《关于深化医药卫生体制改革的意见》，标志着医疗卫生体制改革的正式启动。

② 数据来源于国际项目“中国农村卫生人力资源研究：现状评估及未来需要预测”的微观调研。关于该项目的具体介绍，参见本章1.4：数据来源与说明。

③ 参见第四次医师执业状况调研报告（http：//www.cmda.gov.cn/gongzuodongtai/zhinengbumen/2011－08－08/9778.html）。

④ 数据来源于《中国卫生统计年鉴》(2011年)。

农村居民的健康水平，作为农村医疗服务重要载体的农村公立医院医生的工作状态应当引起更多的关注。公立医院医生工作满意度的高低直接影响他们的就诊行为、服务质量和服务效率，直接影响农民的健康水平。本文拟对农村公立医院医生的工作满意度进行研究，对不同影响因素以及影响机制进行探讨，以期推进对“新医改”的认识。

## 1.2 文献述评

### 1.2.1 工作满意度的概念：内涵及外延

工作满意度（Job Satisfaction）作为组织行为学中研究最广泛的一种心理行为态度的评价，对其内涵较为统一和明确的认识为：代表个人对其工作及工作内容的评价（李子叶等，2008）。Hoppock（1935）指出工作满意度是员工对工作评价、对工作的情感和态度。工作满意度问题受到学术界的关注，并涉及心理学、组织管理学、经济学、社会学等各个学科。

Locke（1969）认为工作满意度是员工对自己工作的情感反应，工作不满意是由于工作带来烦恼或阻碍了个人价值的实现所导致的不高兴的状态。Smith，Lendall 和 Hulin（1969）将工作满意度视为工作持有的态度或情感反应。总体来说，对工作满意的测量有两类方法：一类是采用从整体意义上考察，常用的是密西根组织评估问卷（Michigan Organizational Assessment Questionnaire，MOAQ），即单一整体意义上的评估法。另一种是对于工作相关的多个方面的满意度的综合评价，如明尼苏达工作满意度量表（Minnesota Satisfaction Questionnaire，MSQ）对工作的综合评分法。国内也有些学者对工作满意度的研究做了述评，如冯缙、秦启文（2009）的研究。本文采用的是单一整体评分法测量的工作满意度，即“整体上，你对工作满意度的评价”。许多研究表明采用这种方法简单明了。由于满意度的内涵较广，单一整体评估法不失为一种广泛的更具有包容性的测量方法（Louis 和 Claude，2004；Hugh，Arne 和 Mohammad，2008）。

很多学者将工作满意度与其他激励理论联系在一起讨论。Adams（1963）将工作满意度放在公平理论中解释，认为工作满意度是雇员将自己的收益和他人相比较而得到的。Vroom（1964）则将工作满意度置于期望理论下，认为

工作满意度是雇员从其实际与期望值之间的比较而得到。员工的工作满意度和员工的行为也有着密切的关系（Fassina 等，2008）。Janssen 和 Yperen（2004）发现自主权高的员工的工作满意度更高，同时工作绩效也更高。张士菊、廖建桥（2007）发现员工薪酬满意度对工作满意的影响最大。员工的工作满意度还影响周围人对他们的态度，Bardwick（1986）认为，同事们会回避职业高原员工，同时主管们也不再分配重要的任务给他们，不再热衷询问他们的意见，不再注重评估他们的工作表现。同时工作满意度还是人生活状态的一部分，对人的幸福感有很大的影响（Sousa - Poza，2000）。Ilies 等（2009）实证研究发现，员工的工作满意度对其家庭生活有显著的影响。

### 1.2.2 医生工作满意度的研究现状

医生的工作满意度直接影响医疗卫生提供的质量和效率（Grol 等，1985；Ostroff，1992；WHO，2006；Wallace 等，2009）。如果医生的工作需求不能得到满足，那么患者的需求就会受到影响（Linn 等，1985）。例如 Linn 和 Brook 等（1985）通过对美国内科医生的工作满意度和患者的满意度的同时考察发现，双方的满意度具有极为显著的正向相关关系：患者对该科室医生服务满意度的评分越高，对应的科室医生的工作满意度分值也越高。该文章首次发现医疗服务体系中“消费者”满意度和提供该消费的人员的工作满意度之间的重要联系。Grol 等（1985）研究发现，医生对工作的积极感受使得他们与病人打交道时，会更加注意病人的心理感受，对病人更有耐心，对病人提出的问题解答也更为认真，具有消极工作态度的医生则对病人的解释更少。在某种程度上，医生的工作感受与对病人的诊断治疗质量具有相关关系。WHO（2006）则直接强调医生的工作满意度对医疗服务质量和效率的影响。Wallace 等（2009）强调了医生的福利对个人甚至医疗体系的绩效具有不可忽视的影响，他们认为医疗体系管理者应考虑将医生的福利衡量纳入医疗体系的管理中。Ostroff（1992）以教师为研究对象也发现类似的结果：教师的工作满意度与学校教学质量有显著的相关关系。教师的教育服务和医生的医疗服务具有一定的类似性，Ostroff（1992）还佐证了这种信息不对称下的劳动密集型服务，劳动供给方的工作满意度较为严重地影响服务质量。有研究发现，工作满意度对员工的离职有显著的影响，工作满意度也是影响医生离职的重要原因（Pathnlanl 等，2002；Lichtenstein，1984；Williams 等，2003）。

Pathnlanl 等（2002）通过对美国 1 939 名全科和专科医生的截面分析研究发现，工作满意度与医生的离职计划密切相关。Lichtenstein（1984）和 Williams 等（2003）的综述也大体支持了该结论。但最近也有研究认为工作满意度取决于离职倾向（Lee 等，2008；Piccolo，2006）。

如前所述当前中国医生工作状况并不乐观，据 2011 年的中国医师执业状况调研数据显示，高达 95.66% 的医生认为付出与报酬不相符，只有 19.02% 的被访医生表示对目前执业环境满意①。是什么因素使得我国农村医生存在较为严重的工作不满意？虽然当前对于中国农村医生工作满意度的实证研究尚显薄弱，但从国内外文献来看，影响医务人员工作满意度的主要原因聚焦于工作收入、医院管理和医患关系。

### 1.2.3 医生工作满意度影响因素之一——工作收入

从现有文献来看，收入不满意是导致医生工作不满意的重要原因（于晶波等，2004；郭艳芳、陈少贤，2006；黄冬梅等，2008）。张新庆等（2010）通过调研认为，“薪酬整体水平较低”和“薪酬不公平性较高”影响医疗卫生人才队伍的稳定性。张宜民、冯学山（2011）通过对上海公立医院医生的调查显示，74.4% 的公立医疗机构医生收入低于 2 000 元，影响了医生的工作满意度。顾昕等（2007）认为经营困难、政府投入不足，使得乡镇卫生院经常难以支付足额工资，较高职称和学历的技术人员流失严重。吴海舰等（2002）、谢娟（2010）也得出类似的结论。罗敬（2008）认为医生的收入不高，并且比较了医生和教师两种职业的差距：一方面教师的收入略高于医生；另一方面教师享受两个假期等福利都是医生所没有的。工作收入不满意也是导致医务人员离职倾向较高的重要原因。韶红等（2004）研究发现，薪酬是影响医生离职意愿的主要因素。常起等（2011）也发现众多影响因素中，收入满意度对医务人员的离职意愿影响最大。Lum 等（1998）基于美国 466 名妇科和儿科护士的数据，发现收入不满意对护士的离职倾向有显著的影响。Shields 和 Ward（2001）通过对英国护士的离职倾向进行考察，也有类似结论。环球时报与丁香园网站对中国 19 家城市医院的医生调查结果显示，82%

---

① 中国医师协会．第四次医师执业状况调研报告．2011－8－8（http：//www.cmda.gov.cn/gongzuodongtai/zhinengbumen/2011－08－08/9778.html）。

的医生对自己的收入不满意。陈烈平等（2010）对553位乡镇卫生院院长进行调查，结果表明90.4%的卫生院院长认为卫生院医务人员薪酬太低。医生中因为对工作收入不满意，不仅会带来医务人员的离职，还会使现有医生的工作积极性下降（张宜民，2011；顾松涛等，2006），影响卫生服务提供的效率与质量。

有学者认为，政府对医疗市场的价格管制是中国医生收入偏低的主要因素。沈群红（2009）认为医生作用集中在其长期累积的为患者服务的隐含性知识，现行医疗服务定价与补偿机制中，对医务工作者提供医疗服务的劳动时间认可度太低。朱恒鹏（2010）认为，当前医务人员劳务价格在政府管制下被严重低估，明显低于其人力资本的价值。医务人员劳务价格的严重低估具有历史根源，计划经济时期医务人员的工资基本上是由政府支付，当时医疗服务的价格就没有包括全部技术劳务成本。当前中国医疗服务更多依靠可测量的实物成本定价，在僵化的定价机制下，医生的人力资本并没有在医疗服务价格中体现（赵明、马进，2009）。而如果将这部分差价收入通过医疗服务来实现，必将使医疗总费用降低，既降了患者负担，也提高了医务人员的技术劳务价值，同时还能提高服务的质量，缓解当前紧张的医患关系（王新，2012）。张新庆等（2010）认为“薪酬整体水平较低”和“薪酬不公平性较高”已经严重影响了医疗队伍的稳定性，而且部分医务人员为生计而忧虑，“廉洁行医”的理念受到动摇。李鹏飞等（2006）认为，一方面政府对于医院的投入不断减少，另一方面政府对于医疗服务价格进行规制，压低了医生提供医疗服务的价格，这使得医院难以维系，医院“以药养医”“以设备养医”的现象较为严重。

由于对收入不满意，那些有离职倾向但未能离职的医生工作积极性下降，甚至出现行为扭曲的现象。医生具有特殊的专业技能，在医疗市场中处于强势地位（Arrow，1963）。由于医生工作收入偏低，导致医生有动力通过其他渠道提高收入，而医疗市场的信息不对称，又给具有信息优势方的医生“以药养医”和“以械养医”提供了可能性。Farley（1986）提到，医生在患者医疗决策中有不可忽视的影响作用，医生可以直接影响患者的消费量，尽管患者可以独立地选择医生并对医生所提出的医疗方案选择是否接受，但是一旦接受医生的医疗方案，医生决策直接进入诊疗过程进而影响后续医疗服务的种类和数量。Sweeney（1982）指出当政府对医疗价格进行管制时，医生会

通过诱导需求的方式来维持其目标收入。Propper 和 Van Reenen（2010）研究发现，政府对收入进行管制的情况下，医务人员会从低收入地区流向高收入地区。McCoy 等（2008）对非洲国家卫生人员工作收入的研究发现，收入低的医生更有动力增加患者医疗消费。Hsien – Ming 等（2004）通过利用酒精滥用（Alcohol Abuse）患者门诊数据，考察了医生的开药权限（Rationing）和劝说（Persuasion）对增加患者诱导需求的影响能力，为医生诱导需求提供了实证依据。干春晖等（2007）分析了医患信息不对称带来供给者诱导需求从而导致医疗费用增加的现象。高春亮等（2009）认为医生将充分利用信息不对称和医疗过程的不确定性，诱导更多医疗需求，增加病患或医疗体系的卫生支出。马本江（2007）认为在医患信息不对称条件下，当前国内各类规模不等医院均普遍采取的医师药单收益提成、科室收益提成的激励制度是形成"看病贵"的主要原因之一。李丽（2007）认为按我国目前规定的标准价格，医疗机构经常利用信息优势诱导需求，并通过一定的策略性行为增加自身利润水平。作者以阑尾炎作为案例，由于规制部门规定的手术费用比较低，在全国医疗服务价格项目规范中普通急性阑尾炎手术收费为 120 ~ 240 元，但医院可以通过增加辅助药品治疗和一些较昂贵的辅助检查等增加对患者的收费，结果阑尾炎手术患者在二、三级医院住院治疗的总费用分别是 1 500 ~ 2 000 元和 2 000 ~ 3 000 元。寇宗来（2010）认为政府将诊疗价格规制于较低水平，但"医"和"药"具有强烈的互补性，由于存在信息不对称，医生能够通过开高价药，增加药品抽租，提高患者就诊的"麻烦成本"，前者导致了看病贵、后者带来了看病难。朱恒鹏（2007，2011）认为医疗服务价格低估导致的"以药补医"机制赋予了医疗机构抬高药价的合法权力，政府对医院医生行为的管制并不能减轻患者的负担。佟珺、石磊（2010）认为这种规制结构为医疗服务供给者的经济行为提供了扭曲的激励，使得医疗服务提供者在不同价格规制方法下的医疗服务项目上所付出的努力产生了不对称——对于较为依赖医生技术的基本服务努力不足，而努力向依赖检查与药品倾斜，导致医生没有激励控制成本。汪丁丁（2005）认为，解决当前中国医疗改革问题的关键是对医生服务进行合理的定价。徐昕（2011）认为在现有医疗服务价格较低的条件下，会出现基层医生提供的诊疗服务数量过多、诊疗服务质量必然下降的结果。由于农村医生的激励尚待理顺，当前医疗改革中"补需方"的政策效果大打折扣。肖碧（2011）认为，医疗服务项目价格长期以来低于

成本，而且存在医疗系统内外比较不合理、劳务价值培训成本高、医疗知识更新速度快、脑力消耗大、技术风险高等问题，所以医疗卫生部门的潜在人工费用应当大于其他行业，但是目前以社会平均劳动力为基础计算医疗技术劳务价值，加剧了医疗系统内外比价的不合理。而且仅以时间长短来计算技术劳务价格也导致了系统内部的比价不合理，例如阑尾炎手术和心脏手术的技术含量就难以比较。封进等（2010）的实证研究表明，新农合导致县医院价格快速上涨，农民的疾病负担并没有实质性降低。这些都导致了医患关系的进一步恶化（任建明，2006；黄君丽，2008；徐媛媛，2010）。

### 1.2.4 医生工作满意度影响因素之二——医患关系

日益紧张的医患关系也成为医生不能积极工作的重要因素。彭红、李永国（2007）从历史的角度讨论了医患关系的演变，认为我国医患关系从古代的和谐、近代的进展和现代的冲突不断，其关键在于医患的关系日益物化。中华医院管理学会2005年6月~7月对全国270家各级医院的调查结果显示，全国有73.3%的医院出现过病人及其家属用暴力殴打、威胁、辱骂医务人员的情况。[①] 张斌（2011）认为医患关系是医疗活动中最基本、最活跃的人际关系，医患之间彼此信赖的关系是医疗活动的基础，紧张的、缺乏信任的医患关系对病人、医院、医务人员和社会都不利。雷海潮、胡善联和李刚（2002）通过实证研究发现，我国医疗服务中在CT的利用方面有16.3%是不必要的，不仅如此，在不影响诊疗质量的前提下还有一部分可以用其他收费较低的普通检查来替代。张宜民（2011）研究发现在控制其他变量情况下，医患关系影响了工作满意度。孙冬悦等（2011）也有类似结论。医患关系紧张导致医生的工作满意度下降，从而使得医生放弃基于个人医疗经验的有风险的治疗措施，转向依靠“药”和“械”的标准治疗方式（谢铮等，2009），而这种“以药养医”“以械养医”显然又进一步恶化了医患关系。有研究发现，收费对医患双方的满意度均有影响。例如Linn等（1985）研究发现，医生的工作满意度和患者的满意度在收费更为合理的情况下才能达到持续并长久的和谐一致。合理控制医疗费用不仅对提高医患双方的满意度，并对改善心理和社会利益都有好处。医患关系影响医生的工作状态不仅是中国的问题，

① 卫生部发布医院调查结果，七成医务人员曾受威胁．北京晨报，2005-09-30.

也是国际医疗界所面临的共同问题。Grembowski 等（2005）通过对门诊医生的研究，发现病人的信任和尊重与医生的工作满意度之间有强相关性。Sparr 等（1988）研究发现，医生对医患关系的感觉和评价是其工作满意度的“晴雨表”。也有学者讨论了医生工作满意度对医患关系的影响。DiMatteo 等（1993）利用美国 186 名医生以及其诊断过的糖尿病、高血压和心脏病病人的两年跟踪面板数据，发现除去病人的个人特征外，医生的工作满意度对病人的合作忠诚度有显著的影响。Haas 等（2000）利用美国的 2 620 个病人以及给这些病人至少看过一次病的 166 名医生数据，研究发现，对医疗服务满意度高的病人更多对应的是工作满意度高的医生。刘梦明等（2012）、赖贞华（2012）认为，较低的患者信任度将增加医生的工作压力，使其产生身心疲惫、厌弃工作的感受，进而产生离职倾向。医患关系不仅在中国困扰着医生的工作环境，它也是困扰医生的世界性难题。Hahn（2001）认为大约有 10% ~20% 的患者对医生的工作提出挑战，从而影响医患关系，降低了医生的工作积极性，加剧了医生离职倾向。Moreno - Jiménez 等（2012）利用马德里 480 名医生样本实证研究发现，医患关系紧张导致了医生的心理疲惫状态和职业倦怠，从而加重了医生的离职倾向，并且还影响了医生的工作效率与质量。也有研究认为，医患关系影响医生的服务水平。Arnetz 等（2001）通过对瑞典一家大型医院 1994、1995 和 1997 年三年的连续追踪研究发现，控制住其他相关变量，那些以前经历过患者暴力的医务人员提供的医疗服务的质量（通过患者角度评价的服务质量）明显低于没有遭受过患者暴力的医务人员。农村医生的激励问题一直是卫生经济学中研究的热点。Razee 等（2012）通过对巴布亚新几内亚的农村医生的深度访谈发现，居民对农村医生的态度对农村医生的工作激励有很大的影响。吕国营（2010）认为医生的品德是第二种人力资本，在和谐的医患关系中起到重要作用。

### 1.2.5 医生工作满意度影响因素之三——医院管理

医生属于专业技术人才，管理在医生工作满意度中也起到重要作用。医院管理形成的管理文化对医生的行为和态度产生影响，从而影响医务人员的工作满意度（Tsai，2011）。孙葵（2009）认为医院组织管理水平会影响医生的个体行为，并且关系医生对医院的承诺以及人员的稳定性。张宜民（2011）基于城市公立医院医生的研究，发现组织管理满意度是影响医生离职倾向最

重要的解释变量。Chi－Man 等（2012）指出中国发起的医疗卫生体制改革的成功离不开对医疗服务提供者的激励、公立医院的管理以及建立强有效的监管体系。肖雅楠（2010）研究发现，收入和管理体制是处于职业生涯早期阶段员工离职的主要因素。Ahmad 和 Riaz（2011）实证研究发现医生对直接上级的管理满意度与其离职倾向呈显著的负相关。但在我国公立医院管理中，计划经济时期的遗产仍然左右人力资源的配置，这已成为当前中国卫生人力资源出现危机的重要原因（顾昕，2011）。张正堂等（2007）认为经济落后的农村地区，管理的等级越强，知识性员工的自主权越低，这样导致员工异地离职倾向加大。蒋天文等（2002）认为管理的低效率是造成医院、医生以及药商合谋的重要原因。

### 1.2.6 我国农村医疗卫生服务现状

中国城乡二元经济中城乡差距更困扰着农村医疗卫生服务的有效提供。王延中、冯立果（2007）认为"甩包袱"式市场化条件下，医疗卫生资源越来越向人口密集度高的城市集中，人口密度小的农村必然"缺医少药"。顾昕（2006）认为由于政府对于医疗卫生投入较少，而卫生费用的主体是个人的卫生开支，这使得医疗资源配置过程中市场力量将更多的医疗资源集中到级别较高的医院，农村医疗机构的市场份额偏低，相应其能力建设也面临较大的困难。Newhouse 等（1982）认为，存在一个人口规模临界点，使得只有在临界点以上的那些地区才能吸引并有能力供养一个专科医生，而人口规模在临界点以下的地区只能留住全科医生。

在市场化力量主导医疗资源配置的背景下，政府的资金较多投向人满为患的综合医院，政府未能起到矫正市场失灵的作用，反而被市场力量所引致，加剧了医疗资源分配的不公平。李玲（2012）认为医改的市场化改革导致基层医疗卫生人员的数量和质量都满足不了需求，农村三级医疗卫生网络内部的乡镇卫生院面临着更为尴尬的地位。朱玲（2000）通过调查发现有些乡村两级卫生人员的业务水平往往不相上下，多数转诊患者干脆直接去县医院。韩俊、罗丹（2005）认为村级医生和病人关系较好，而乡镇卫生院在价格和服务上不令人满意，其质量方面又不如县级以上的医院。陈传波等（2010）认为部分乡镇卫生院的"收支两条线"改革是导致医疗服务激励不足的重要原因。顾昕、方黎明（2007）认为经营困难、政府投入不足，乡镇卫生院经常难以足额支付工资，相对较高职称和高学历的技术人员流失严重。崔宜庆（2009）认为乡镇卫生院设备简陋，而且“以药养医”“以医养防”等问题突出，卫生人力资本较低，无专业学历者占到51.0%。杨宇霞（2012）认为乡镇卫生院主要的困境是缺乏人才。目前乡镇卫生院难以吸引到本科以上的医疗人员，越是经济欠发达地区以及偏远地区的卫生院，年龄偏大、知识结构不合理的现象越严重。

上述研究给农村医生工作满意度的研究打下了良好的基础，但当前研究还存在以下几个有待提高的方面：第一，当前的实证研究主要集中在对城市医生的工作满意度研究，而对农村医生的工作满意度研究相对较少。第二，国外关于农村地区医生工作满意度的讨论，更多关注于收入因素，而对医患关系的讨论并不多。作为转型国家，医患关系在农村医生工作满意度中起着较为重要的作用。第三，现有研究更多是对影响医生工作满意度的各类因素特征进行宽泛讨论，考虑到医生工作状态的复杂性，这些因素之间的相互作用以及对医生工作满意度的影响机制都有待进一步挖掘。所以笔者在现有研究基础上，拟对农村医生工作满意度进行较为系统的研究，深化现有研究的认识。

## 1.3 论文主要内容

本论文拟围绕农村公立医院（包括县级公立医院和乡镇卫生院）医生工作满意度进行研究，通过一手调研数据对农村医生工作满意度的影响因素、影响机制进行讨论。全文包括六个部分。

第一章，导论，对本文相关研究背景、文献、主要内容、数据来源、创新与不足进行介绍。

第二章，从城乡关系变迁的角度对新中国成立以来农村卫生人力资源的历史发展进行梳理。通过不同时期的人力资源的演变，给我国农村卫生人力资源的发展以历史定位。

第三章，研究影响农村医生工作满意度的因素。通过实证研究我们发现，工作收入、医患关系和医院管理成为影响农村公立医疗机构医生工作满意度的三个方面。综合实证研究、调查访谈和相关文献，我们认为医患关系和医生工作满意度存在恶性循环的关系。

第四章，主要讨论工作收入对农村医生工作满意度的影响机制。通过实证研究和文献，我们认为工作收入主要通过三个方面影响医生的工作满意度：第一个方面，工作收入较低引起医生的工作满意度下降，导致医生的工作积极性不高，从而加剧了医患关系和医生工作满意度之间存在的恶性循环；第二个方面，由于对工作收入不满意，导致医生离职倾向较高，基层医疗机构人才流失较为严重，而由于人才流失导致医疗服务下降，加剧了医患关系紧张；第三个方面，由于医生工作收入不高导致医生有“以药养医”的动机，导致了医患关系紧张，从而恶化了工作收入和医患关系本已存在的恶性循环。在本章中，我们还对县级公立医院、乡镇卫生院，低职称医生、高职称医生的子样本进行了研究，得出了更为细致的结论。

第五章，主要讨论医院管理对农村医生工作满意度的影响机制。首先，结合相关文献，我们认为现有管理加剧了工作满意度和医患关系之间存在的恶性循环。主要逻辑是，由于医生对工作满意度不高，导致了医生工作积极性下降：一方面医生服务态度与热情下降，带来了医患关系紧张；另一方面医生离职倾向提高，优秀的医生离开基层卫生服务行业，会导致医疗的服务水平下降。其次，根据管理的三个维度（提升机会、绩效管理和培训机会）和医生工作满意度较强的关系，我们推测现有管理分别从这三个维度加剧了医生工作满意度和医患关系之间的恶性循环。同时我们从子样本出发，得到了管理影响工作满意度的更为细致的结论。

第六章，对全文进行小结，并提出相应的政策建议。对于医患关系：一方面参照国外同行评估（External Peer Review）的成熟经验，建立相对独立的医生行业组织，对农村医生的行为加以有效的规范、监督与仲裁，以此来解决信息不对称问题；另一方面，医疗活动的不确定性使医生难以克服医疗失误，因此需要尝试建立合理的医疗责任保险赔偿机制，以此来缓解医疗事故出现后医生与患者的矛盾。对于工作收入：一方面应当提高中央、省级政府对农村基层卫生的扶持，加强上级政府的转移支付力度，以提高基层医生的收入，并建立公共财政体系，克服“GDP 崇拜症”；另一方面政府财政的投入应由“补物”更多转向“补人”。对于医院管理：一方面政府应当去医疗体制的行政化，加强医生的话语权；另一方面政府要注重加大农村医生的培训力度、提升机会、改进薪酬管理，通过这些措施切实提高医生的工作满意度。

文章的逻辑路线图如下：

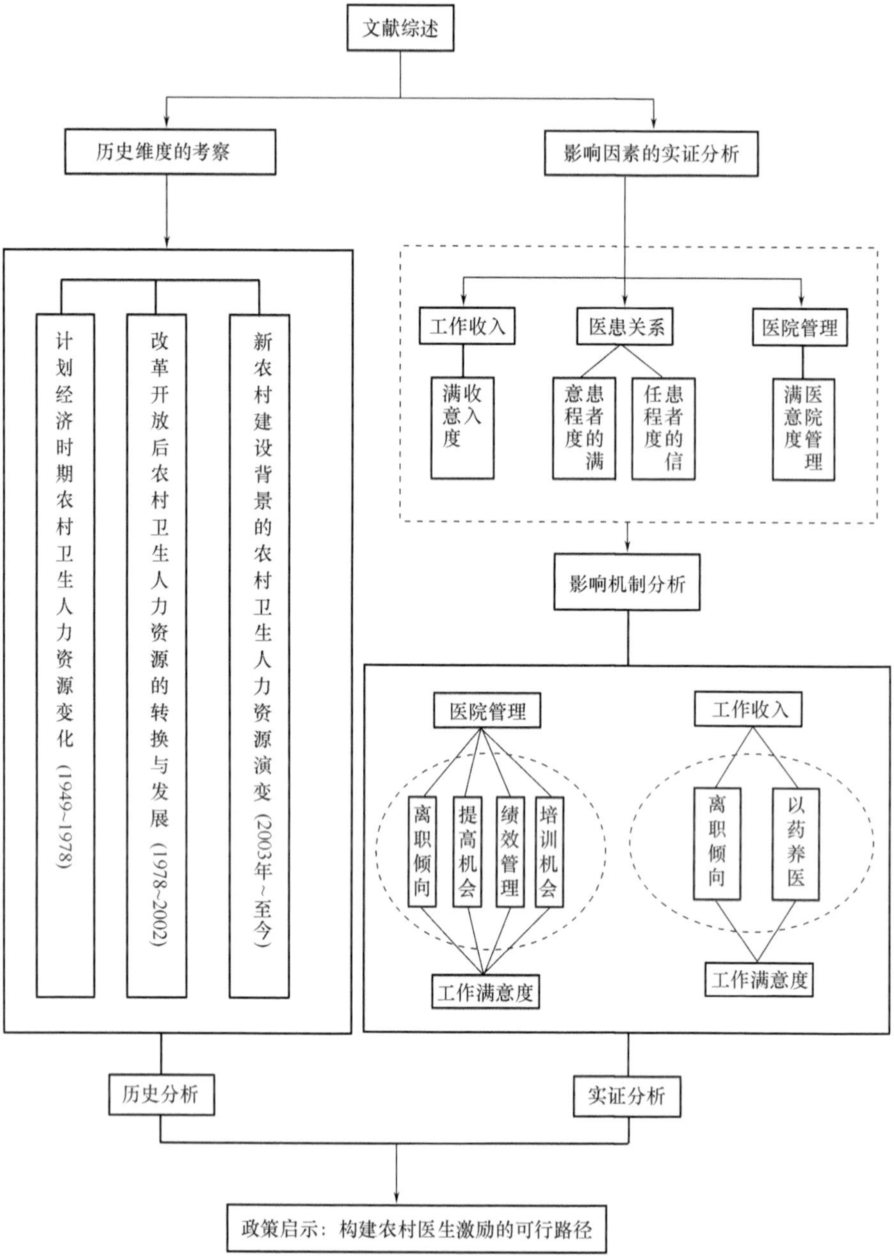

文献综述

历史维度的考察

计划经济时期农村卫生人力资源变化（1949~1978）

改革开放后农村卫生人力资源的转换与发展（1978~2002）

新农村建设背景的农村卫生人力资源演变（2003年~至今）

影响因素的实证分析

工作收入

收入满意度

医患关系

患者的满意程度

患者的信任程度

医院管理

医院管理满意度

影响机制分析

医院管理

离职倾向

提高机会

绩效管理

培训机会

工作满意度

工作收入

离职倾向

以药养医

工作满意度

历史分析

实证分析

政策启示：构建农村医生激励的可行路径

**图1－3　逻辑路线图**

# 1.4 数据来源与说明

## 1.4.1 数据来源

本文用到的数据大部分来源于“中国农村卫生人力资源：现状评估及未来需要预测”的调查数据。该项目是北京大学经济学院经济与人类发展研究中心、卫生部人才交流中心，以及英国牛津大学公共卫生学院、国际发展系联合主持并由加拿大 IDRC 基金会资助的国际合作项目。项目旨在研究中国当前农村卫生人力的现状特征，以及预测未来 10 年内满足农村居民健康需求的合适的卫生人力的数量和质量，并对发展趋势进行预测。项目正式调研在文献回顾、小组焦点访谈、试调查、专家论证的基础上形成，从全国范围内选取广东、河南和甘肃三省，作为东、中、西的代表，在各省内采用多阶段分层随机抽样（PPS）方法进行的抽样，具体是采用《中国家庭动态跟踪调查》（CFPS）的抽样框架选择样本县，样本县的样本特征和所属地区如表 1－1 所示。在开展正式调研前，项目分别于 2009 年和 2010 年在辽宁省铁岭市、江苏省赣榆县、江苏省东海县进行过三次试调查，反复验证了调查可行性，检验了问卷的信度与效度。最终项目的正式调研是由北京大学经济与人类发展研究中心组成的调研团队于 2010 年 12 月至 2011 年 9 月期间对甘肃省、河南省、广东省三个省份 18 个样本县、72 个乡镇（街道）、72 个行政村（居委会）实施。项目分别对医疗卫生服务的需求方和供给方进行调研。对应的调查包含家庭调查与机构调查两个部分，机构调查与入户调查同时开展，收集了 2010 年、2011 年两年的农户和机构数据。为保证调研的水平和质量，本项目通过招聘并培训当地调查员，由项目小组组长带领调查员督促医务人员当面填写。在对医疗卫生服务的供给方调研时，对抽样县的所有公立医疗卫生机构（包括县人民医院、县中医院、县妇幼保健院以及按照 PPS 抽取乡所在的乡镇卫生院）、对每个医疗卫生机构内部按年龄对老中青三层内随机抽取样本进行调研。

本文用到的数据主要是机构调查中的医生和部分财务数据。本次调查共计回收医生问卷 1 191 份，有效问卷 1 121 份，问卷有效率为 94.12%。

表 1－1　机构调查数据的样本分布

| 指标 | 甘肃省 | 河南省 | 广东省 |
| --- | --- | --- | --- |
| 样本特征 | 山区、半山区，居民种植较分散，以粮食种植为主 | 半山区，居民种植较分散，以粮食种植为主 | 半山区，居民种植较分散，以粮食种植为主 |
| 包括地区 | 定西市　临洮县<br>白银市　靖远县<br>天水市　清水县<br>陇南市　礼县<br>兰州市　榆中县<br>平凉市　华亭县 | 洛阳市　孟津县<br>平顶山市　叶县<br>驻马店市　遂平县<br>信阳市　淮滨县<br>商丘市　柘城县<br>安阳市　汤阴县 | 湛江市　雷州市<br>茂名市　高州市<br>阳江市　阳春市<br>肇庆市　德庆县<br>惠州市　惠东县<br>韶关市　翁源县 |
| 调研时间 | 2010 年 12 月 －2011 年 1 月初 | 2011 年 3 月 － 2011 年 4 月 | 2011 年 8 月 － 2011 年 9 月 |

备注：表中未将所调研村列出。

### 1.4.2　医生问卷调查的抽样及内容

在我们的实地调查中，包含县、乡、村三级医疗机构，具体包括：县医院、县中医院、县疾病预防控制中心、县妇幼保健院、乡镇卫生院、村卫生室。由于本文考察医院管理情况对医生工作满意度影响，而村级卫生室由于很多是以个体村医构成的，不存在或没有正式纳入医院管理这一层次，因而我们将考察的对象聚集在乡镇卫生院和县级医疗机构的医生。县级医疗机构中主要是县医院、县中医院（县中西医结合医院）以及县妇幼保健院三种医院。县疾病预防中心的任务大部分是由公共卫生人员负责实施，因而本文没有将其考察在内。

我们采用分层整群随机抽样法抽取医生样本，具体方法为：对每个样本县的县级医疗机构，包括县医院（县人民医院）、县中医院（县中西医结合医院）和县妇幼保健院（县妇幼保健站或县妇幼保健所）的内、外、妇、儿四个科室（原则上是大内、大外、大妇和大儿科，四个大科室），每个科室尽可能按照年龄情况抽取老中青三类每一类中的一个医生，如此构成一个机构的 12 名医生样本，由于广东省的医疗机构规模高于同等层次上的甘肃和河南，我们对广东的县级机构的抽样尽可能地抽取每个年龄层次上的 2 名医生。乡镇卫生院医生的调查原则与县级医疗机构同样，但由于从规模及发展水平上

都不如同地区的县级医疗机构，因而在抽样时采取了较为灵活的方式，对没有分四大科室的乡镇卫生院尽可能地按照内科和妇儿科室抽样。例如有些乡镇卫生院不具有行使较大手术的资质，没有专门的外科独立出来，因此我们调研时尽可能地将样本分布在内科的医生上。有些乡镇卫生院将妇科和儿科合并为妇儿科，我们就灵活地将样本分布在妇儿科上。甚至有些规模较小或效益不好或地处较为偏僻山区的乡镇卫生院总的医生人数都没有达到12名，在这种情况下我们对所有在场的医生全部进行调查。

我们针对医生工作人员设计了专门的医生调查问卷，问卷包括医生的个人基本情况、工作的基本情况和与工作相关的激励情况评价三部分内容。医生的个人基本情况包括医生的年龄、性别、工作年限、教育水平等情况。医生的工作情况包括医生的工作量和工作时间、诊疗费用等。与工作相关的工作满意度和激励情况包括医生对工作的满意度，对收入、福利、晋升、培训、病人的信任等各项激励措施的评价等内容。

## 1.5 本文的创新与不足

本文主要创新点包括以下三个方面。

第一，运用笔者参加的“中国农村卫生人力资源研究”课题组赴甘肃、广东、河南三省的一手调研数据，对农村医生工作满意度进行了较为系统的实证研究。当前对于医生工作状态的相关研究中，立足数据的经验研究较少，对农村医生系统的实证研究更待加强。本文研究基于一手调研数据，拓展了当前的研究范围。

第二，与现有文献结论类似，我们认为工作收入、医患关系和医院管理均与医生工作积极性密切相关。但是通过微观实证，我们通过子样本（乡镇卫生院、县级医院；高职称医生、低职称医生）发现了一些更为细致的结论，为政策建议提供了更为细致的经验研究基础。

第三，本文通过递归系统模型、双变量有序Probit模型，对工作满意度与工作收入、医患关系、医院管理等主观变量可能存在的内生性进行了处理。结合实证结果与现有文献，本文提出，工作满意度和医患关系之间存在恶性循环机制，而工作收入和医院管理则从两个方面加剧了这种恶性循环机制，从而对农村医生工作满意度的影响机制进行了较为系统与深入的挖掘与概括。

不足之处：

1. 由于调研集中在农村地区，未能获取城市公立医院医生的相关数据，这将我们的分析限制在了对农村公立医院医生情况的研究，未能进行城乡医生的对比。这一方面使得许多结论略显单薄，另一方面对于农村公立医院医生的工作满意度的机制研究是否在城市医院也存在，未能给出较为满意的答案。

2. 由于笔者精力和数据所限，本文的研究主要集中在医生方面，未能从患者的角度研究医疗质量和工作满意度的关系。

3. 衡量指标上存在不足。在对工作满意度和医患关系以及医院管理等这些主观变量的衡量上，问卷设计存在较为单一的情况，在日后的研究中应当加入更为丰富的衡量指标进行研究。

4. 医生的工作满意度影响因素较多，例如医院编制等对医生的工作满意度也有较大的影响。由于笔者精力和数据限制，未能对这些方面进行更深入的挖掘。

上述这些不足之处有待于以后研究进一步拓展。

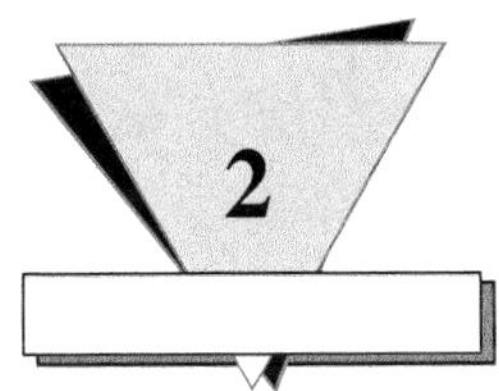


# 新中国农村卫生人力的历史考察

农村卫生人力资源伴随着我国城乡关系的不断转换而不断变化。研究农村卫生人力的现状，需要了解农村卫生人力资源的历史。1949～1978年，这一阶段我国处于农村支持城市的工业化积累阶段，为最大化汲取农村资源，在这一阶段我国农村建立了强大的集体经济。依靠农村集体力量发展起来的赤脚医生、公社卫生院取得了较快发展，成为农村卫生人力资源的主要组成部分。在投资非常有限的条件下，这种医疗体制维持了农村低水平的医疗水平，维护了农村经济与社会的稳定。1979～2002年，虽然我国农村支持城市的总趋势没有变，但是为了刺激农村经济发展，我国对农村进行了包产到户的体制改革。在刺激了农村经济活力的同时，我国农村的集体经济逐步被削弱，具有有益品性质的农村卫生人力资源在这一阶段无论是质量还是数量都有所下降。2003年至今，我国进入了工业反哺农业、城市支持农村的新的历史阶段，在这一阶段我国政府加大了对农村卫生的支持力度。2009年我国进行了新一轮医改，农村医生作为农村医疗服务的提供主体受到越来越多地重视。本文试图将新中国成立60年来中国农村卫生人力资源的演变放入城乡关系变迁的背景中讨论，从更广阔的视野来加强我们对农村医生研究的认识。

## 2.1 计划经济时期农村卫生人力资源变化（1949～1978）

新中国成立以前，从整体来看中国卫生人力不发达，而农村的卫生人力状况更显严峻。据粗略统计，1949年前，全国卫生机构只有3 670个，大小医院仅有2 600所。医院床位80 000张，其中城市59 867张（占74.8%），农村仅有20 133张（占25.2%）。卫生技术人员505 040人（中、西医生为363 400人），其中城市176 764人（占35%），农村328 276人（占65%）。按每千人口计算：城市病床0.63张，农村病床0.05张；城市卫生技术人员1.87人，农村卫生技术人员0.73人。医疗机构不但数量少，布局也不合理，大部分设在城市和沿海地区。据1947年有关统计，在2 100多个县中，只有1 437个县有卫生院（县医院），县以下仅1 000多个区有卫生所。至于广大农民居住的地区，除了一些私人医师外，没有任何医疗机构。①

---

①《当代中国》丛书编辑委员会．当代中国卫生事业（下）．北京：中国社会科学出版社，1986：第1页。

1949年新中国成立后，面对农村落后的现状，政府加强了对基层卫生的支持。1951～1956的六年中，全国城乡和工矿普遍建立了医疗卫生机构，其中城乡联合诊所已发展到5.1万多个；县卫生院（县医院）已达到2 102所；工矿企业的医疗所、门诊部也由1949年的76个发展到1956年的16 068个，增长了210倍。[①] 到20世纪60年代初，全国2 000多个县和自治县的县医院，大都配备了现代医疗设备。高级、中级医学院校的毕业生大部分被分配到县医院工作，从而使县医院的技术力量得到加强，技术水平也在不断提高。过去只有大医院的少数专家才能做的胃切除、脾脏摘除等上腹部手术，已经普及到一般的县医院。[②] 到20世纪60年代中期，县、乡（公社）、村（生产大队）三级医疗卫生机构绝大多数建立起来，基本上形成了一个农村医疗卫生网。[③]

但是，一方面由于我国经济发展水平仍然较为落后，另一方面我国在优先重工业发展战略下，强调“先生产、后生活”，难以给农村卫生以足够的支持。广大农村长期处于缺医少药的状况并没有得到根本改变，由于多方面的原因，国家医疗卫生的重点仍在城市。据1964年统计：在卫生技术人员分布上，高级卫生技术人员69%在城市，31%在农村（县和县以下），其中在县以下的仅占10%。中级卫生技术人员城市占57%，农村占43%，其中在县以下的仅占27%。在经费使用上，全年卫生事业费用于公费医疗的占30%，用于农村的占27%，其中用于县以下的仅占16%。这就是说，用于享受公费医疗的830万人员的经费，比用于5亿多农民的还要多[④]，这和农村人口占全国85%的较大比重形成较为鲜明的对比。鉴于国家卫生人力资源有限，1965年初毛泽东和中央批准了组织巡回医疗队下农村基层的报告，截至1965年上半年，全国共有2 800人下农村巡诊[⑤]，但是，这与农村对医疗卫生人员的需求量相比，无异于杯水车薪。一方面，疾病的治疗周期与城市医疗队

---

①《当代中国》丛书编辑委员会．当代中国卫生事业（下）．北京：中国社会科学出版社，1986：第6页。

② 肖爱树．农村医疗卫生事业的发展．南京：江苏大学出版社，2010：第103页。

③《当代中国》丛书编辑委员会．当代中国卫生事业（下）．北京：中国社会科学出版社，1986：第43页。

④《中央批转卫生部党委关于把卫生工作重点转向农村的报告》（中发〔65〕586号）。摘自：卫生部基层卫生与妇幼保健司编．农村卫生文件汇编（1951－2000）（内部资料）．第27页。

⑤ 卫生部办公厅．巡回医疗队简报．1965－4－17，1965－4－24，第1期，第2期。

伍下乡的暂时性有冲突。另一方面，医护人员无法留到农村更凸显深层次原因。

毛泽东得知情况之后，1964 年做出了著名的“六·二六”指示：第一，“把医疗卫生工作的重点放到农村去”；第二，培养一大批“农村也养得起的医生”，由他们来为农民看病。毛泽东还严肃批评卫生部只给占全国人口 15% 的城里人服务。[①] 根据毛泽东的指示，农村医疗卫生工作的普及工作有了长足进步。全国各县成立人民医院，公社一级成立卫生院，村里设有卫生室，基本构成农村三级医疗体系，为中国农村卫生事业建设打下基础。同时，卫生部对农村知识青年进行医学培训以扩充村卫生室，“半农半医”的群体迅速崛起。

从农村卫生的角度来看，通过赤脚医生来弥补农村卫生人力资源不足，是这一时期的重要制度安排。它是国家在一穷二白的农村经济基础上，探索构建农村基层卫生体系模式的产物。而且通过这一体系，使赤脚医生与上一级医务人员，以及与城市里更高级的医务人员联系起来，使其医疗技术得到不断提高。赤脚医生伴随着农村实行合作医疗制度而发展壮大。

早在 20 世纪 50 年代中期，随着农业合作化高潮的出现，一些地区农村的干部群众开始探索一种互助性质的医疗形式——合作医疗。伴随着合作医疗的出现，赤脚医生也开始不断发展壮大起来。特别是毛泽东主席指示之后，赤脚医生在农村得到大力发展。毛泽东和中共中央批转了卫生部党委《关于把卫生工作重点放到农村的报告》，并在报告中指出：“大力为农村培养医药卫生人员。争取在五到十年内，为生产队和生产大队培养质量较好的不脱产的卫生人员。为公社卫生机构一般配备四、五名质量较好的医生。不脱产卫生人员在生产队是卫生员，在生产大队一般是半农半医。生产队卫生员一般要求三会：会针灸、会治常见的小伤小病、会做一些预防和急救工作。生产大队半农半医一般要求能处理最常见疾病的诊断、治疗和预防，并指导卫生员的工作。每个生产大队，可选择一、二名女卫生员，学会新法接生，或者另设接生员。”“不脱产卫生员的培训，应按照精讲多练、又教又带的原则，采取多种方式进行，并不断巩固提高。可以由下乡医疗队或当地卫生机构进行培训，也可以采取在农业中学办卫生班等其他方式。生产大队半农半医可

① 肖爱树．农村医疗卫生事业的发展．南京：江苏大学出版社，2010：第 107 页。

采取农闲训练、农忙归队、学了就做、做了再学的办法，连训二、三年结业”。[①] 合作医疗在全国迅速普及和推广，赤脚医生队伍也日益发展壮大。

赤脚医生作为合作医疗制度的主要实践者和忠实执行者，是农村最基层的医生。他们构筑起农村三级医疗预防保健网的最底层，他们一面参加农业生产劳动，一面为社员治疗小伤小病，发放预防药品（如防疫糖丸、注射防疫针），宣传卫生健康防病知识（如宣传预防血吸虫、预防疟疾和地方病等），属于半农半医的职业身份，对方便农民就医、改善农村医疗条件、开展防疫工作、提高农民健康，起到积极的历史作用。在新中国建立后几十年的时间内，他们日夜出诊，风雨无阻，始终活跃在农村防病治病的第一线，以特殊的工作方式为农村居民解除疾患痛苦，改善了农村的医疗卫生条件，使亿万农民的健康得到了基本保障。用当时卫生部长崔月犁的话说：“在农民尚未解决温饱的条件下，能解决看病吃药的难题，这是古今中外前所未有，是伟大的创举。”1974 年 5 月，在日内瓦召开的第 27 届世界卫生大会上，中国代表团介绍了中国进行农村卫生建设的情况，包括赤脚医生和合作医疗制度的发展，以及如何组织城市医药卫生人员下农村等，引起了国际卫生组织和第三世界国家的很大兴趣。到 1975 年底，全国已有“赤脚医生” 1 559 214 人，生产队的卫生员 3 282 481 人、接生员 615 184 人[②]。到 1980 年全国有赤脚医生 1 463 406 人[③]。

联合国妇女儿童基金会 1980 年至 1981 年年报指出，中国的“赤脚医生”制度在落后的农村地区提供了初级护理，为不发达国家提高医疗卫生水平提供了样板。1993 年《世界发展报告》肯定了传统体制时期中国政府在卫生服务领域的努力，书中称赞道：“到 70 年代末期，医疗保险几乎覆盖了所有的城市人口和 85% 的农村人口，这是低收入发展中国家举世无双的成就”。依据张开宁 2002 年出版的《从赤脚医生到乡村医生》中的研究，赤脚医生子女从事医疗卫生的比例（17.9%）和在医学院校就学的比例（37.7%）较高，这种“世袭”现象有利于技术的传承和医疗保健队伍的稳定，为我国医疗事业做出了巨大贡献。

---

①《中央批转卫生部党委关于把卫生工作重点放到农村的报告》（中发〔65〕586 号）。摘自：卫生部基层卫生与妇幼保健司编．农村卫生文件汇编（1951－2000）（内部资料）．第 29 页。

② 卫生部档案．华国锋接见全国卫生工作会议代表时的讲话．1975－6－26。

③ 中国卫生年鉴编委会编．中国卫生年鉴（1983）．北京：人民卫生出版社，1984：第 60 页。

在这一时期，县级医院和乡镇卫生院也取得了较大的发展。以甘肃省为例，1949 年新中国成立后，各县人民政府接收了残留的 25 所县医院。为了不影响群众就医，边接收、边整顿、边工作，各地都很快地恢复门诊。1950 年整顿恢复与新建 65 个县卫生院。1985 年，全省 85 个县（市、区）有医院 163 个，病床增至 11 232 张，工作人员 12 002 人，其中卫生技术人员 10 407 人。[①] 河南省 1963 年卫生厅做出《关于加强第一批重点县医院建设的决定》，分别给汤阴、林县、辉县、封丘、沁阳、民权、淮阳、唐河、永城、尉氏、巩县、密县、禹县、商水、舞阳、汝南、潢川、西平、固始、灵宝、渑池、临汝、洛宁、方城、镇平 25 所县医院分配 13 种医疗器械，并拨款 35 万元，为县医院补充病床装备及修缮房屋。[②]

公社卫生院也取得了很大发展。揭阳县县医院从 1966 年起共为卫生院培训了 31 名外科技术人员，其中外科医生 13 名，手术室护士和麻醉人员 18 名。1972 年上半年揭阳全县大中手术共 2 618 例，其中公社卫生院做了 2 316 例，占 88.8%。[③] 许多乡镇卫生院在这一时期还与大队的赤脚医生进行轮换，以大槐树乡镇为例，卫生院 31 名医疗人员在 70 年代基本上已轮流当一遍赤脚医生（密县县委宣传部等，1976）[④]。广东城市街道卫生院和农村乡镇卫生院的补助经费，1972 年单列，当年支出 1 625.5 万元，占卫生总支出的 23.97%。1973 年支出 1 627.2 万元，其中全面所有制卫生院 103.1 万元，集体所有制 1 524.1 万元。1979 年卫生院因人数增加及业务费用增支的原因，经费支出比上年增长 30.76%。[⑤]

经过努力，我国农村卫生人力有了较大提高，农村卫生提供得到改善。从全国医疗卫生机构病床的分布上看，1965 年农村只占 40%，到 1975 年则占 60%。[⑥] Dreze & Sen（1989）以中国计划经济时期农村卫生事业的成功实施为

---

① 甘肃省地方史志编纂委员会．甘肃省志·第六十七卷·医药卫生志．兰州：甘肃文化出版社，1999：第 218 页。

② 河南省地方史志编纂委员会．河南省志 58 卫生志·医药志．郑州：河南人民出版社，1994：第 292 页。

③ 揭阳县积极提高公社卫生院的技术水平．广西卫生，1972（2）。

④ 密县县委宣传部，县革委卫生局，大隗公社革委会联合调查组．大隗公社卫生院医务人员同赤脚医生实行轮流交换．中原医刊，1976（04）。

⑤ 广东省地方史志编纂委员会．广东省志·卫生志．广州：广东人民出版社，2003：第 108 页。

⑥ 卫生部．中国卫生统计年鉴（2003）．北京：中国协和医科大学出版社，2003。

根据，得出发展中国家也能够以低成本取得基本医疗卫生服务的广泛可及性和可得性的结论。森（2002）还提出："中国的健康条件，由于改革前当局对医疗保健像对教育一样做了社会投入，也比印度好得多。说来奇怪，尽管这种投入的初衷并不是协助市场导向型经济增长，但它却创造了在这个国家转向市场化之后可以动态运用的社会机会"。[①] 改革开放前我国在健康领域取得的成绩为改革开放以后经济发展的成功做出了重要的贡献。

## 2.2　改革开放后农村卫生人力资源的发展（1979～2002）

我国在计划经济时期推行优先发展重工业的战略，主要通过农业税、低价的农副产品（统购统销和剪刀差的形式）等方式来支持优先重工业的发展（武力，2007）。为了保证这个制度的推行，"三级所有，队为基础"的人民公社体制在保障我国农业积累的同时也严重束缚了农业生产力的提高。改革开放以后，我国农村改革以家庭联产承包责任制为突破点，极大地刺激了农民的生产积极性。这种体制在刺激农业高速增长的同时，也出现了集体经济逐步削弱的倾向。在这一时期，我国工业化与城市化的任务依旧艰巨，政府依旧需要从农村汲取资源（汲取方式更多通过农民廉价的劳动力和包括资金、土地等在内的资源来支持工业化）（武力，2007），对农村依旧难以拿出更多的资金进行支持。

作为农村集体经济基础之上的农村医疗服务在集体经济瓦解之后运行艰难，而政府在这一时期难以提供更多的资金来支持农村的发展，更加给农村医疗服务雪上加霜。在变革的过程中，具有较强外部性的农村卫生服务有所削弱，农村卫生人力资源的发展相对缓慢。

1984 年开始，我国农村恢复乡、村两级建制，农村公社和生产大队消失，赤脚医生所赖以生存的土壤——传统合作医疗制度趋于消失，赤脚医生也随之逐渐解体。直到 1985 年，卫生部做出决定，停止使用"赤脚医生"的称呼，并且对原来的赤脚医生进行培训考核，经过考核合格的被认定为乡村医生，这些医生取得从医资格后才可以继续行医。

---

① 阿马蒂亚·森. 以自由看待发展. 任赜，于真，译. 北京：中国人民大学出版社，2002：第 34 页。

随着经济体制改革的深化，20 世纪 80 年代以来，农村卫生服务进行了市场化改革，由于农村居民居住的分散性和支付能力有限，导致乡镇卫生院、县级公立医院经营困境。90 年代初期，有学者对江苏省某县 12 个乡镇卫生院进行调查，调查发现在 473 名卫技人员中，具有大专以上学历的只有 23 人，中专为 159 人，仅仅占总数的 4.9%、33.6%。12 个卫生院现有危房将近 8 000平方米，医护人员的工作及生活条件十分艰苦（孙邦贵，1994）。有研究对湖北省县、乡、镇卫生院院长进行调查，在这些院长中有 67.3% 认为经济困难是管理上的棘手问题，而认为“技术人员素质提高”“领导班子建设”的比重仅仅为 13.5%、12.5%（李明章，1991）。

另一方面，城乡卫生费用差距越来越大。从城乡人均卫生费用来看，1990 年农村人均 38.8 元，而城市是 158.8 元，两者相差 120 元。到了 2002 年这一数字是 664.3 元，12 年间差距扩大了 5 倍以上①。

由于农村卫生费用增加缓慢，这一时期农村卫生人力资源尤其是基层乡镇卫生资源数量明显下降，如表 2 – 1 所示。以全国农村乡镇卫生院机构总量为例，由于卫生服务的市场化改革，使得全国农村乡镇卫生院机构总数在 1985 年下降至 47 387 个，数量上只相当于 1975 年的 87.7%，接下来十年内尽管数量有所改观但总量仍没有超过 1975 年的数据。从人力资源的角度来看，虽然卫生技术人员的数量从整体上看有较大幅度增加，但是从结构上来看，护理人员提高幅度远大于医生的增长幅度，1975 ~ 2000 年医生人数仅仅增加了 38.5%，而护理人员则增长了 161.4%。从每千人密度来看，1990 年出现了下降，整体上保持在 1 ~ 1.28，见图 2 – 1 所示。总之，由于农村医疗机构卫生人力资源的流失，农村卫生服务质量受到严峻挑战。

世界卫生组织 2001 年公布了《2000 年世界卫生报告》，显示中国的卫生绩效和费用负担公平性排名远远甩在后面。中国卫生系统的总体绩效评估在全球 191 个国家中排名 144 位，卫生费用负担的公平性上则更落后，排在 191 个成员中的第 188 位，处于倒数第四位。这与 1993 年《世界发展报告》的结论形成鲜明对比。农村卫生人力的提供不足，导致农村医疗提高较为缓慢，农民“看病难、看病贵”的问题较为严重，“因病致贫、因病返贫”的现象困扰着我国农村的发展。

① 根据历年中国卫生统计年鉴计算而得。

**表 2－1　全国农村乡卫生院机构、床位、人员数**

| | 单位 | 1975 年 | 1985 年 | 1990 年 | 1995 年 | 2000 年 |
|---|---|---|---|---|---|---|
| 机构数 | 个 | 54 026 | 47 387 | 47 749 | 51 797 | 49 229 |
| 床位数 | 张 | 620 281 | 720 619 | 722 877 | 733 064 | 734 807 |
| 人员数 | 人 | 860 773 | 905 871 | 889 219 | 1 051 752 | 1 169 826 |
| 其中：卫生技术人员 | 人 | 749 912 | 784 070 | 776 925 | 918 870 | 1 026 244 |
| 医生 | 人 | 371 198 | 313 517 | 358 770 | 424 615 | 514 119 |
| 护师、护士 | 人 | 69 698 | 74 731 | 115 884 | 141 954 | 182 208 |
| 平均每院床位数 | 张 | 11. 5 | 15. 2 | 15. 1 | 14. 2 | 14. 9 |

注：1985 年，1990 年农村乡（镇）卫生院数不包括无床乡卫生院，故平均每院床位数较其他年份高。

资料来源：2000 年《中国卫生统计提要》。

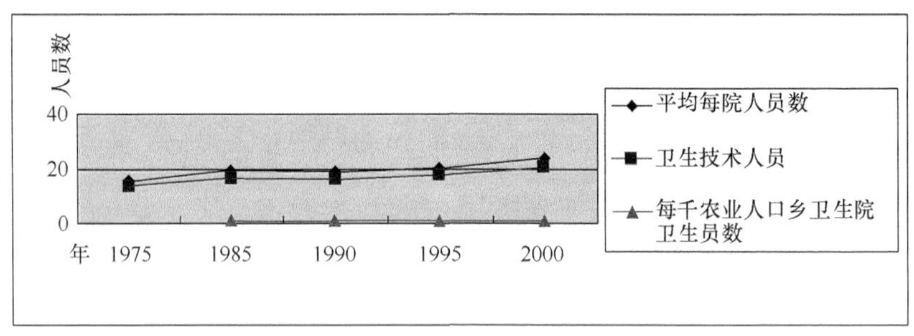


**图 2－1　全国农村乡镇卫生院人员变动趋势（1975～2000）**

注：根据 2000 年《中国卫生统计提要》相关数据绘制。

## 2.3　新农村建设背景下的农村卫生人力资源演变（2003 年～至今）

改革开放以来，中国经济高速增长，给我们解决农村卫生问题提供了较好的物质保障。随着我国综合国力的提高，2002 年党的十六大上提出“统筹城乡经济社会发展”的新思路，为我国农村经济发展和卫生事业的发展指明了方向。2004 年十六届四中全会提出中国进入了以工补农、以城带乡的阶段，从全局和战略高度明确了新阶段解决“三农”问题的制度思想。中共十六届

五中全会提出建设社会主义新农村建设，“生产发展、生活宽裕、乡风文明、村容整洁、管理民主”。2006 年 3 月，第十六届六中全会提出“逐步实现基本公共服务均等化”。2006 年中央 1 号文件围绕社会主义新农村建设要求进行了全面阐述，其中提出了加强农村基础设施建设，改善社会主义新农村的物质条件。① 党的十七届三中全会进一步提出要着力改善农村医疗卫生状况，而加紧培养乡村医生、提高农村卫生人员素质，是改善农村卫生服务的关键。随着城乡关系进入“工业反哺农业、城市支持农村”的新阶段，国家加大了对农村卫生的政策倾斜，农村卫生人力资源也有了较大进步。

2002 年，全国农村卫生工作会议通过的《中共中央国务院关于进一步加强农村卫生工作会议的决定》中，要求各地探索开展新型农村合作医疗制度改革试点工作。卫生部等 7 部委联合印发《中国农村初级卫生保健发展纲要(2001 ~2010 年)》，为我国农村初级卫生保健提出了又一个十年发展规划。为了实现这一目标，纲要提出了疾病预防控制、基本医疗服务、妇幼保健、改水改厕等八个方面的主要任务。2002 年 10 月 29 日，中共中央和国务院发布了《关于进一步加强农村卫生工作的决定》，要求到 2010 年，使农民人人都能享受初级卫生保健。2003 年初，国务院办公厅转发了《卫生部关于建立新型农村合作医疗制度意见的通知》，该通知指出，政策目标是减少农民“因病致贫”和“因病返贫”现象。政策实施阶段是：至 2005 年覆盖率达到 50%，至 2008 年达到 80%，到 2010 年实现在全国建立基本覆盖农村居民的新型农村合作医疗制度的目标，减轻农民因疾病带来的经济负担。2003 年，民政部、卫生部、财政部提出了《关于实施农村医疗救助的意见》，开始对患大病农村“五保户”和贫困农民家庭实行医疗救助的制度。2003 年“非典”之后，我国政府也加强了对基层医疗的关注，开始逐步加大对乡镇卫生院的扶持力度，加强基层公共卫生服务的提供。在这个大背景下，国家对农村卫生人力的培养和队伍建设制定了一系列政策措施。中央安排专项培训补助经费，不断加大对农村卫生技术人员和管理人员的技术培训和岗位培训。2004 ~2007 年，对乡村两级卫生技术人员累计培训 145 多万人次②。自 2005 年开始，国家实施“万名医生支援农村卫生工程”支援农村卫生人力资源。国家还尝

① 郑有贵，李成贵．一号文件与中国农村改革．合肥：安徽人民出版社，2008：第 260 页。

②《中国卫生改革开放 30 年》编委会．中国卫生改革开放 30 年．北京：人民卫生出版社，2008：第 275 页。

试对中西部地区卫生人力资源进行“定点招生、定向培训”，以提高和鼓励医学院校毕业生到农村基层工作。2006年将二级以上医疗卫生机构对口支援乡镇卫生院工作扩大到西部11个省（自治区、直辖市），覆盖375个国家扶贫开发工作重点县的约1 300所乡镇卫生院。2007年，卫生部继续把二级以上医疗卫生机构对口支援乡镇卫生院项目扩大到中西部21个省（自治区、直辖市）。2005～2008年中央财政投入12.02亿元，培训了200.6万名农村卫生人员。① 乡村医生和卫生员数量从1985年的1 293 094人下降至2003年的867 778人，下降幅度达到33%。这是由于部分乡村医生通过不断学习，逐步转化为执业医师，而大部分卫生员则退出卫生服务领域，其所担负的医疗卫生服务工作由有正规医学教育背景的卫生技术人员承担②。

2003年之后，乡村医生和卫生员数量开始呈现上升趋势，平均每村乡村医生和卫生员数量从2003年的1.31人提高到2008年的1.55人，而平均每千人的密度从0.98人提高到1.06人。

**表2-2　全国农村乡镇卫生院床位及人员数**

| 指标 | 2005 | 2008 | 2009 | 2010 | 2011 | 2012 |
|---|---|---|---|---|---|---|
| 机构数（个） | 40 907 | 39 080 | 38 475 | 37 836 | 37 295 | 37 097 |
| 床位数（张） | 678 240 | 846 856 | 933 424 | 994 329 | 1 026 251 | 1 099 262 |
| 人员数（人） | 1 012 006 | 1 074 900 | 1 131 052 | 1 151 349 | 1 165 996 | 1 204 996 |
| 其中：卫生技术人员 | 870 500 | 903 725 | 949 955 | 973 059 | 981 227 | 1 017 096 |
| 执业（助理）医师 | 398 848 | 405 023 | 418 943 | 422 648 | 408 587 | 423 350 |
| 注册护士 | 164 412 | 187 544 | 202 663 | 217 693 | 230 339 | 247 355 |
| 平均每院床位数 | 16.6 | 21.7 | 24.3 | 26.3 | 27.5 | 29.7 |
| 每千农业人口乡镇卫生院床位数 | 0.78 | 0.96 | 1.05 | 1.12 | 1.16 | 1.25 |

资料来源：2013年《中国卫生统计提要》。

2007年中共中央国务院批准了《卫生事业发展“十一五”规划纲要》，

①《中国卫生改革开放30年》编委会．中国卫生改革开放30年．北京：人民卫生出版社，2008：第287-288页。

②《中国卫生改革开放30年》编委会．中国卫生改革开放30年．北京：人民卫生出版社，2008：第468页。

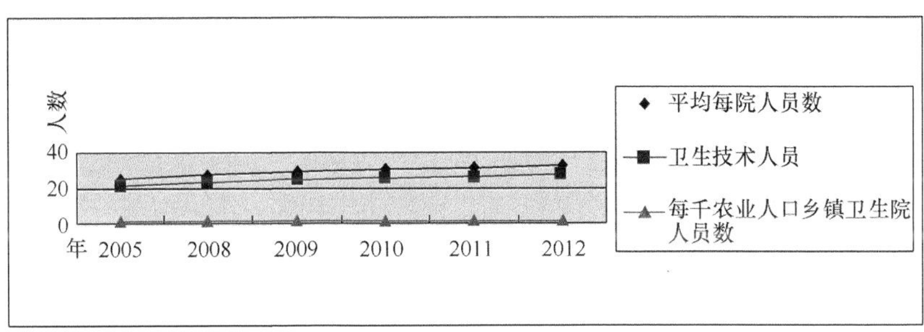


**图 2-2 全国农村乡镇卫生院人员数（2005～2012）**

注：根据 2013 年《中国卫生统计提要》相关数据制作。

指出卫生工作的重点在于“公共卫生、农村卫生和社区卫生”，强调了政府的公共服务职能，大力加强农村卫生适宜人才培养的队伍建设成为“十一五”期间的工作重点之一，并且要求继续贯彻落实《中共中央国务院关于进一步加强人才工作的决定》和《中国 2001～2015 年卫生人力发展纲要》，强调加强农村卫生人力队伍的建设。

2009 年，我国推行了“新医改”，加强了对基层的医疗投入。2009 年，在财政收入增幅下降的情况下，中央财政医疗卫生支出达 1 200 多亿元，各级财政支出超过 3 900 亿元，比上年增长 38%。2010 年中央财政继续安排专项资金支持医改，中央支持了近 1 000 个县级医院、4 700 多个乡镇卫生机构建设，并支持培训了一批基层医疗人员。这些投入不仅直接扩大了投资需求，也通过转换增加了消费需求。① 2004 年推行新型农村合作医疗项目以来，政府公共财政加大了对农村卫生服务的投入。2010 年，全国新型农村合作医疗的总筹资达 1 308.33 亿元，其中各级政府的公共财政补助高达 1 079.38 亿元，公共财政筹资达总筹资比重的 83.51%②（秦立建，蒋中一，2011）。在新的历史发展条件下，农村医生数量得到进一步的提高。

1949～2012 年，伴随着城乡关系的演变，作为农村基础设施重要组成部分的农村卫生人力资源也发生了重要的变化。1949～1978 年我国处于农村支持城市优先重工业发展阶段，农村的卫生人力资源在强大集体经济支持下取

① 李克强．把基本强基层建机制作为医改工作重心．人民日报，2010-5-23。

② 秦立建，蒋中一．公共财政支持与农村基层医疗服务行为扭曲．经济研究参考，2011（67）。

得了较大的成就。1978～2002年进入农村推动城市发展的“放权让利”阶段，在通过放权促进农村生产力发展的同时，集体经济力量受到削弱，而当时为了推动城市发展，政府又无法拿出充足的财力支持农村发展，在这个背景下，我国农村卫生人力资源发展受到较大限制。2003年以后，我国逐步进入“工业反哺农业，城市支持农村”的统筹发展阶段，在这一阶段政府通过“有形之手”支持农村卫生人力发展，在近年来取得较大成就的同时，还存在提供水平不足、区域分布不均等问题。在新的历史背景下，如何提高农村卫生人力的提供水平、提高农村卫生人力的激励，成为我国亟须解决的重要问题。

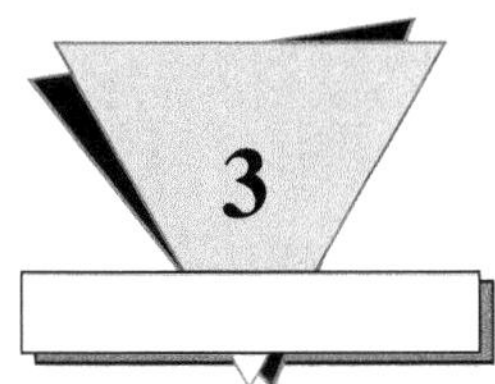

# 中国农村公立医院医生工作满意度影响因素分析

# 3.1 引言

医生工作满意度是医生工作状态的重要维度，反映了医生工作中的主动性和创造性，直接影响医疗卫生服务的质量和效率。有学者认为，“如何发挥广大医务人员的积极性，关系到医改的成败。”① 如导论所述，从目前我们研究来看，工作收入、医院管理和医患关系是影响医生工作满意度的重要因素，本章将运用一手调研数据，考察这些因素和农村医生工作满意度之间的关系。

工作满意度、工作收入满意度、医院管理满意度与医患关系这些变量都为主观变量，在本文研究中以有序离散变量（Discrete Choice Variable）的形式出现。很多文献对工作满意度进行实证考察时，采用 Probit［主要针对工作满意度进行二分类（例如满意、其他）时采用］或有序 Probit［对工作满意度进行三种（例如不满意、一般、满意）及以上的分类时采用］进行研究。例如 Lévy - Garboua & Montmarquette（2004）利用有序 Probit 模型考察了以前工作收入和现有工作收入之间的差距对工作满意度影响，发现工作收入差距对工作满意度有显著的影响。Gravelle，Hole & Hossain（2008）利用有序 Probit 考察英国家庭医生回答工作满意度偏误倾向问题。但是，对工作满意度进行实证考察时，利用传统有序 Probit 模型时，对工作收入，医患关系和医院管理这些变量可能存在的内生性问题难以解决，对于主观变量之间的研究运用有序 Probit 模型回归可能更多带来内生性的问题。通常说来，在应用微观经济学文献中，考察解释变量的潜在内生性问题时，更多采用的是工具变量方法一致估计因果影响。因而，工具变量方法称为实证文献中最常应用的方法。然而，当因变量和所考察的解释变量均为离散有序分类变量（Discrete Ordered Category Variable），并且所关注的解释变量超过两个以上时，传统的方法就不再适用（Angrist，2001）。本章主要通过运用递归方程系统 RMP 模型讨论工作收入、医患关系和医院管理对工作满意度的影响。关于应用递归方程系统 RMP 克服潜在变量的内生性问题，不少文献做过实证研究。Priit Vahter

① 上海交通大学医学院附属第九人民医院骨科教授戴尅戎在温家宝就政府工作报告征求科教文卫体界人士意见座谈会上的发言（http：//finance. sina. com. cn/china/20120214/035411370597. shtml）。

(2011) 利用递归方程系统研究了 FDI 对国内企业创新和技术扩散的影响。Mende 等 (2013) 利用递归方程系统研究了消费者的消费偏好与消费者对企业的忠诚度关系，以期克服消费者消费偏好内生性问题，得出更为一致的估计影响力度。

本章主要运用递归方程系统 RMP 模型讨论工作收入、医患关系和医院管理对农村医生工作满意度的影响。通过研究发现，工作收入、医患关系和医院管理对农村公立医院医生工作满意度有着较为显著的影响。本文发现，医患关系存在较为显著的内生性。笔者对实证结果、现有文献和调研情况进行综合，提出医患关系和工作满意度之间可能存在恶性循环机制，为后面研究打下基础。

## 3.2　主要变量选择以及描述统计

现有文献研究表明，医患关系、工作收入和医院管理对工作满意度有着较大的影响，在本章中我们试图通过实证数据对此问题进行系统的研究。在本节中，我们将对工作满意度、工作收入和医院管理等几个重要变量的选取与统计描述进行分析。

### 3.2.1　工作满意度

如第一章文献综述中所提到的，工作满意度的测度有几种不同的量表，本文采用的是单一量表法。对于单一量表法，Scarpello & Campbell (1983) 以及 Wanous 等 (1997) 在对工作满意度的综述中指出，工作满意度测量的单一量表是一种广泛的更具有包容性的测量方法。对于工作满意度，按照从低到高的程度依次由 1 (很不满意) 到 5 (很满意) 赋值。表 3 - 1 给出了工作满意度的原始分布，从表 3 - 1 可以看出，认为工作满意的农村医生仅为 36.47%，而认为工作一般和不满意的则达 63.53%。此外，从表 3 - 1 也可以看出，工作满意度在很不满意、不满意、一般、满意和很满意五个等级之间分布很不均匀，由于满意度在 1 到 5 之间分布极为偏斜，因此我们将收入满意度进行重新分类，分为不满意 (由 1 表示)、一般 (由 2 表示) 和满意 (由 3 表示) 三个等级。从表 3 - 1 中可以看出，整体样本上医生的工作满意度不高，只有三分之一强的医生对工作表示满意。

表 3 - 1 工作满意度分布

| | 很不满意 | 不满意 | 一般 | 满意 | 很满意 | 总体 |
|---|---|---|---|---|---|---|
| 频数 | 28 | 118 | 603 | 401 | 29 | 1 179 |
| 百分比 | 2.37 | 10.01 | 51.15 | 34.01 | 2.46 | 100 |

表 3 - 2 是分县乡考察工作满意度的分布。从表 3 - 2 可以看出，县级医疗机构医生的工作满意度低于乡镇卫生院，有 33.66% 的县级医疗机构医生对工作表示满意或很满意，与此相对应，有 39.44% 的乡镇卫生院医生表示对工作满意或很满意。而对工作很不满意或不满意的乡镇卫生院医生占乡镇卫生院医生总体的 11.69%，与此相对应的县级医疗机构的比例则为 13.04%。

表 3 - 2 分县乡的工作满意度的分布

| | | 很不满意 | 不满意 | 一般 | 满意 | 很满意 | 总体 |
|---|---|---|---|---|---|---|---|
| 县级医院 | 频率 | 16 | 63 | 323 | 192 | 12 | 606 |
| | 百分比 | 2.64 | 10.4 | 53.3 | 31.68 | 1.98 | 100 |
| 乡镇卫生院 | 频率 | 12 | 55 | 280 | 209 | 17 | 573 |
| | 百分比 | 2.09 | 9.6 | 48.87 | 36.47 | 2.97 | 100 |

表 3 - 3 是分性别考察医生工作满意度的分布。从表 3 - 3 可以看出，男医生工作满意度比女医生工作满意度的分布更为发散，即对工作不满意的比例高于女医生，同时对工作满意的比例也高于女医生。

表 3 - 3 分性别的工作满意度的分布

| | | 很不满意 | 不满意 | 一般 | 满意 | 很满意 | 总体 |
|---|---|---|---|---|---|---|---|
| 女医生 | 频率 | 2 | 55 | 276 | 161 | 9 | 503 |
| | 百分比 | 0.4 | 10.93 | 54.87 | 32.01 | 1.79 | 100 |
| 男医生 | 频率 | 26 | 63 | 326 | 238 | 20 | 673 |
| | 百分比 | 3.86 | 9.36 | 48.44 | 35.36 | 2.97 | 100 |

表 3 - 4 是分年龄段考察医生工作满意度的分布。从表 3 - 4 可以看出，

对工作表示很不满意或不满意的比例最大的是处于30岁到40岁之间的医生，比例高达15.4%。而对工作表示满意或很满意的比例是大于40岁的医生，比例达37.57%。

**表3－4　分年龄的工作满意度的分布**

| | | 很不满意 | 不满意 | 一般 | 满意 | 很满意 | 总体 |
|---|---|---|---|---|---|---|---|
| 年龄<30 | 频率 | 6 | 24 | 157 | 91 | 8 | 286 |
| | 百分比 | 2.1 | 8.39 | 54.9 | 31.82 | 2.8 | 100 |
| 30≤年龄≤40 | 频率 | 16 | 67 | 258 | 187 | 11 | 539 |
| | 百分比 | 2.97 | 12.43 | 47.87 | 34.69 | 2.04 | 100 |
| 年龄>40 | 频率 | 6 | 27 | 188 | 123 | 10 | 354 |
| | 百分比 | 1.69 | 7.63 | 53.11 | 34.75 | 2.82 | 100 |

### 3.2.2　工作收入

尽管实际收入对医生的工作满意度有显著的影响，本文仍采用工作收入满意度作为医生工作收入的评价度量指标。这样做的主要原因有两点：一方面，基于公平理论，收入满意度不仅与个人的绝对收入量有关，而且还与在组织内的相对收入地位有关（Adams，1965）。工作收入满意度与医生的工作满意度关系更为紧密，对医生的工作满意度的影响更大。另一方面，实际问卷设计中，询问医生的具体收入时，回答偏误较大，因而本文采用工作收入满意度这一主观变量衡量医生的工作收入①。

表3－5是工作收入满意度的原始分布。从表3－5中可以看出，对收入满意度评价最多的是不满意，占40.63%。对工作收入很不满意和不满意的农村医生比例共占到57.08%。总体上农村医生的收入满意度处于很低的水平，只有6%不到的医生表示对工作收入较为满意。表3－5中可以看出，工作收入满意度在五点分布中也很不均匀，因而与工作满意度类似，我们将工作收入满意度从原有五类分法压缩为三类分法。将“很不满意”和“不满意”合并为不满意，将“满意”和“很满意”合并为“满意”。

① 当然，被访医生在回答收入满意度时也存在偏误，很大程度上具有向下倾向，即倾向于夸大对收入的不满意程度。而实际收入的回答则存在高收入倾向于压低收入、低收入倾向于抬高收入的倾向。

**表 3－5 工作收入满意度的原始分布**

| | 很不满意 | 不满意 | 一般 | 满意 | 很满意 | 总体 |
|---|---|---|---|---|---|---|
| 频数 | 194 | 479 | 432 | 67 | 7 | 1 179 |
| 百分比 | 16. 45 | 40. 63 | 36. 64 | 5. 68 | 0. 59 | 100 |

表 3－6 是收入满意度在县乡之间的分布情况。从表 3－6 可以看出，乡镇卫生院医生对收入很不满意或不满意的比例占 57. 91%，而对应的县级医疗机构医生的比例为 56. 29%。乡镇卫生院医生对收入表示满意和很满意的比例为 5. 57%，而对应的县级医疗机构医生的比例为 6. 95%。整体上可以看出，乡镇卫生院医生对收入不满意程度高于县级医疗机构医生。

**表 3－6 分县乡的收入满意度的分布情况**

| | | 很不满意 | 不满意 | 一般 | 满意 | 很满意 | 总体 |
|---|---|---|---|---|---|---|---|
| 县级医院 | 频率 | 108 | 232 | 222 | 41 | 1 | 604 |
| | 百分比 | 17. 88 | 38. 41 | 36. 75 | 6. 79 | 0. 17 | 100 |
| 乡镇卫生院 | 频率 | 86 | 247 | 210 | 26 | 6 | 575 |
| | 百分比 | 14. 96 | 42. 96 | 36. 52 | 4. 52 | 1. 04 | 100 |

表 3－7 是分性别的收入满意度的分布情况。从表 3－7 可以看出，女医生对收入很不满意和不满意的比例有 54. 46%，而与此对应的男医生的比例为 58. 93%，高出女医生 4 个百分点。因而男医生对收入的不满程度高于女医生。

**表 3－7 分性别的收入满意度的分布情况**

| | | 很不满意 | 不满意 | 一般 | 满意 | 很满意 | 总体 |
|---|---|---|---|---|---|---|---|
| 女 | 频率 | 69 | 206 | 199 | 28 | 3 | 505 |
| | 百分比 | 13. 66 | 40. 79 | 39. 41 | 5. 54 | 0. 59 | 100 |
| 男 | 频率 | 124 | 272 | 233 | 39 | 4 | 672 |
| | 百分比 | 18. 45 | 40. 48 | 34. 67 | 5. 8 | 0. 6 | 100 |

表 3－8 是分年龄的收入满意度的分布情况。从表 3－8 可以看出，小于 30 岁的年轻医生对收入很不满意和不满意的比例占 47. 72%，与此对应的 30

岁到40岁之间的医生该比例占63.20%，而对应的大于40岁的医生的比例为55.34%。对收入表示满意和很满意的医生，在小于30岁的医生中比例为8.07%，在30岁到40岁之间医生的比例为3.90%，而大于40岁医生中的比例为8.43%。从数据比较不难发现，收入满意度在年龄中分布出现不满意度先增加后降低的趋势：30到40岁之间的医生对收入最不满意，高于小于30岁的医生和大于40岁的医生群体，同时对收入表示满意的比例也小于后两个群体。

**表3-8　分年龄的收入满意度分布情况**

| | | 很不满意 | 不满意 | 一般 | 满意 | 很满意 | 总体 |
|---|---|---|---|---|---|---|---|
| 年龄<30 | 频率 | 35 | 101 | 126 | 22 | 1 | 285 |
| | 百分比 | 12.28 | 35.44 | 44.21 | 7.72 | 0.35 | 100 |
| 30≤年龄≤40 | 频率 | 97 | 243 | 177 | 19 | 2 | 538 |
| | 百分比 | 18.03 | 45.17 | 32.9 | 3.53 | 0.37 | 100 |
| 年龄>40 | 频率 | 62 | 135 | 129 | 26 | 4 | 356 |
| | 百分比 | 17.42 | 37.92 | 36.24 | 7.3 | 1.12 | 100 |

### 3.2.3　医患关系

医患关系是医生和患者双向的互动关系。目前有关医患关系的研究多基于患方视角，将患者视为社会弱者，从这一角度研究患者就诊过程中的感受、遇到的困难，以及在出现医疗纠纷中的弱势地位等，考察患者满意度对医患关系的评价。医患关系紧张被理解为患者对医生的不满，由此提出解决医患关系恶化、对医生的行为干预和培训等（侯胜田，2011；赵丽清等，2010）。与从患者角度研究相比，现有文献从医方视角研究医患关系略显不足。事实上，无论是从当前媒体还是学术文献中，相比患者，作为医患互动一方的医生在话语表达上并不多见。

因而，从医方视角探讨医患关系对理解我国医患关系的紧张程度、分析医患紧张对医生工作满意度的影响非常必要（谢铮等，2009）。同时，采取医方视角分析医患关系丰富了当前对医患关系研究的文献。本文基于医方的视角，采用受访医生自评的患者对其信任程度这一指标度量医患关系，原因有两方面：首先是项目组成员通过与医生进行焦点小组访谈，结果发现那些感

受到患者的信任程度、尊重程度越高的医生，对医患关系评价越好。其次，考虑医生对医患关系这一词汇的反应比较敏感，因此，为防止问卷出现严重测量误差（Measurement Error），本项目调研没有直接设置医生对医患关系的评价，而是从患者的信任程度、尊重程度衡量医方视角下的医患关系紧张程度，因而本项目并未直接将医患关系这一词汇纳入调查问卷中。再次，医生和患者双方的相互信任构成医患关系的基础（Morgan，2008），患者对医生的信任促进了医患双方的有效沟通，对于医患关系有着积极的意义，同时该指标相对直接询问医生对医患关系的看法来说更为温和，也更有利于医生做出较为客观的回答。国内很多医患关系研究发现，患者对医生的信任是医方评价医患关系中最为反映医患关系的指标（陈燕凌等，2012）。表3－9给出病人信任程度的原始分布，从表3－9中可以看出，认为病人信任程度很高的农村医生占9.7%，认为较高的占60%，近70%的农村医生认为病人对他们是信任的，但是也有27%的农村医生并不看好目前的医患关系，他们认为病人的信任处于一般状态。与工作满意度、工作收入满意度类似，由于病人的信任程度分布不均衡，存在偏斜，我们将病人的信任程度为很高和较高归为信任，将一般及以下归为一般。从表3－9可以看出，总体上医生自评的医患关系并不高，多达30%的受访者认为患者对他们的信任程度处于一般水平。

**表3－9　病人的信任程度分布**

| | 很高 | 较高 | 一般 | 较低 | 很低 | 总体 |
|---|---|---|---|---|---|---|
| 频数 | 115 | 714 | 330 | 24 | 1 | 1 184 |
| 百分比 | 9.71 | 60.3 | 27.87 | 2.03 | 0.08 | 100 |

表3－10是分县乡的病人信任程度的分布情况。从表3－10可以看出，县级医疗机构认为病人信任程度处于较高和很高的占68.59%，而乡镇卫生院医生认为病人信任程度很高和较高的比例占71.53%。总体来说，乡镇卫生院医生认为病人信任程度高的比例高于县级医疗机构医生，但二者无显著的差异。从性别的角度来看，对病人信任程度差距不大（见表3－11）。从年龄的分布来看，年龄较大的医生认为病人信任程度较高（见表3－12），这也与现有文献研究一致。

表 3-10　分县乡的病人信任程度的分布情况

| | | 很高 | 较高 | 一般 | 较低 | 很低 | 总体 |
|---|---|---|---|---|---|---|---|
| 县级医院 | 频率 | 42 | 375 | 173 | 17 | 1 | 608 |
| | 百分比 | 6.91 | 61.68 | 28.45 | 2.8 | 0.16 | 100 |
| 乡镇卫生院 | 频率 | 73 | 339 | 157 | 7 | 0 | 576 |
| | 百分比 | 12.67 | 58.85 | 27.26 | 1.22 | 0 | 100 |

表 3-11　分性别的病人信任程度的分布情况

| | | 很高 | 较高 | 一般 | 较低 | 很低 | 总体 |
|---|---|---|---|---|---|---|---|
| 女医生 | 频率 | 46 | 305 | 152 | 4 | 0 | 507 |
| | 百分比 | 9.07 | 60.16 | 29.98 | 0.79 | 0 | 100 |
| 男医生 | 频率 | 69 | 406 | 178 | 20 | 1 | 674 |
| | 百分比 | 10.24 | 60.24 | 26.41 | 2.97 | 0.15 | 100 |

表 3-12　分年龄的病人信任程度分布情况

| | | 很高 | 较高 | 一般 | 较低 | 很低 | 总体 |
|---|---|---|---|---|---|---|---|
| 年龄<30 | 频率 | 20 | 146 | 114 | 7 | 0 | 287 |
| | 百分比 | 6.97 | 50.87 | 39.72 | 2.44 | 0 | 100 |
| 30≤年龄≤40 | 频率 | 46 | 332 | 151 | 11 | 0 | 540 |
| | 百分比 | 8.52 | 61.48 | 27.96 | 2.04 | 0 | 100 |
| 年龄>40 | 频率 | 49 | 236 | 65 | 6 | 1 | 357 |
| | 百分比 | 13.73 | 66.11 | 18.21 | 1.68 | 0.28 | 100 |

### 3.2.4　医院管理

本文采用医生的医院管理满意度主观衡量医院管理。管理满意度是基于受访者对医院提供的培训机会、职称晋升、绩效管理体制和直接上级等几个维度的综合考虑基础上做出的判断。与收入满意度类似，医院管理满意度的原始数据也是基于里克特的五点分类法，并基于原始数据分布呈现出严重偏斜的特征，本文将医院管理满意度分为两类：“满意”（主要包括问卷中的“满意”“很满意”，由1表示）和“其他”（主要包括问卷中的“一般”“不满意”“很不满意”，由0表示）。农村医生对医院管理满意度不高，只有

36.3%的医生表示对医院管理满意（见表3－13）。

**表3－13 医院管理满意度的分布情况**

| | 很不满意 | 不满意 | 一般 | 满意 | 很满意 | 总体 |
|---|---|---|---|---|---|---|
| 频率 | 23 | 141 | 579 | 404 | 32 | 1 179 |
| 百分比 | 1.95 | 11.96 | 49.11 | 34.27 | 2.71 | 100 |

表3－14是分县乡的医院管理的满意度分布，从表3－14可以看出，县级医疗机构医生对医院管理很不满意和不满意的比例为14.71%，与此对应的乡镇卫生院医生的比例为13.07%。对医院管理满意和很满意的县级医疗机构医生的比例为32.89%，对应的乡镇卫生院医生的比例为41.29%。从而可以看出，县级医疗机构医生对医院管理的不满意比例大于乡镇卫生院医生。

**表3－14 分县乡的医院管理满意度分布情况**

| | | 很不满意 | 不满意 | 一般 | 满意 | 很满意 | 总体 |
|---|---|---|---|---|---|---|---|
| 县级医院 | 频率 | 11 | 78 | 317 | 188 | 11 | 605 |
| | 百分比 | 1.82 | 12.89 | 52.4 | 31.07 | 1.82 | 100 |
| 乡镇卫生院 | 频率 | 12 | 63 | 262 | 216 | 21 | 574 |
| | 百分比 | 2.09 | 10.98 | 45.64 | 37.63 | 3.66 | 100 |

表3－15是分性别的医院管理满意度的分布情况。从表3－15可以看出，对医院管理很不满意和不满意的女医生的比例为12.49%，而对应的男医生的比例为14.44%。同时对医院管理满意和很满意的女医生的比例为35.32%，而对应的男医生的比例为38.39%。因而，可以看出，男医生对医院管理不满意的比例高于女医生，同时满意的比例也高于女医生，其分布更显“肥尾”特征。

**表3－15 分性别的医院管理满意度分布情况**

| | | 很不满意 | 不满意 | 一般 | 满意 | 很满意 | 总体 |
|---|---|---|---|---|---|---|---|
| 女医生 | 频率 | 2 | 65 | 259 | 168 | 10 | 504 |
| | 百分比 | 0.4 | 12.9 | 51.39 | 33.33 | 1.98 | 100 |
| 男医生 | 频率 | 21 | 76 | 317 | 236 | 22 | 672 |
| | 百分比 | 3.13 | 11.31 | 47.17 | 35.12 | 3.27 | 100 |

表3－16是分不同年龄段的医院管理满意度的分布情况。从表3－16可

以看出，小于30岁的医生中，很不满意和不满意度的比例占12.55%。对应的30岁到40岁医生的比例为16.61%，而年龄大于40岁医生的比例为10.95%。对医院管理满意和很满意的比例，30岁以下的医生有37.28%，30岁到40岁的有36.57%，40岁以上的有37.36%。因此，整体上我们可以看出，30岁到40岁年龄段的医生对医院管理的满意度最低。

**表3-16　分年龄的医院管理满意度分布情况**

| | | 很不满意 | 不满意 | 一般 | 满意 | 很满意 | 总体 |
|---|---|---|---|---|---|---|---|
| 年龄<30 | 频率 | 3 | 33 | 144 | 103 | 4 | 287 |
| | 百分比 | 1.05 | 11.5 | 50.17 | 35.89 | 1.39 | 100 |
| 30≤年龄≤40 | 频率 | 15 | 74 | 251 | 181 | 15 | 536 |
| | 百分比 | 2.8 | 13.81 | 46.83 | 33.77 | 2.8 | 100 |
| 年龄>40 | 频率 | 5 | 34 | 184 | 120 | 13 | 356 |
| | 百分比 | 1.4 | 9.55 | 51.69 | 33.71 | 3.65 | 100 |

表3-17　是工作收入满意度、医患关系、医院管理满意度与工作满意度的联合分布。从表3-17中，我们可以发现随着工作收入满意度增加，农村医生的工作满意度处于“不满意”和“一般”两种状态的频率均降低，而处于“满意”状态的频率则明显增加。类似地，随着医患关系不断融洽，农村医生的工作满意度显著增加；随着医院管理满意度增加，农村医生的工作满意度也在显著地增加。

**表3-17　工作收入满意度、医患关系、医院管理满意度与工作满意度的联合分布**

| | | | 总体 | 医院管理满意度 | | 工作收入满意度 | | | 病人的信任程度 | |
|---|---|---|---|---|---|---|---|---|---|---|
| | | | | 其他 | 满意 | 不满意 | 一般 | 满意 | 一般 | 信任 |
| 工作满意度 | 不满意 | 频数 | 131 | 137 | 7 | 119 | 11 | 1 | 50 | 81 |
| | | 频率 | 12.83 | 18.49 | 1.62 | 19.73 | 3.08 | 1.64 | 15.97 | 11.44 |
| | 一般 | 频数 | 522 | 495 | 106 | 322 | 189 | 11 | 180 | 342 |
| | | 频率 | 51.13 | 66.8 | 24.48 | 53.4 | 52.94 | 18.03 | 57.51 | 48.31 |
| | 满意 | 频数 | 368 | 109 | 320 | 162 | 157 | 49 | 83 | 285 |
| | | 频率 | 36.04 | 14.71 | 73.9 | 26.87 | 43.98 | 80.33 | 26.52 | 40.25 |
| | 总体 | 频数 | 1021 | 741 | 433 | 603 | 357 | 61 | 313 | 708 |
| | | 频率 | 100 | 100 | 100 | 100 | 100 | 100 | 100 | 100 |

表3－18是对其余主要相关变量的描述性统计。

**表3－18 主要变量的描述性统计**

| 变量名称 | 变量含义 | 整体样本 | 工作收入满意度分类 | | | 病人的信任程度分类 | |
|---|---|---|---|---|---|---|---|
| | | | 不满意 | 一般 | 满意 | 一般 | 信任 |
| | | 均值 | 均值 | 均值 | 均值 | 均值 | 均值 |
| 工作满意度 | 1不满意，2一般，3满意 | 2.232 | 2.071 | 2.409 | 2.787 | 2.105 | 2.288 |
| 年龄 | 年 | 36.416 | 36.876 | 35.737 | 35.853 | 34.252 | 37.373 |
| 性别 | 性别(女性为参照组)：1男性，0女性 | 0.567 | 0.590 | 0.529 | 0.557 | 0.566 | 0.568 |
| 教育程度 | 受教育状况：(参照组：中专) | | | | | | |
| 大专 | 1大专，0其他 | 0.430 | 0.433 | 0.437 | 0.361 | 0.412 | 0.438 |
| 本科及以上 | 1本科及以上，0其他 | 0.350 | 0.343 | 0.359 | 0.361 | 0.409 | 0.323 |
| 医疗技术变化 | 与前几年相比，医务人员整体医疗技术水平变化：1很大降低，2略有降低，3没有变化，4略有提高，5很大提高 | 4.143 | 4.073 | 4.241 | 4.262 | 4.125 | 4.151 |
| 信任程度变化 | 与前几年相比，患者对医务人员的信任程度的变化：1很大降低，2略有降低，3没有变化，4略有提高，5很大提高 | 2.885 | 2.711 | 3.098 | 3.361 | 2.543 | 3.037 |

续表

| 变量名称 | 变量含义 | 整体样本 | 工作收入满意度分类 | | | 病人的信任程度分类 | |
|---|---|---|---|---|---|---|---|
| | | | 不满意 | 一般 | 满意 | 一般 | 信任 |
| | | 均值 | 均值 | 均值 | 均值 | 均值 | 均值 |
| 社会地位的变化 | 与前几年相比，医务人员的社会地位的变化：<br>1 很大降低，<br>2 略有降低，<br>3 没有变化，<br>4 略有提高，<br>5 很大提高 | 2. 309 | 2. 129 | 2. 485 | 3. 049 | 2. 189 | 2. 362 |
| 与社会工资比较 | 医务人员的平均工资与社会平均工资相比，应该：<br>1 持平，<br>2 高 1 –2 倍，<br>3 高 2 –3 倍，<br>4 高 3 –4 倍，<br>5 高 4 倍以上 | 2. 793 | 2. 909 | 2. 602 | 2. 771 | 2. 738 | 2. 818 |
| 工作压力 | 目前工作压力：<br>1 小，<br>2 一般，<br>3 比较大，<br>4 非常大 | 2. 952 | 3. 093 | 2. 759 | 2. 689 | 2. 997 | 2. 932 |
| 每天工作时间 | 平均每天实际工作时间（小时） | 8. 937 | 9. 120 | 8. 699 | 8. 516 | 9. 066 | 8. 880 |
| 每周加班次数 | 平均每周加班（次数） | 2. 974 | 3. 110 | 2. 845 | 2. 385 | 2. 855 | 3. 026 |
| 实际月收入 | 上个月总收入（元） | 2 186. 17 | 1 956. 181 | 2 412. 875 | 3 196. 379 | 2 056. 80 | 2 242. 583 |
| 理想月工资收入 | 合理的月工资收入（元） | 3 914. 44 | 3 850. 59 | 3 683. 78 | 5 991. 20 | 3 542. 58 | 4 076. 79 |

续表

| 变量名称 | 变量含义 | 整体样本 | 工作收入满意度分类 | | | 病人的信任程度分类 | |
|---|---|---|---|---|---|---|---|
| | | | 不满意 | 一般 | 满意 | 一般 | 信任 |
| | | 均值 | 均值 | 均值 | 均值 | 均值 | 均值 |
| 疾病诊断时间 | 本科室最常见疾病的门诊病人平均诊断时间（分钟） | 18.711 | 19.571 | 17.332 | 18.267 | 18.386 | 18.852 |
| 样本量 | | 1 021 | 603 | 357 | 61 | 313 | 708 |

在控制住其他影响因素之后，工作收入、医患关系和医院管理满意度与农村医生工作满意度的关系需要进一步实证分析。

## 3.3　模型选择

本文考察的工作满意度为有序离散变量，对离散因变量的估计常用的是有序 Probit 或有序 Logit 方法。但对工作满意度的影响过程中，工作收入满意度、病人对医生的信任以及医院管理满意度很可能是内生变量。一方面，工作满意度可能同时影响工作收入满意度、病人信任程度和医院管理满意度。Katz（1999）研究表明，工作满意度高的医生提供令患者满意的诊疗服务的概率更高，并且诊疗效果也高于那些工作满意度低的医生。极端情况下，较低的工作积极性对医生的工作自信产生负面影响，最终积累到一定程度会产生诊疗错误和医疗差错。工作积极性不高使得医生与患者沟通不畅，不能有效了解患者的病情（Roter 等，2006），这些都会使医患关系更为紧张。另一方面，工作满意度、工作收入满意度、病人对医生的信任程度以及医院管理满意度都是基于被访者主观判断做出的，因而可能存在不可观测因素影响这些变量，从而产生较强的内生性，相关实证研究的重点在于克服内生性的影响。需要指出的是，由于因变量工作满意度、工作收入满意度以及病人的信任程度均属于分类变量（Catagorical Variable），难于采用传统的工具变量方法进行估计。所幸的是，Roodman（2009）为该类特征变量的内生性提供了较为有效的处理方式。为一致地估计工作收入满意度、病人的信任程度以及医院管理满意度对农村医生工作满意度的影响，本文采用由极大似然方法估计的联立方程模型。该模型由四个非线性方程组成递归系统，具体模型如下：

$$\begin{cases} wsf^{*} = \delta \times isf + \gamma \times trust + \pi \times mg + \beta_1 \times X_1 + u_1 \\ isf^{*} = \beta_2 \times X_2 + u_2 \\ trust^{*} = \beta_3 \times X_3 + u_3 \\ mg^{*} = \beta_4 \times X_4 + u_4 \end{cases} \tag{1}$$

其中，

$$wsf = k \Leftrightarrow wsf^{*} \in [\tau_k, \tau_{k+1})$$

$$isf = k \Leftrightarrow isf^{*} \in [\iota_k, \iota_{k+1}), k = 1,2,3$$

$$trust = \begin{cases} 0 & \text{如果} -\infty < trust^{*} \leqslant \zeta \\ 1 & \text{如果} \zeta < trust^{*} < \infty \end{cases}$$

$$mg = \begin{cases} 0 & \text{如果} -\infty < mg^{*} \leqslant \kappa \\ 1 & \text{如果} \kappa < mg^{*} < \infty \end{cases}$$

$\tau_1$，$\tau_2$，$\iota_1$，$\iota_2$，$\zeta$，$\kappa$ 是要估计的截断点（Cut Point）。

第一个方程是工作满意度方程，$wsf^{*}$ 是被访者不可观测的潜在的工作满意度。工作满意度除了受工作收入满意度、病人信任程度的影响外，还受被访者个体特征（如性别，年龄，教育程度等）、工作特征（包括每天实际工作时间、每周加班次数、工作压力）的影响。除此之外，还可能受被访者对整体宏观医疗环境主观判断的影响。例如与前几年相比，病人与医护人员之间信任程度的变化、医护人员社会地位的变化等。工作满意度方程的解释变量由病人的信任程度 *trust*、工作收入满意度 *isf*、医院管理满意度 *mg* 和其他控制变量 $X_1$ 表示。

第二个方程表示工作收入满意度方程，$isf^{*}$ 是被访者不可观测的潜在的工作收入满意程度。工作收入满意度除了受被访者自身的个体特征影响之外，还受到被访者实际工资与期望合理的工资等因素的影响，这些解释变量用 $X_2$ 表示。

第三个方程是医患关系方程，$trust^{*}$ 是被访者不可观测的潜在的病人信任程度的评价。病人的信任程度除了受到上述提及的医生的个体特征和工作相关特征的影响之外，工作时间、诊断一个本科室常见病种平均花费时间、病人信任程度在近几年变化的判断等因素也均有影响。这些解释变量由 $X_3$ 表示。

类似的，第四个方程表示医院管理满意度方程，$mg^{*}$ 是被访者不可观测

的潜在的医院管理满意程度。

与 Balia & Jones（2005）针对因变量和内生变量均为二元选择（Binary）的处理方法略有差异，上述联立递归系统（1）对应的因变量工作满意度和收入满意度为多元有序选择，因此本模型利用由 Roodman（2009）提出的条件混合过程（Conditional Mixed Process programme）进行联立似然方法估计。

为简化起见，令 $Y^* = (wsf^*, isf^*, trust^*, mg^*)$，$Y = (wsf, isf, trust, mg)$，$U = (u_1, u_2, u_3, u_4)'$，$X = (X_1, X_2, X_3, X_4)$。我们省去估计参数，其似然方程记为：

$$L = L(Y|X) = l_1(wsf|isf, trust, mg, x_1) \times l_2(isf|trust, mg, x_2) \times l_3(trust|mg, x_3) \times l_4(mg|x_4) \quad (2)$$

上述似然方程（2）中的子模块分别是有序 Probit 模型（$l_1$ 和 $l_2$ 对应的似然函数）和二元离散选择 Probit 模型（$l_3$ 和 $l_4$ 对应的似然函数）。系统（1）表示的整个模型形式上似不相关，因为假设除了误差项之间相关之外，各个方程之间独立。事实上，收入满意度 *isf*、病人的信任程度 *trust* 以及医院管理满意度 *mg* 的潜在内生性通过估计所有联立方程得到解决。上述递归形式的结构方程系统确保了每个方程的可识别性。

假设这些误差项 $U$ 服从多元正态分布，即 $E(U|X) = 0, U \sim N(0, \sum)$，其中，

$$\sum = \begin{bmatrix} 1 & \rho_{12} & \rho_{13} & \rho_{14} \\ \rho_{12} & 1 & \rho_{23} & \rho_{24} \\ \rho_{13} & \rho_{23} & 1 & \rho_{34} \\ \rho_{14} & \rho_{24} & \rho_{34} & 1 \end{bmatrix}$$

从而联立递归系统中工作收入满意度的内生性表现为 $\rho_{12}$ 显著不为 0，病人信任程度的内生性表现为 $\rho_{13}$ 显著不为 0；医院管理满意度的内生性表现为 $\rho_{14}$ 显著不为 0。由误差项的多元正态分布假定，可将上述似然方程与误差项的各相关系数联系起来，从而似然方程（2）可记为：

$$\begin{aligned} L = & \Pi_{trust_i=0}(1 - \Phi(\beta_3 x_{3i})) \times \Pi_{trust_i=1}\Phi(\beta_3 x_{3i}) \times \Pi_{isf_i=0}(1 - \Phi(\tau_3 - \beta_2 x_{2i})) \\ & \times \Pi_{isf_i=1}(\Phi(\tau_3 - \beta_2 x_{2i}) - \Phi(\tau_2 - \beta_2 x_{2i})) \times \Pi_{isf_i=2}(\Phi(\tau_2 - \beta_2 x_{2i}) - \Phi(\tau_1 - \beta_2 x_{2i})) | \rho_{23} \\ & \times \Pi_{wsf_i=0}(1 - \Phi(\eta_3 - (\delta isf_i + \gamma trust_i + \beta_1 x_{1i}))) \\ & \times \Pi_{wsf_i=1}1(\Phi(\eta_3 - (\delta isf_i + \gamma trust_i + \beta_1 x_{1i})) - \Phi(\eta_2 - (\delta isf_i + \gamma trust_i + \beta_1 x_{1i}))) \\ & \times \Pi_{wsf_i=2}(\Phi(\eta_2 - (\delta isf_i + \gamma trust_i + \beta_1 x_{1i})) - \Phi(\eta_1 - (\delta isf_i + \gamma trust_i + \beta_1 x_{1i}))) | \rho_{12}, \rho_{13} \end{aligned}$$

最大化似然函数 $L$ 的对数形式要求解决多达四维的积分，一般计算方法难于实现。为解决该问题，我们利用 GHK 形式的数值模拟算法。上述四阶段递归方程系统保证了对工作收入满意度、医患关系以及医院管理内生性的恰当处理。

为了使方程可识别，我们依次在每个方程中加入一些与其他方程区别的工具变量（即排除变量，Exclusion Variables）。具体来说，与很多微观实证文献对工具变量的选择一致，如尹志超、甘犁（2010）用家庭其他人员的抽烟和喝酒平均频率作为对应个体的抽烟和喝酒的工具变量，考察吸烟和喝酒对收入的影响。Buscha 和 Conte（2010）在研究青少年辍学对教育成绩的影响时，曾利用当地总的青少年辍学率作为该少年辍学的工具变量。考虑到收入满意度和医生视角下的病人信任程度也具有一定的群体效应（Peer Effect），即个人所在的组织或机构的整体行为和认识会对个人行为和认识产生一定的“传染性”，个人所在医疗机构整体对收入满意的看法与个体对收入的看法有关，而对个人的工作满意度则没有直接影响。因而本文利用个体所在医疗机构的平均收入满意度的群体效应作为个人收入满意度的工具变量。

个人 $j$ 所在机构的收入满意度的平均值，即收入满意度的群体效应的计算方法如下：

$$\sum_{i=1}^{n} x_i / n$$

其中：$x_i$ 是个体 $i$ 的收入满意度水平，$n$ 是个体 $i$ 所在机构的被访医生数量。

除了收入满意度的群体效应之外，上个月的实际收入和期望收入的对数也作为收入满意度的工具变量。

类似的，我们也采用病人信任程度的群体效应作为病人信任程度的工具变量。除此之外，近年来病人信任程度的变化趋势也作为病人信任程度的工具变量。利用医院管理满意度的群体效应作为医院管理的工具变量。

上述递归形式的结构方程系统确保了每个方程的可识别性，而且，即使是上述这些假设被违背时，我们仍可以利用模拟技术得到某种程度上的推断（Nevo & Rosen，2008）。

综上所述，递归方程系统较好地克服了传统 Probit 模型中可能存在的内生性，对参数进行更为一致地估计。另外，通过递归方程系统还可以对变量之

间是否存在内生性问题进行刻画。

## 3.4 实证研究

### 3.4.1 实证结果

为了克服收入满意度、病人信任程度和医院管理满意度的内生性问题，一致地估计收入满意度、病人的信任程度和医院管理满意度对医生工作满意度的影响，我们采用递归方程的完全信息极大似然估计方法（FIML）估计。作为对比，同时给出有序 Probit 的单方程估计结果。表 3 – 19 第 1 列是有序 Probit 单方程估计的结果。第 2、3、4、5 列分别是递归系统中对应的工作满意度、工作收入满意度、病人的信任程度以及医院管理满意度四个方程的估计结果。我们的实证模型控制住了县域的固定效应，由于各个县的发展不平衡，对所在县的各个医疗机构的经济政策和其他管理政策的影响也不相同，县域的固定效应本身在一定程度上对各县的经济发展以及县内各个公立医疗机构的各项管理政策等产生影响，进而从微观机制上对医生的工作满意度产生影响。因此，控制住县域效应能更真实地为我们考察工作满意度影响因素提供经验依据。另外，由于年龄和职称具有较强的线性相关性，故本章实证模型中没有加入职称。

从表 3 – 19 可以看出，第 2 列到第 5 列递归系统工作满意度方程估计结果显示，工作收入满意度、病人的信任程度以及医院管理满意度对农村医生的工作满意度有显著的影响作用。三个变量的估计系数统计检验均在 1% 的置信水平下显著。表 3 – 19 的递归方程系统的估计结果中辅助估计参数 atanhrho_ 12[①] 并不显著异于 0，表明工作满意度方程和工作收入满意度方程之间不存在显著的相关性，从而拒绝收入满意度的内生性假设。但辅助估计参数 atanhrho_ 13 在 10% 的显著水平上显著异于 0，表明病人的信任程度为内生变量，同时 atanhrho_ 14 在 1% 的显著水平上显著异于 0，表明医院管理满意度为内生变量。从而内生性检验结果表明，递归系统的估计结果是可信的。与表 3 – 19

① 递归系统回归结果中汇报的辅助参数 $atanhrho\_\ ij = (1/2)\ ln\ ((1 + rho\_\ ij)\ /\ (1 - rho\_\ ij))$，其中 $rho\_\ ij$ 是对应的方程 $i$ 和方程 $j$ 的误差扰动项的相关系数。

第1列单方程估计结果相比，病人的信任程度在递归方程系统中对工作满意度的影响远大于单方程估计中对工作满意度的影响，同时医院管理满意度对工作满意度的影响远大于单方程对工作满意度的影响。这表明有序Probit单方程估计存在较大偏误，递归系统估计结果更为一致。

从递归系统估计结果表明，工作收入满意度，病人的信任程度和医院管理满意度对医生的工作满意度有显著的正向影响作用，即随着收入满意度增加、医患关系状态改善、医院管理水平改善，医生的工作满意度不断提高，实证结果与本章前述数据初步描述统计中发现的结论互相印证，更加强了本结论的稳健性。

**表3-19　收入满意度、病人的信任程度及医院管理满意度对工作满意度的影响**

| 解释变量 | 单方程 | 递归方程系统 | | | |
|---|---|---|---|---|---|
| | | 工作满意度方程 | 工作收入满意度方程 | 病人的信任程度方程 | 管理满意度方程 |
| | 有序Probit | 有序Probit | 有序Probit | 有序Probit | 有序Probit |
| 收入满意度 | 0.421*** | 0.302*** | | | |
| | (0.0744) | (0.116) | | | |
| 病人的信任程度 | 0.212** | 0.637*** | | | |
| | (0.0855) | (0.167) | | | |
| 医院管理满意度 | 1.499*** | 2.436*** | 0.810*** | 0.492* | |
| | (0.0934) | (0.102) | (0.26) | (0.285) | |
| 年龄 | 0.00837* | 0.00581 | -0.0239*** | 0.0261*** | -0.00434 |
| | (0.00497) | (0.00474) | (0.0067) | (0.00569) | -0.00511 |
| 性别 | 0.0732 | 0.0509 | -0.0706 | -0.0955 | -0.0177 |
| | (0.0798) | (0.0744) | (0.0907) | (0.0934) | (0.0869) |
| 大专 | -0.00504 | 0.0717 | -0.127 | 0.0104 | -0.0441 |
| | (0.106) | (0.0966) | (0.125) | (0.126) | (0.11) |
| 本科及以上 | -0.111 | 0.0315 | -0.199 | -0.142 | -0.0208 |
| | (0.116) | (0.107) | (0.142) | (0.14) | (0.122) |
| 与社会工资比较 | -0.0485 | -0.0468 | -0.0974** | 0.112** | -0.0145 |
| | (0.039) | (0.0374) | (0.0465) | (0.0455) | (0.0414) |

续表

| 解释变量 | 单方程 | 递归方程系统 | | | |
|---|---|---|---|---|---|
| | | 工作满意度方程 | 工作收入满意度方程 | 病人的信任程度方程 | 管理满意度方程 |
| | 有序 Probit | 有序 Probit | 有序 Probit | 有序 Probit | 有序 Probit |
| 工作压力 | -0.190***<br>(0.0533) | -0.0369<br>(0.0507) | -0.296***<br>(0.0641) | 0.0602<br>(0.0659) | -0.153***<br>(0.0591) |
| 每天工作时间 | -0.0231**<br>(0.01) | -0.0146<br>(0.0137) | -0.0360*<br>(0.0184) | 0.00145<br>(0.0137) | -0.00286<br>(0.0173) |
| 每周加班次数 | -0.00108<br>(0.0118) | 0.0103<br>(0.0127) | 0.0136<br>(0.0186) | 0.00312<br>(0.0142) | -0.0419***<br>(0.0158) |
| 病人信任程度的变化 | | | | 0.188***<br>(0.0382) | |
| 病人信任程度的群体效应 | | | | 0.302<br>(0.319) | |
| 实际月收入的对数 | | | 1.146***<br>(0.146) | | |
| 合理月收入的对数 | | | -0.574***<br>(0.145) | | |
| 收入满意度的群体效应 | | | 0.872***<br>(0.191) | | |
| 管理满意度的群体效应 | | | | | 0.794***<br>(0.216) |
| 是否加入县虚拟变量 | 是 | 是 | 是 | 是 | 是 |
| atanhrho_ 12 Constant | | 0.0392<br>(0.146) | | | |
| atanhrho_ 13 Constant | | -0.253*<br>(0.134) | | | |
| atanhrho_ 14 | | -1.584*** | | | |

续表

| 解释变量 | 单方程 | 递归方程系统 | | | |
|---|---|---|---|---|---|
| | | 工作满意度方程 | 工作收入满意度方程 | 病人的信任程度方程 | 管理满意度方程 |
| | 有序 Probit | 有序 Probit | 有序 Probit | 有序 Probit | 有序 Probit |
| Constant | | -0.297 | | | |
| atanhrho_ 23<br>Constant | | 0.0252<br>(0.0634) | | | |
| atanhrho_ 24<br>Constant | | -0.105<br>(0.156) | | | |
| atanhrho_ 34<br>Constant | | -0.101<br>(0.166) | | | |
| Log likelihood | -762.00933 | -2285.5453 | | | |
| Observations | 1 036 | 969 | | | |

注：括号内是稳健标注差，$*p<0.1$，$**p<0.05$，$***p<0.01$。为节省篇幅，本章没有汇报各个截断点的系数及标准差。除此之外，本章也省略了各个县虚拟变量的估计汇报。以下所有回归的处理均进行类似的处理，不再赘述。

### 3.4.2 稳健性检验

为了进一步论证本章结论的稳健性，选取医生视角下病人的尊重程度作为医患关系的衡量指标，考察收入满意度、医患关系和医院管理满意度对医生工作满意度的影响（见表 3-20）。

表 3-20 是以病人的尊重程度衡量的医患关系的估计结果。表 3-20 第 2 列到第 5 列递归系统的工作满意度方程的估计结果表明，收入满意度、病人的尊重和医院管理满意度对医生的工作满意度均有显著的影响。由于辅助估计参数 atanhrho_ 12 不显著，表明收入满意度为外生变量。而辅助估计参数 atanhrho_ 13 和 atanhrho_ 14 都通过显著性检验，表明病人对医生的尊重程度和医院管理满意度为内生变量。从而说明递归系统估计结果是可信的。综上，实证结果表明收入满意度、医患关系和医院管理满意度对医生的工作满意度有显著的影响，且影响比较稳健。

**表 3-20 稳健性检验（用病人的尊重程度作为医患关系的衡量指标）**

| 解释变量 | 单方程 | 递归方程系统 | | | |
|---|---|---|---|---|---|
| | | 工作满意度方程 | 工作收入满意度方程 | 病人的信任程度方程 | 管理满意度方程 |
| | 有序 Probit | 有序 Probit | 有序 Probit | 有序 Probit | 有序 Probit |
| 收入满意度 | 0.421*** | 0.279** | | | |
| | (0.0744) | (0.141) | | | |
| 病人的信任程度 | 0.212** | 0.976*** | | | |
| | (0.0855) | (0.358) | | | |
| 医院管理满意度 | 1.499*** | 2.015*** | | | |
| | (0.0934) | (0.268) | | | |
| 年龄 | 0.00837* | 0.00545 | -0.0188*** | 0.0142*** | 0.0000652 |
| | (0.00497) | (0.00549) | (0.00656) | (0.00529) | (0.00551) |
| 性别 | 0.0732 | 0.135 | -0.0715 | -0.172** | 0.00527 |
| | (0.0798) | (0.0826) | (0.0906) | (0.0873) | (0.0904) |
| 大专 | -0.00504 | 0.0734 | -0.0978 | 0.00448 | -0.0231 |
| | (0.106) | (0.106) | (0.124) | (0.116) | (0.117) |
| 本科及以上 | -0.111 | 0.0277 | -0.179 | -0.0651 | 0.134 |
| | (0.116) | (0.125) | (0.141) | (0.132) | -0.132 |
| 与社会工资比较 | -0.0485 | -0.0650* | -0.103** | 0.0405 | -0.00548 |
| | (0.039) | (0.0392) | (0.0464) | (0.0424) | (0.0442) |
| 工作压力 | -0.190*** | -0.101 | -0.320*** | -0.0482 | -0.143** |
| | (0.0533) | (0.063) | (0.0615) | (0.0595) | (0.0604) |
| 每天工作时间 | -0.0231** | -0.01 | -0.0348* | -0.0373** | 0.00474 |
| | (0.01) | (0.0115) | (0.0183) | (0.0183) | (0.0169) |
| 每周加班次数 | -0.00108 | 0.0116 | -0.00436 | -0.0279* | -0.0450** |
| | (0.0118) | (0.012) | (0.018) | (0.0168) | (0.0176) |
| 病人信任程度的变化 | | | | 0.194*** | |
| | | | | (0.0396) | |
| 病人信任程度的群体效应 | | | | 0.175 | |
| | | | | (0.275) | |

续表

| 解释变量 | 单方程 | 递归方程系统 | | | |
|---|---|---|---|---|---|
| | | 工作满意度方程 | 工作收入满意度方程 | 病人的信任程度方程 | 管理满意度方程 |
| | 有序 Probit | 有序 Probit | 有序 Probit | 有序 Probit | 有序 Probit |
| 实际月收入的对数 | | | 0.175<br>(0.275) | | |
| 合理月收入的对数 | | | -0.472***<br>(0.14) | | |
| 收入满意度的群体效应 | | | 1.921***<br>(0.201) | | |
| 管理满意度的群体效应 | | | | | 2.986***<br>(0.345) |
| 是否加入县虚拟变量 | 是 | 是 | 是 | 是 | 是 |
| atanhrho_ 12 Constant | | -0.103<br>(0.109) | | | |
| atanhrho_ 13 Constant | | -0.552*<br>(0.306) | | | |
| atanhrho_ 14 Constant | | -0.525**<br>(0.214) | | | |
| atanhrho_ 23 Constant | | 0.189***<br>(0.0589) | | | |
| atanhrho_ 24 Constant | | 0.387***<br>(0.0603) | | | |
| atanhrho_ 34 Constant | | 0.051<br>(0.0568) | | | |
| Log likelihood | -762.00933 | -2420.1902 | | | |
| Observations | 1 036 | 972 | | | |

注：括号内是稳健标注差，* $p<0.1$，** $p<0.05$，*** $p<0.01$。为节省篇幅，本文没有汇报各个截断点的系数及标准差，以下同。

从整体上来看，工作收入、医患关系和医院管理对农村基层县乡两级公立医疗机构医生的工作满意度有显著的影响。收入对基层医生工作满意度的影响与现有国外研究一致（Dieleman 等，2003；Wibulpolprasert 等，2003）。紧张的医患关系是导致医生工作满意度低的重要原因之一。医院管理也对农村医生的工作满意度有显著的影响。

### 3.4.3 定性考察

工作满意度和离职密切相关，医生对于工作不满意容易产生离职的行为，Freeman（1978）首次提出工作满意度是解释一些经济行为的可靠变量，尤其解释员工离职上。本调查还对农村公立医院医生的离职原因进行了定性考察，对应的定性问题为：您所在单位同事离开的主要原因是什么，并从六项备选项中选出三项（见表3-21）。从表中可以发现，薪酬待遇无论在整体样本还是在分县乡、高低职称子样本中，在被访者所在单位同事离职原因中均排在第一位，与医院管理有关的个人发展与自我价值的实现位居第二位，与医患关系相关的工作环境和工作压力也排位靠前。对于离职的原因来说，薪酬待遇从总体上来说是最为显著的，总体中有84.8%的人认为同事离职是因为薪酬待遇的影响，而且我们从县级医院/乡镇卫生院、高职称和低职称医生的比较中，都很容易发现薪酬待遇显著高于排第二的“个人发展与自我价值的实现”。个人发展与自我价值的实现、工作环境、工作压力等变量都可以部分反映“医患关系”的影响，这些定性结果与本文的实证研究结果可以相互印证。

**表3-21 所在单位同事离职的主要原因**

| | 总体 | | 分县乡子样本 | | | | 分职称子样本 | | | |
|---|---|---|---|---|---|---|---|---|---|---|
| | | | 县城 | | 乡镇卫生院 | | 高职称者 | | 低职称者 | |
| | 频数 | 频率 | 频数 | 频率 | 频数 | 频率 | 频数 | 频率 | 频数 | 频率 |
| 薪酬待遇 | 1 010 | 84.80 | 527 | 85.97 | 483 | 83.56 | 350 | 82.74 | 643 | 85.96 |
| 个人发展与自我价值的实现 | 720 | 60.45 | 378 | 61.66 | 342 | 59.17 | 237 | 56.03 | 473 | 63.24 |
| 工作环境 | 550 | 46.18 | 284 | 46.33 | 266 | 46.02 | 204 | 48.23 | 340 | 45.45 |
| 工作压力 | 535 | 44.92 | 307 | 50.08 | 228 | 39.45 | 209 | 49.41 | 318 | 42.51 |

续表

| | 总体 | | 分县乡子样本 | | | | 分职称子样本 | | | |
|---|---|---|---|---|---|---|---|---|---|---|
| | | | 县城 | | 乡镇卫生院 | | 高职称者 | | 低职称者 | |
| | 频数 | 频率 | 频数 | 频率 | 频数 | 频率 | 频数 | 频率 | 频数 | 频率 |
| 生活条件 | 408 | 34.26 | 149 | 24.31 | 259 | 44.81 | 132 | 31.21 | 270 | 36.10 |
| 人际关系 | 119 | 9.99 | 61 | 9.95 | 58 | 10.03 | 74 | 9.89 | 43 | 10.17 |

## 3.5 可能性分析与结论

上述实证研究表明，工作收入、医院管理和医患关系对农村医生的工作满意度有显著的影响，并且医患关系、医院管理存在较为显著的内生性。下面我们结合文献与调研对实证结果进行分析。

### 3.5.1 工作收入对医生工作满意度的影响分析

与现有研究文献类似，我们发现农村医生的工作收入对工作满意度有着较为显著的影响。尽管国外有研究发现，如果将医生视为利他贡献的代理人，那么其努力程度会与绩效工资呈负相关（Besley & Ghatak，2005），但如果医生的收入不能弥补其时间、培训成本的投入时，经济因素显然会影响其工作积极性。作为具有专业技术能力的医生，应当获得比社会平均工资更高的收入。斯密一直强调医生要获得高于其他行业的收入，他认为："精巧艺术和自由执业的学者，更需要长时间和大费用。所以，书画家、雕刻家、法律家、医生的货币报酬，当然要特别优裕，而实际也确实如此。"① "我们把身体的健康委托与医生；把财产有时甚至把生命、名誉，委托于律师或辩护士。像这样重大的信用，绝不能安然委托与微不足道的人物，因之，他们所得到报酬需足够保持他们堪此重任所必要的社会地位。加之，社会地位的获得，又少不了长期教育与费用，于是，他们的劳动的价格就更加抬高了。"② Nicholson's（2002）的研究发现，预期收入的确对医生的职业选择有重要影

① 亚当·斯密．国富论．王亚南，郭大力，译．中华书局印行，1936：第1编第10章第121页。
② 亚当·斯密．国富论．王亚南，郭大力，译．中华书局印行，1936：第1编第10章第124页。

响，收入弹性甚至达到1.42。

从医生的角度来说，由于医疗服务的培训时间较长、工作时间较长、工作压力较大，医生这一群体也认为其工作收入应当高于社会平均的工资。依据我们调查的情况来看，有90.89%的医生认为工资收入应当高于社会平均收入，其中认为高1~3倍的人有68.66%（参见表3-22）。

**表3-22 医务人员视角下工资在社会平均工资中所处的水平**

| | 频率 | 百分比 |
|---|---|---|
| 持平 | 107 | 9.11 |
| 高1~2倍 | 422 | 35.95 |
| 高2~3倍 | 384 | 32.71 |
| 高3~4倍 | 151 | 12.86 |
| 高4倍以上 | 110 | 9.37 |
| 总计 | 1 174 | 100 |

在调研访谈中，我们发现相当多的农村医务人员认为自己的劳动未能得到有效报酬，工资被严重地低估。如前所述，从我们调研的数据来看，仅仅三分之一强的医生表示对工作收入较为满意。

我国农村基层公立医院（无论是乡镇卫生院还是县医院）大多属于国家差额事业编制，尤其是县级医疗机构。这些医疗机构的收入大致来源于两部分：一部分是政府投入，一部分是自营收入。对公立医院市场化改革之后，政府逐渐降低了财政投入。政府对乡镇卫生院的投入主要包括工资和公共卫生服务补助，但这些拨款较为有限，来自政府拨款的工资仅相当于工资总额的13%。县医院也面临同样的问题，政府拨款1986年占收入来源的26%，1992年这一比重为8.6%，随后不断下降，2004年之后仅占7%左右（顾昕&方黎明，2007）。财政拨款占医院总收入的比重1991年、1996年、2000年分别为11.9%、7.5%、6.9%，占医院人员经费支出的比重也不断降低，1991年、1996年、2000年分别为45.3%、17.8%、14.5%。[①] 虽然2009年开始我国加大了对农村基层卫生的投入，但依据我们调研的情况来看，2010年政府拨款在县级医疗机构和乡镇卫生院总收入中所占比重仍较小。以西部甘肃省F

① 李玲、江宇．中国公立医院改革．北京：社会科学文献出版社，2012：第97页。

县为例，人民医院财政补助占总收入的7.07%，卫生院比重也较为有限。F县的财政补贴也为45%，仍不到一半（见表3-23）。这与基层卫生机构的有益品性质未能很好匹配。

**表3-23　部分调研机构收入及编制情况**

| | 总收入 | 财政补助收入 | 财政补助占总收入的比重 | 编制人数 | 在岗职工数 | 卫生技术人员 | 是否超员（在岗-编制） |
|---|---|---|---|---|---|---|---|
| 甘肃省F县第一人民医院 | 37 953 | 2 684 | 7.07% | 265 | 282 | 253 | 17 |
| 甘肃省F县中医院 | 11 551 | 3 308 | 28.64% | 107 | 96 | 82 | -11 |
| 广东省A市（县级市）人民医院 | 87 091 | 8 170 | 9.38% | 420 | 640 | 533 | 220 |
| 广东省A市（县级市）中医医院 | 11 937 | 894 | 7.49% | 270 | 248 | 192 | -22 |
| 河南省B县人民医院 | 70 123 | 4 794 | 6.84% | 568 | 542 | 447 | -26 |
| 河南省B县中医院 | 15 660 | 893 | 5.70% | 200 | 172 | 154 | -28 |
| 甘肃省F县MJ中心卫生院 | 1 120 | 533 | 47.59% | 12 | 19 | 16 | 7 |
| 广东省A市（县级市）BS卫生院 | 6 112 | 1 791 | 29.30% | 125 | 156 | 103 | 31 |
| 河南省B县YY镇卫生院 | 3 156 | 206 | 6.53% | 44 | 50 | 36 | 6 |

由于政府补贴相对较少，医院自营收入在医生的工资中起着比较重要的作用。农村基层医疗机构面对的对象主要是农村居民，而农村居民居住较为分散，支付能力也较为有限，这使得基层医疗机构在市场竞争中处于较为不利的地位。新农合后，国家加大了农民的报销力度，这让农民的支付水平有所上升，在一定程度上缓解了基层医疗机构的经营困难，但由于健康作为一

种缺乏弹性的重要需求，一些农民选择去更高级的医院进行治疗，一方面加剧了大医院的负担，另一方面也影响了基层医院的经营效率。由于农村医院自营收入占总收入的大部分，这让本应承担准公共品性质的基础医院片面强调经济利益，公益性有所下降。为提高收入，医生就诊行为出现了扭曲，“以药养医”“以械养医”严重地困扰着医疗服务市场（对于该问题的研究在第四章再进行进一步的深化）。

为了解一些（包括收入等在内）因素对医生的激励程度，我们调查了医生对包括收入等在内的10个项目的激励重要程度的排序，他们从表3－24中所列的10项中选择认为最重要的5项，统计结果见表3－24。从表3－24中，我们可以看到，农村医生认为收入对他们的激励效果最为明显，将其排在第一位，并远高于其他激励项目。

**表3－24　10项激励的重要程度排序**

| | 总体（%） | 县（%） | 乡镇（%） | 高职称（%） | 低职称（%） |
|---|---|---|---|---|---|
| ⑤收入水平 | 84.3 | 86.62 | 81.83 | 85.34 | 83.82 |
| ①医疗设施等硬件环境 | 76.07 | 74.39 | 77.85 | 79.43 | 74.33 |
| ③培训（外出进修等） | 73.72 | 72.27 | 75.26 | 68.56 | 77.27 |
| ②团队合作、组织氛围 | 72.12 | 75.37 | 68.69 | 77.07 | 69.65 |
| ④福利（保险、住房等） | 67.25 | 67.05 | 67.47 | 66.43 | 67.65 |
| ⑩病人对我的认可 | 52.9 | 54.81 | 50.87 | 50.12 | 54.81 |
| ⑥职称晋升 | 27.2 | 29.20 | 25.09 | 33.33 | 23.53 |
| ⑧特殊待遇如根据工作绩效等给的特殊安排 | 19.14 | 16.48 | 21.97 | 18.20 | 20.05 |
| ⑨表彰与荣誉 | 6.21 | 6.04 | 6.40 | 7.09 | 5.88 |
| ⑦管理职务升迁 | 5.71 | 5.22 | 6.23 | 6.62 | 4.95 |

### 3.5.2　医院管理对医生工作满意度的影响分析

医院管理也对农村医生工作满意度有着显著的影响。医疗服务属于知识密集型的部门，作为具有较高专业水平的医生对提升、培训、绩效管理等方面有着更高的要求。如果说工作收入更多从“硬环境”角度提高医务人员的激励，那么管理则更侧重从“软环境”角度提高医务人员的激励。考虑到医疗服务本身具有的高度异质性的特点和农村基层医疗服务机构难以达到大医院的水平，社会需要大量的医生进入农村医疗服务中来。

但由于县级医院和乡镇卫生院都属于医疗供给体系中的低端，而且目前医院管理行政色彩依旧较为浓厚，医生对医院的管理普遍不满意。从本文的实证结果来看，农村医生对于管理的不满意导致了农村医生的工作满意度下降。本文实证结果还出现了工作满意度和管理满意度的内生关系，在访谈中我们发现许多比较悲观的人存在对于工作满意度和管理满意度均不满意的情况。我们认为，工作满意度和管理满意度的内生性更多来源于观测者的不可观测因素（例如悲观情绪），在这里不作为重点分析。广义的管理还包括提升、绩效和培训等方面，在第五章将作为重点进行分析。

### 3.5.3 医患关系对医生工作满意度的影响机制分析

与现有文献一致，医患关系对工作满意度存在较为显著的影响作用（张宜民，2011；孙冬悦，2011）。从我们实证结果来看，医患关系不仅对工作满意度有着显著的影响，而且存在较强的内生性问题。结合上述文献我们认为医患关系可能和医生工作满意度存在相互影响的恶性循环机制，下面我们对这个机制进行更深入的分析。

当前“看病难、看病贵”成为社会矛盾的焦点，医患关系紧张，困扰着我国医疗市场。患者和医生的目标本来是一致的，都是共同抗击病魔。从患者的角度来说，医生提供高质量的医疗服务，使其摆脱病魔的折磨是其目的。从医生的角度来看，向患者提供高质量的服务是其重要职责所在。从我们调研的数据来看，有50%以上的农村医生认为“病人对我的尊重程度”是重要的激励情况，这说明患者的尊重也是提高其工作满意度的重要因素。在我们调研中，我们发现，从医疗人员自身的角度来看，有89%以上的医生认为医务人员的整体医疗水平有显著的提高，其中33.22%的医生认为有很大提高。至于患者对医务人员信任程度的变化，仅仅43.17%的医生认为有所提高，有43%以上的医生认为有所下降（见表3－25）。

从这些数据中我们可以看出，从医生的角度来看，医疗服务技术确实得到了提高。医疗水平提高本应该提高服务的水平，从而提高患者对医生的信任程度，但事与愿违，仅仅43.17%的人认为与前几年相比患者对医务人员的信任程度有所提高，而高达43%的人则认为患者对医务人员的信任程度显著

下降（见表3-26）。这和将近90%的医务人员认为医疗技术水平提高出现较大的反差。

**表3-25 医务人员自评的整体医疗技术水平近年来的变化情况**

| | 频率 | 百分比 |
|---|---|---|
| 很大提高 | 389 | 33.22 |
| 略有提高 | 654 | 55.85 |
| 没有变化 | 71 | 6.06 |
| 略有降低 | 44 | 3.76 |
| 很大降低 | 13 | 1.11 |
| 总计 | 1 171 | 100 |

**表3-26 医务人员自评的患者对其信任程度的近年来的变化情况**

| | 频率 | 百分比 |
|---|---|---|
| 很大提高 | 108 | 9.22 |
| 略有提高 | 398 | 33.96 |
| 没有变化 | 162 | 13.82 |
| 略有降低 | 326 | 27.82 |
| 很大降低 | 178 | 15.19 |
| 总计 | 1 172 | 100 |

通过调研，笔者认为出现这种情况的主要原因、医患关系紧张的核心在于医生与患者之间的相互不信任。医生的努力和病情治愈并不是直接线性关系，受患者病情、心情等很多因素影响。另一方面，患者对医疗不切实际的过高期望也对医患关系有不利影响。

医疗服务的提供过程中，患者对自身病情、治疗情况理解偏差，患者失去健康，亲人的悲痛等因素都容易使患者处于抑郁状态下开展与医生的交流，更需要医生运用更多的人文关怀来提高对患者的服务。

但医疗市场又存在较为严重的信息不对称问题（Arrow，1963），医生在医疗服务中存在信息强势地位。虽然医生这个职业具有高尚职业道德的“道德约束”，但是医生又具有作为“经济人”的一面。对其个人来说，有追求经济利益最大化的动机。从医患关系的角度来说，病人与医生形成了委托代理

关系，但与医生相比，患者信息不足，在博弈中处于弱势地位。有学者测算了中国城乡医疗市场的不对称性，认为医生可以凭借其掌握的信息以 50.17% 的幅度提高医疗服务价格，而患者凭借其掌握的信息以 23.56% 的幅度降低医疗价格，最终医疗价格上涨了 26.61%（卢洪友等，2011），这也说明了患者处于信息不对称的弱势地位。而基层公立医院机构市场化的改革，弱化了基层公立医院的公益性行为，让医生有动力进行“以药养医”“以械养医”，以提高经营收入。虽然 2004 年新农合之后，政府加大对农民的补助力度，提高了农民的支付能力，在一定程度上缓解了“看病难、看病贵”的问题，但由于信息不对称在农村医疗服务市场较为严重，按照封进（2010）的测算，认为新农合会导致县医院价格上涨，且报销比率越高，价格上涨幅度越大，价格上涨幅度和报销比率基本一致。县医院利用患者信息不对称提升价格，导致了新农合政策措施的作用有违初衷，抵消了新农合的部分作用。

当医患之间出现纠纷之后，由于医生在信息方面的强势地位，导致患者运用正常途径解决纠纷的成本很高，这些都加剧了患者对于医生的不信任。一方面由于存在“以药养医”机制，导致患者在治疗过程中花费了相当多的人力、财力；另一方面患者对医疗纠纷渠道的不信任，更让患者不满意加剧，这导致有些患者选择较为极端的手段。医患双方发生直接冲突的案例屡见不鲜，医闹的存在更是将很多纠纷演变成了暴力恶性事件。而为了维护稳定，长期以来政府相关部门对这类极端事件的处理往往采取息事宁人的态度和做法，这反而促使患者有采取“私了”的动力，甚至出现了“医闹”的职业。2007 年初，中国医师协会对全国 115 所医院的调查表明，2004～2006 年“医闹”现象一直呈上升趋势，比例分别为 89.58%、93.75%、97.92%，每所医院平均发生的次数分别为 10.48、15.06、15.31 次，直接经济损失分别为 20.58 万、22.27 万、30.18 万元。① 由于医患关系紧张，许多医生对此产生顾虑，较为严重地影响了其工作满意度。而且面向农村服务的医院，面对的患者相对文化水平较低、法律意识相对淡薄，基层法律环境也相对薄弱，这导致正确处理基层医患关系问题重重。从我们调研过程中来看，曾遇到多起医患纠纷，严重地影响了医生的工作状态，农村更多是一个乡土社会，在医疗纠纷中更容易引起宗族势力的介入。依据媒体报道，甚至出现了榆林横山县

① 王淑军．中国医师协会调查显示：三年来“医闹”愈演愈烈．人民日报，2007－1－10。

"患者死亡全院医生集体下跪磕头忏悔"，医院院长带领40多名医生护士向灵堂下跪磕头、恳请死者家属谅解的极端事件。[①] 在我们调研过程中，某县级医院因一起医疗纠纷，患者家属多人去医院闹事，导致该医院正常运营受到严重影响，几乎停止营业。该县县领导和卫生局领导对此进行调解，但由于政府方面采取了息事宁人的态度，更希望采取私下和解方式，不愿意通过法律手段解决，这些都给医生带来了更为压抑的工作环境，对医生的工作满意度造成了较为严重的影响。医患关系的紧张加剧了医生工作满意度下降的趋势，依据我们调研，工作压力大的医生占72.32%，认为工作压力比较小和几乎没有压力的仅占3.6%（见表3－27）。

**表3－27 工作压力分布**

| | 频率 | 百分比 |
|---|---|---|
| 非常大 | 296 | 24.98 |
| 比较大 | 561 | 47.34 |
| 一般 | 285 | 24.05 |
| 比较小 | 36 | 3.04 |
| 几乎没压力 | 7 | 0.59 |
| 总体 | 1 185 | 100 |

我们针对工作压力的几项来源也做了调查，要求被访者从9个备选项中选出三项主要工作压力来源，调查结果如表3－28。从表3－28中可以看出，82.03%的医生认为治疗中"要冒风险"是工作压力的重要来源，认为"工作时间过长"为72.6%，"工作绩效未能得到很好奖励"为52.47%。从调研数据来看，医生治疗中的风险是医生工作压力的重要原因。

**表3－28 工作压力来源**

| | 频率 | 百分比 |
|---|---|---|
| 要冒风险 | 977 | 82.03 |
| 工作时间过长 | 649 | 54.49 |
| 技术不足 | 427 | 35.85 |

① http：//news.qq.com/a/20120502/000065.htm.

续表

| | 频率 | 百分比 |
|---|---|---|
| 工作绩效不能被很好地奖励 | 383 | 32.16 |
| 犯错误的后果 | 286 | 24.01 |
| 缺乏个人发展的机会 | 284 | 23.85 |
| 上司的指导及支持不足 | 128 | 11 |
| 工作上缺乏同事的支持 | 48 | 4.03 |
| 其他 | 47 | 3.95 |

对于选择工作压力来源中的“其他”选项的医生，我们又进一步询问了具体来源，表 3－29 列举了具体来源。从表 3－29 中，可以看出，在 35 个被访者中，22 个医生将工作压力聚集在医患关系上，比例高达 63%。除了医患关系之外，另外一个主要压力来源则是收入待遇，比例也占到 20%。此外，也有医生提出工作时间和工作量是造成他们工作压力的主要来源。

**表 3－29　工作压力的来源为“其他”的具体注明**

| | 频率 |
|---|---|
| 病人不理解 | 3 |
| 病人对医生劳动付出及理解存在问题 | 1 |
| 病人对医生劳动付出不理解 | 1 |
| 患者脱离实际的要求 | 1 |
| 社会不理解 | 1 |
| 社会不理解，媒体误导 | 1 |
| 现实的医疗体制及医患关系的紧张 | 1 |
| 医患关系不和谐 | 1 |
| 医患关系紧张 | 2 |
| 医患关系不密切，不和谐 | 1 |
| 医患矛盾突出 | 1 |
| 医疗纠纷 | 6 |
| 医疗纠纷复杂 | 1 |
| 医闹不断，人身安全难以得到保障 | 1 |

续表

| | 频率 |
|---|---|
| 待遇低 | 1 |
| 低工资 | 1 |
| 工资的增长跟不上物价上涨 | 1 |
| 收入低，无住房 | 1 |
| 养儿子及父母，经济压力大 | 1 |
| 经济压力大 | 1 |
| 国家对医疗机构投入不足，尤其是中医院 | 1 |
| 工作时间长，要随时候命 | 1 |
| 假日少 | 1 |
| 工作量大，繁重 | 1 |
| 官场太差 | 1 |
| 临床技术不够全面 | 1 |
| 遇到问题没人讨论 | 1 |
| Total | 35 |

紧张的医患关系让医生工作满意度下降，一方面由于医生的工作满意度下降将导致服务水平下降，另一方面，在紧张的工作环境下，医生过多借助“器械”使得费用进一步提高，这些都进一步恶化了医患关系，医患关系紧张又进一步带来工作满意度下降。这样的恶性循环成为农村卫生服务水平难以提高的重要原因。

依据本章的研究，我们发现，工作收入、医院管理和医患关系都对医生的工作满意度有着较为显著的影响，而且我们发现医院管理和医患关系存在内生性问题。结合我们的调研和文献，我们发现医患关系与医生的工作满意度存在恶性循环机制，工作收入、医院管理对工作满意度的影响机制，我们将在后面研究中进一步深化。

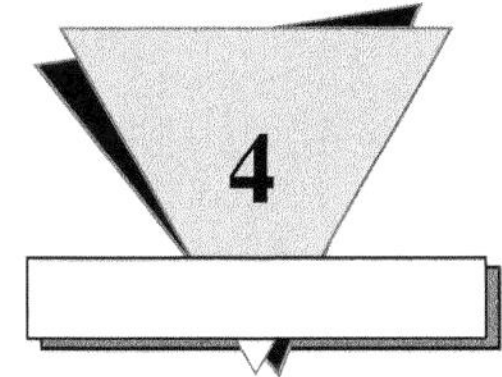


# 工作收入对农村公立医院医生工作满意度的影响机制研究

工作收入是影响工作满意度的重要因素，这一观点已经成为当前学术界的共识（Lévy - Garboua & Montmarquette，2004）。第三章中我们运用调研数据也发现农村医生的工作收入、医患关系显著影响农村医生的工作满意度，且医患关系紧张和医生工作满意度下降存在恶性循环。对于农村医生这一特定的群体，工作收入影响工作满意度的机制是什么，还需要进一步的挖掘。通过相关文献和调研，笔者认为，可以从三个方面来讨论工作收入对工作满意度的影响：第一个方面，工作收入引起了医生的工作满意度下降，导致医生的工作积极性不高，从而导致医患关系紧张；第二个方面，由于对工作收入不满意，导致医生离职倾向较高，基层医疗机构人才流失较为严重，由于人才流失导致医疗服务下降，加剧了医患关系紧张和工作满意度下降的程度；第三个方面，由于医生工作收入不高导致医生有“以药养医”的动机，导致了医患关系紧张，从而恶化了工作收入和医患关系本就存在的恶性循环。本章还分子样本对县级医疗机构、乡镇卫生院，高职称医生、低职称医生的情况进行实证研究，以期得到更为细致的结论。

## 4.1 工作收入、离职倾向与工作满意度研究

正如第三章的研究，工作收入影响工作满意度、与医生的工作满意度密切相关。医生对于工作满意度下降可能导致医生产生离职倾向，出现离职行为（Freeman，1978；Shields & Ward，2001），离职倾向高的医生往往工作满意度也下降。在本节中，引入了离职倾向的概念，一方面离职倾向和工作满意度都是工作积极性的重要组成部分，可以通过离职倾向作为工作满意度的稳健性检验；另一方面通过离职倾向的引入，我们还可以挖掘出工作收入、工作满意度和医患关系更深入的关系。进一步分子样本的讨论，对县级公立医院、乡镇卫生院，低职称医生和中级以上职称医生的讨论，得到了更为细致的结论，深化了工作收入对工作满意度影响的认识。

### 4.1.1 变量选取与描述性统计

由于工作满意度、工作收入、医患关系在第三章中已经进行了较为详细的描述性统计，在本部分我们主要对离职倾向进行讨论。

本文采用 Chen 等（1998）对离职倾向的测量方法，根据医生对“如果让

您重新做一次选择，我将会选择现在的单位”这一问题的回答，将离职倾向分为不离职（用1表示）、不好说（用2表示）、离职（用3表示）三类。总体上来看，农村医生的离职倾向较为严重，56.69%的受访者表示如果重新做一次选择，将不再选择现在的单位；选择不离职的仅占17.03%；其余的医生选择了不好说（见表4－1）。在统计描述的表中，我们发现对于工作收入不满意的586人中选择离职的达350人，将近60%的人选择离职。我们发现对医患关系不满意和其他的人选择离职的也达58%以上。

**表4－1　离职倾向的分布**

| | 不离职 | 不好说 | 离职 |
|---|---|---|---|
| 频率 | 70 | 108 | 233 |
| 百分比 | 17.03 | 26.28 | 56.69 |

从性别来看，男性和女性医生并无太大差距，[①] 但县级医院和乡镇卫生院存在较大的差距（见表4－2）。在县级医院选择离职的医生比例比乡镇卫生院选择离职的医生比例要高出10个百分点（见表4－3）。高职称医生的离职倾向也较为显著地高于低职称医生的离职倾向，高职称医生选择离职的比低职称医生高出10个百分点（见表4－4）。从这个分布表，我们也可以看出，性别不是影响离职的重要原因，而县级医疗构、乡镇卫生院、高职称医生与低职称医生的离职倾向则存在较大差别。

**表4－2　分性别的离职倾向的分布**

| | | 不离职 | 不好说 | 离职 |
|---|---|---|---|---|
| 女 | 频率 | 106 | 146 | 243 |
| | 百分比 | 21.41 | 29.49 | 49.09 |
| 男 | 频率 | 142 | 181 | 322 |
| | 百分比 | 22.02 | 28.06 | 49.92 |

① 在总体样本中，由于有些人没有选择性别、机构等因素，所以子样本的离职倾向描述和总体离职倾向描述有一些差别。

**表 4－3 分县乡的离职倾向的分布**

| | | 不离职 | 不好说 | 离职 |
|---|---|---|---|---|
| 县 | 频率 | 106 | 160 | 327 |
| | 百分比 | 17.88 | 26.98 | 55.14 |
| 乡 | 频率 | 143 | 168 | 239 |
| | 百分比 | 26 | 30.55 | 43.45 |

**表 4－4 分职称的离职倾向的分布**

| | | 不离职 | 不好说 | 离职 |
|---|---|---|---|---|
| 低职称 | 频率 | 173 | 212 | 330 |
| | 百分比 | 24.2 | 29.65 | 46.15 |
| 高职称 | 频率 | 70 | 108 | 233 |
| | 百分比 | 17.03 | 26.28 | 56.69 |

表 4－5 是工作收入满意度、医患关系和离职倾向三者之间的联合分布。从表 4－5 可以看出，随着工作收入满意度的增加，医生离职倾向逐渐降低：工作收入从不满意到满意的变化中，不离职的比例逐渐上升，离职的比例逐渐下降。例如对工作收入不满意的医生样本中，选择不离职的比例有 16.4%，而选择离职的比例占 59.73%。对工作收入满意的医生样本中，选择不离职的比例有 32.2%，而选择离职的比例占 27.12%。类似地，我们可以看出，随着医患关系的和谐度增加，医生离职倾向也逐渐降低：医患关系由其他到满意的变化中，医生的不离职的比例逐渐上升，而离职的比例逐渐下降。例如对医患关系为“其他”的医生样本中，选择不离职的比例占 16.77%，而选择离职的比例占 58.06%，而对医患关系满意的样本中，选择不离职的医生的比例占 22.38%，选择离职的医生的比例占 46.51%。

**表 4－5 工作收入满意度、医患关系与离职倾向的联合分布**

| | | 总体 | 工作收入满意度 | | | 医患关系 | |
|---|---|---|---|---|---|---|---|
| | | | 不满意 | 一般 | 满意 | 其他 | 满意 |
| 不离职 | 频率 | 206 | 94 | 93 | 19 | 52 | 154 |
| | 百分比 | 20.64 | 16.04 | 26.35 | 32.2 | 16.77 | 22.38 |

续表

| | | 总体 | 工作收入满意度 | | | 医患关系 | |
|---|---|---|---|---|---|---|---|
| | | | 不满意 | 一般 | 满意 | 其他 | 满意 |
| 不好说 | 频率 | 292 | 142 | 126 | 24 | 78 | 214 |
| | 百分比 | 29.3 | 24.23 | 35.69 | 40.68 | 25.16 | 31.1 |
| 离职 | 频率 | 500 | 350 | 134 | 16 | 180 | 320 |
| | 百分比 | 50.1 | 59.73 | 37.96 | 27.12 | 58.06 | 46.51 |
| 总体 | 频率 | 998 | 586 | 353 | 59 | 310 | 688 |
| | 百分比 | 100 | 58.72 | 35.4 | 5.91 | 31.06 | 68.94 |

### 4.1.2 模型选取

本文利用 Bioprobit 模型克服了医患关系的内生性，更加一致地估计了医患关系对农村医生离职倾向的影响。与第二章相比，针对双方程，本章运用 Bioprobit 模型不仅可以克服考察变量可能存在的内生性，也在一定程度上克服了系统方程的效率损失问题。

本节的目的是考察收入满意度、医患关系对农村医生工作满意度和离职倾向的影响。由于关注的因变量和自变量均为离散分类变量（Discrete Categorical Variables），本文利用有序离散估计方法进行估计。此外，在考察收入满意度、医患关系对医生工作满意度影响过程中，可能存在内生性问题。首先，这些变量均是被访者主观判断做出的，可能存在不可观测的因素同时影响这些变量。其次，可能存在测量偏误导致这些变量对医生工作满意度和离职倾向影响中产生内生性问题。最后，医患关系和医生的工作满意度之间存在互相影响的作用，从而导致医患关系的内生性问题。工具变量方法成为实证研究中克服内生性最常用的手段，但是当因变量和自变量均为离散的数据形式时，标准的工具变量方法（例如两阶段最小二乘方法）就不再适用（Angrist，2001）。近年来，计量经济学文献逐步重视离散选择模型中的内生性问题（Greene & Hensher，2008），Bioprobit 模型成为有序响应模型（Ordered Response Models）中克服内生性较好的方法（Sajaia，2008）。

#### 4.1.2.1 收入对医生工作满意度的 Bioprobit 模型

我们首先利用 Bioprobit 模型讨论收入满意度对医生工作满意度的影响：

$$\begin{cases} U^* = X'_1\beta_1 + inc^*\gamma + \varepsilon_1 \\ inc^* = X_2\beta_2 + \varepsilon_2 \end{cases}$$

其中：$U^*$ 是不可观测的实际的工作满意度，我们可以观测到的医生的工作满意度分为“不满意”“一般”“满意”三类；$inc^*$ 是不可观测的收入满意度，我们可以观测到的收入满意度为“不满意”“一般”“满意”三类。即：

$$U = \begin{cases} 1 = \text{不满意} & \text{如果 } U^* \leqslant u_1 \\ 2 = \text{一般} & \text{如果 } u_1 < U^* \leqslant u_2 \\ 3 = \text{满意} & \text{如果 } U^* > u_2 \end{cases}$$

$$inc = \begin{cases} 1 = \text{不满意} & \text{如果 } inc^* \leqslant \delta_1 \\ 2 = \text{一般} & \text{如果 } \delta_1 < inc^* \leqslant \delta_2 \\ 3 = \text{满意} & \text{如果 } inc^* > \delta_2 \end{cases}$$

这些未知的截断点满足：$-\infty < u_1 < u_2 < +\infty$，$-\infty < \delta_1 < \delta_2 < \infty$。

$X_1$ 是影响医生工作满意度的其他控制变量，$\varepsilon_1$ 为工作满意度方程的误差项。类似地，$X_2$ 是影响工作收入满意度的其他控制变量，$\varepsilon_2$ 为工作收入满意度方程的误差项。

假设 $\varepsilon_1$ 和 $\varepsilon_2$ 符合二元联合正态分布且其相关系数为 $\rho$，则个人 $i$ 面临的似然方程为：

$$\begin{aligned} P(U=j,\ inc=k) = &\Phi_2(p_k - X'_2\beta_2,\ (u_j - \gamma X'_2\beta_2 - X'_1\beta_1)\zeta,\ \tilde{\rho}) \\ &- \Phi_2(p_{k-1} - X'_2\beta_2,\ (u_j - \gamma X'_2\beta_2 - X'_1\beta_1)\zeta,\ \tilde{\rho}) \\ &- \Phi_2(p_k - X'_2\beta_2,\ (u_{j-1} - \gamma X'_2\beta_2 - X'_1\beta_1)\zeta,\ \tilde{\rho}) \\ &+ \Phi_2(p_{k-1} - X'_2\beta_2,\ (u_{j-1} - \gamma X'_2\beta_2 - X'_1\beta_1)\zeta,\ \tilde{\rho}) \end{aligned}$$

其中：$\Phi_2$ 是标准二元联合累积分布函数，$\zeta = \frac{1}{\sqrt{1 + 2\gamma\rho + \gamma^2}}$，$\tilde{\rho} = \zeta(\gamma + \rho)$。当 $\gamma = 0$ 时，模型变为似不相关方程，此时 $\zeta = 1$，$\rho = \tilde{\rho}$。

第 $i$ 个观测值的对数似然方程为：

$$\ln Li = \sum_{j=1}^{3}\sum_{k=1}^{2} I(U_i = j, prt_i = k)\ln pr(U_i = j, prt_i = k)$$

在各个观测值互为独立的假设下，将各个观测值的对数似然函数加总得到整个样本的对数似然函数：

$$\ln L = \sum_{i=1}^{n}\sum_{j=1}^{3}\sum_{k=1}^{2} I(U_i = j, prt_i = k)\ln pr(U_i = j, prt_i = k)$$

上述两变量的联合条件分布可以通过完全信息极大似然方法（FIML）的 Bioprobit 估计。

Sajaia（2008）指出，利用完全信息极大似然方法估计的 Bioprobit 模型在样本量大于 300 的样本中，估计结果优于两阶段最小二乘法（2SLS）和两步估计法（Two - step Method）。Liu 和 Chen（2012）曾利用此方法进行实证研究。

类似的，我们利用 Bioprobit 模型讨论医患关系对工作满意度、对医生的离职倾向的影响，以及工作收入对医生离职倾向的影响。

#### 4.1.2.2 医患关系对医生工作满意度影响的 Bioprobit 模型

利用 Bioprobit 模型讨论医患关系对医生工作满意度影响：

$$\begin{cases} U^* = Z'_1\alpha_1 + prt^*\varphi + \xi_1 \\ prt^* = Z_2\alpha_2 + \xi_2 \end{cases}$$

其中：$U^*$ 是不可观测的实际的工作满意度，具体含义如上文所述；$prt^*$ 是不可观测的医患关系，我们可以观测到的医患关系为“信任”“其他”两类。即：

$$prt = \begin{cases} 1 = \text{信任} \quad \text{如果 } prt^* > p_1 \\ 0 = \text{其他} \quad \text{如果 } prt^* \leqslant p_1 \end{cases}$$

其中：$p_1$ 是截断点。

$Z_1$ 是影响医生工作满意度的其他控制变量，$\xi_1$ 为工作满意度方程的误差项。类似地，$Z_2$ 是影响医患关系的其他控制变量，$\xi_2$ 为医患关系方程的误差项。

对应的似然方程和似然函数与讨论工作收入影响工作满意度的模型完全类似，这里不再赘述。

#### 4.1.2.3 工作收入对医生离职倾向影响的 Bioprobit 模型

利用 Bioprobit 模型讨论工作收入对医生离职倾向的影响：

$$\begin{cases} Q^* = P'_1\kappa_1 + inc^*\tau + \omega_1 \\ inc^* = P'_2\kappa_2 + \omega_2 \end{cases}$$

其中：$inc^*$ 是不可观测的收入满意度，具体含义如上文所述；$Q^*$ 是不可观测的实际的离职倾向，我们可以观测到的离职倾向分为“不离职”“不好说”“离职”三类，即：

$$Q=\begin{cases}1=\text{不离职} & \text{如果 } Q^{*}\leqslant l_1\\ 2=\text{不好说} & \text{如果 } l1<Q^{*}\leqslant l_2\\ 3=\text{离职} & \text{如果 } Q^{*}>l_2\end{cases}$$

其中：$P_1$ 是影响医生工作满意度的其他控制变量，$\omega_1$ 为工作满意度方程的误差项。类似地，$P_2$ 是影响医患关系的其他控制变量，$\omega_2$ 为医患关系方程的误差项。

对应的似然方程和似然函数与讨论工作收入影响工作满意度的模型完全类似，这里不再赘述。

#### 4.1.2.4 医患关系对医生离职倾向影响的 Bioprobit 模型

利用 Bioprobit 模型讨论工作收入对医生离职倾向的影响：

$$\begin{cases}Q^{*}=R'_1\eta_1+prt^{*}\vartheta+\upsilon_1\\ prt^{*}=R'_2\eta_2+\upsilon_2\end{cases}$$

其中：$Q^{*}$ 是不可观测的实际的离职倾向；$prt^{*}$ 是不可观测的医患关系；$R_1$ 是影响医生离职倾向的其他控制变量；$\upsilon_1$ 为离职倾向方程的误差项；$R_2$ 是影响医患关系的其他控制变量；$\upsilon_2$ 为医患关系方程的误差项。

对应的似然方程和似然函数与讨论工作收入影响工作满意度的模型类似，这里不再赘述。

需要指出的是，本章工具变量选择和第三章类似，这里也不再赘述。

### 4.1.3 估计结果

经过第三章的实证估计，我们发现工作收入、医患关系和医院管理对医生的工作满意度有显著的影响，而且医患关系还存在较为显著的内生性问题。本章利用双变量有序 Probit 模型（Bioprobit）进一步更为深入地考察工作收入和医患关系对医生工作满意度和离职倾向的影响，除了从总体样本上考察之外，进一步从分县乡和分高低职称子样本上进行考察，以期得到更为细致的结论。

#### 4.1.3.1 整体样本的估计

为了克服工作收入的内生性，一致地估计工作收入和医患关系对医生工作满意度的影响，我们利用 Bioprobit 模型进行估计。表 4－6 是利用 Bioprobit 考察工作收入满意度对工作满意度影响的估计结果。表 4－6 第 2 列辅助参数 atanhrho_ 12 的系数估计不显著，说明工作收入满意度为外生变量，因此，我们转向表 4－6 第 1 列的估计结果，从表 4－6 第 1 列的估计结果中可以看到，工作收入满意度对医生的工作满意度有显著的影响。表 4－6 第 5 列、第 6 列是利用 Bioprobit 考察医患关系对医生工作满意度的估计结果，估计结果表明，病人信任程度的估计系数在 1% 的置信水平下显著，说明病人的信任程度对医生的工作满意度有显著的影响。表 4－6 第 5 列辅助参数 atanhrho_ 12 的估计系数显著，说明医患关系是内生变量。

**表 4－6　收入满意度、医患关系对医生工作满意度的影响**

| 解释变量 | 有序 Probit | Bioprobit | | 有序 Probit | Bioprobit | |
|---|---|---|---|---|---|---|
| | 工作满意度 | 工作满意度 | 工作收入满意度 | 工作满意度 | 工作满意度 | 病人的信任程度 |
| 工作收入满意度 | 0.645*** | 0.671*** | | | | |
| | (0.0695) | (0.148) | | | | |
| 病人的信任程度 | | | | 0.320*** | 1.091*** | |
| | | | | (0.0804) | (0.218) | |
| 年龄 | 0.00589 | 0.00649 | －0.0182*** | 0.000125 | －0.00643 | 0.0240*** |
| | (0.00479) | (0.00505) | (0.00683) | (0.00476) | (0.00523) | (0.00613) |
| 性别 | 0.112 | 0.0986 | －0.104 | 0.112 | 0.125 | －0.0801 |
| | (0.0772) | (0.0827) | (0.097) | (0.0761) | (0.0806) | (0.0999) |
| 大专 | －0.0479 | 0.00234 | －0.0632 | －0.0692 | 0.00475 | 0.0528 |
| | (0.103) | (0.11) | (0.133) | (0.101) | (0.107) | (0.135) |
| 本科及以上 | －0.178 | －0.187 | －0.194 | －0.207* | －0.166 | 0.0252 |
| | (0.126) | (0.136) | (0.167) | (0.124) | (0.133) | (0.167) |
| 与社会工资比较 | －0.0305 | －0.0543 | －0.0930* | －0.0714* | －0.119*** | 0.121** |
| | (0.0374) | (0.0404) | (0.0491) | (0.037) | (0.0391) | (0.0491) |
| 工作压力 | －0.179*** | －0.185*** | －0.338*** | －0.255*** | －0.260*** | 0.0383 |
| | (0.0511) | (0.0592) | (0.0649) | (0.0499) | (0.0538) | (0.0672) |
| 每天工作时间 | －0.0142 | －0.0059 | －0.0253 | －0.0117 | －0.00699 | －0.00471 |
| | (0.00978) | (0.0112) | (0.0192) | (0.00973) | (0.0109) | (0.0128) |
| 每周加班次数 | －0.0153 | －0.0121 | －0.011 | －0.0206* | －0.0162 | 0.00598 |
| | (0.0115) | (0.012) | (0.0193) | (0.0114) | (0.0118) | (0.0151) |
| 实际月收入对数 | | | 1.091*** | | | |
| | | | (0.158) | | | |

续表

| 解释变量 | 有序 Probit | Bioprobit | | 有序 Probit | Bioprobit | |
|---|---|---|---|---|---|---|
| | 工作满意度 | 工作满意度 | 工作收入满意度 | 工作满意度 | 工作满意度 | 病人的信任程度 |
| 期望月收入对数 | | | -0.560***<br>(0.154) | | | |
| 工作收入满意度群体效应 | | | 1.994***<br>(0.239) | | | |
| 病人信任程度的变化 | | | | | | 0.228***<br>(0.0398) |
| 病人信任程度的群体效应 | | | | | | 2.719***<br>(0.444) |
| 是否加入县虚拟变量 | 是 | 是 | 是 | 是 | 是 | 是 |
| atanhrho_ 12 Constant | | -0.0248<br>(0.116) | | | -0.513***<br>(0.178) | |
| pseudo R - sq | 0.102 | | | 0.065 | | |
| Log likelihood | -911.87108 | -1343.5546 | | -949.83359 | -1304.5647 | |
| N | 1 040 | 921 | | 1 042 | 923 | |

注：括号内是稳健标注差，$*p<0.1$，$**p<0.05$，$***p<0.01$，为节省篇幅，本文没有汇报各个截断点的系数及标准差。

一方面，离职倾向可以作为工作满意度的稳健性检验；另一方面我们也可以从工作收入、离职倾向和医患关系三者之间，进一步挖掘工作收入影响工作满意度的内在机制。

表4-7以离职倾向作为医生工作满意度的近似指标，考察工作收入对医生离职倾向的影响。从表4-7第2列的辅助参数 atanhrho 估计系数可以看出，工作收入对医生离职倾向影响过程中，工作收入是外生变量，因此我们转向表4-7的第1列利用 Probit 估计的工作收入对医生离职倾向的估计。整体样本来看，工作收入和医患关系均对医生的离职倾向有显著的影响作用：收入越满意、医患关系越和谐，医生的离职倾向越低。工作收入对医生的离职倾向有显著的影响作用：收入越满意，医患关系越和谐，医生的离职倾向越低。因而，稳健性检验表明，工作收入对医生的工作满意度有显著的影响。

因而我们可以通过考察工作收入对离职倾向的影响作为工作收入对工作满意度影响的稳健性检验。

**表 4－7　稳健性检验**

| 解释变量 | 有序 Probit | Bioprobit | |
|---|---|---|---|
| | 离职倾向 | 离职倾向 | 工作收入 |
| 工作收入满意度 | －0. 290 *** | －0. 249 | |
| | (0. 0679) | (0. 192) | |
| 病人的信任程度 | －0. 220 ** | －0. 228 ** | |
| | (0. 0868) | (0. 0920) | |
| 年龄 | 0. 102 *** | 0. 0995 *** | －0. 0792 * |
| | (0. 0335) | (0. 0355) | (0. 0433) |
| 年龄平方 | －0. 125 *** | －0. 121 *** | 0. 0803 |
| | (0. 0424) | (0. 0447) | (0. 0549) |
| 性别 | －0. 0323 | －0. 0599 | －0. 108 |
| | (0. 0781) | (0. 0828) | (0. 0905) |
| 大专 | 0. 0751 | 0. 0326 | －0. 146 |
| | (0. 107) | (0. 114) | (0. 128) |
| 本科及以上 | 0. 0616 | 0. 0183 | －0. 246 |
| | (0. 134) | (0. 139) | (0. 151) |
| 与社会工资比较 | 0. 120 *** | 0. 115 *** | －0. 104 ** |
| | (0. 0384) | (0. 0410) | (0. 0481) |
| 工作压力 | 0. 209 *** | 0. 198 *** | －0. 280 *** |
| | (0. 0542) | (0. 0605) | (0. 0652) |
| 每天工作时间 | 0. 0164 | 0. 0166 | 0. 00220 |
| | (0. 0155) | (0. 0164) | (0. 0184) |
| 每周加班次数 | －0. 000457 | －0. 000982 | －0. 0185 |
| | (0. 0154) | (0. 0163) | (0. 0194) |
| 实际月收入对数 | | | 1. 010 *** |
| | | | (0. 184) |

续表

| 解释变量 | 有序 Probit | Bioprobit | |
|---|---|---|---|
| | 离职倾向 | 离职倾向 | 工作收入 |
| 期望月收入对数 | | | -0.500 ** |
| | | | (0.201) |
| 工作收入满意度群体效应 | | | 1.938 *** |
| | | | (0.235) |
| 是否加入县虚拟变量 | 是 | 是 | 是 |
| atanhrho_ 12 | | -0.0196 | |
| Constant | | (0.139) | |
| pseudo R - sq | 0.087 | | |
| Log pseudolikelihood | -948.58525 | -1475.5945 | |
| N | 1010 | 932 | |

注：表中括号内汇报的标准差为稳健标准差；为节省篇幅，本表没有汇总各离散因变量估计的截断点；$*p<0.1$，$**p<0.05$，$***p<0.01$，以下相同。

#### 4.1.3.2 县乡两级医疗机构子样本

进一步我们通过县、乡两级医生的子样本来考察工作收入对工作满意度和离职倾向的影响。

由于对医生工作满意度的影响过程中，工作收入为外生变量，因而我们在子样本中省略了利用递归系统方法估计工作收入对医生工作满意度的估计结果，给出了利用有序 Probit 模型的估计结果，参见表 4 -8。表 4 -8 第 1 列是工作收入对乡镇卫生院医生工作满意度影响的估计结果，从表 4 -8 第 1 列可以看出，工作收入对乡镇卫生院医生的工作满意度有显著的影响。表 4 -8 第 5 列是工作收入对县级医疗机构医生工作满意度影响的估计结果，从表 4 -8 第 5 列可以看出，工作收入对县级医疗机构医生工作满意度有显著的影响。表 4 -8 第 3 列和第 4 列是对乡镇卫生院医生子样本以医患关系为内生变量的 Bioprobit 估计结果，从估计结果中可以看出，医患关系对医生的工作满意度有显著的影响，且辅助参数 atanhrho_ 12 估计显著，表明医患关系在县级医疗机构医生子样本中是内生变量，因而利用 Bioprobit 估计是合适的。表 4 -8 第 7 列和第 8 列是对县级医院以医患关系为内生变量的估计结果，从中可以看出，医患关系对县级医疗机构医生的工作满意度有显著的影响，且辅助参数 atanhrho_ 12 估计显著，表明医患关系在县级医疗机构医生子样本中是内生变量，因而利用 Bioprobit 估计是合适的。进一步比较发现，工作收入对乡镇卫生院医生工作满意度的影响力度略小于县级医疗机构医生，但二者差距并不大，而医患关系对乡镇卫生院医生的工作满意度影响大于县级医疗机构医生。

**表 4－8　工作收入、医患关系对县乡两级医疗机构医生工作满意度的影响**

| 解释变量 | 乡镇卫生院 | | | | 县级医院 | | | |
|---|---|---|---|---|---|---|---|---|
| | 有序 Probit | 有序 Probit | Bioprobit | | 有序 Probit | 有序 Probit | Bioprobit | |
| | 工作满意度 | 工作满意度 | 工作满意度 | 医患关系 | 工作满意度 | 工作满意度 | 工作满意度 | 医患关系 |
| 工作收入满意度 | 0.674*** | | | | 0.685*** | | | |
| | (0.105) | | | | (0.095) | | | |
| 病人的信任程度 | | 0.278*** | 1.462*** | | | 0.379*** | 1.089*** | |
| | | (0.107) | (0.244) | | | (0.125) | (0.315) | |
| 年龄 | 0.004 | －0.007 | －0.009 | 0.0187** | 0.005 | 0.004 | －0.002 | 0.0205** |
| | (0.007) | (0.007) | (0.007) | (0.008) | (0.007) | (0.007) | (0.007) | (0.009) |
| 性别 | 0.172 | 0.050 | 0.148 | －0.306** | 0.019 | 0.148 | 0.102 | 0.126 |
| | (0.116) | (0.103) | (0.111) | (0.131) | (0.107) | (0.118) | (0.118) | (0.143) |
| 大专 | －0.087 | －0.157 | －0.195 | 0.097 | －0.137 | －0.109 | －0.120 | 0.130 |
| | (0.128) | (0.179) | (0.201) | (0.247) | (0.194) | (0.129) | (0.127) | (0.160) |
| 本科及以上 | －0.101 | －0.239 | －0.184 | 0.039 | －0.181 | －0.133 | －0.126 | 0.042 |
| | (0.185) | (0.185) | (0.208) | (0.256) | (0.201) | (0.185) | (0.182) | (0.224) |
| 与社会工资比较 | 0.020 | －0.066 | －0.078 | 0.077 | －0.045 | －0.025 | －0.056 | 0.170** |
| | (0.056) | (0.050) | (0.052) | (0.062) | (0.052) | (0.057) | (0.057) | (0.074) |
| 工作压力 | －0.151** | －0.247*** | －0.155* | －0.083 | －0.218*** | －0.247*** | －0.242*** | 0.092 |
| | (0.073) | (0.071) | (0.080) | (0.093) | (0.075) | (0.074) | (0.073) | (0.092) |
| 每天工作时间 | －0.014 | －0.008 | －0.002 | 0.001 | －0.010 | －0.003 | 0.009 | －0.0530** |
| | (0.019) | (0.012) | (0.013) | (0.017) | (0.012) | (0.019) | (0.020) | (0.022) |

续表

| 解释变量 | 乡镇卫生院 | | | | 县级医院 | | | |
|---|---|---|---|---|---|---|---|---|
| | 有序 Probit | 有序 Probit | Bioprobit | | 有序 Probit | 有序 Probit | Bioprobit | |
| | 工作满意度 | 工作满意度 | 工作满意度 | 医患关系 | 工作满意度 | 工作满意度 | 工作满意度 | 医患关系 |
| 每周加班次数 | 0.001<br>(0.015) | -0.0668***<br>(0.020) | -0.0681***<br>(0.021) | 0.023<br>(0.026) | -0.0553***<br>(0.020) | 0.005<br>(0.015) | 0.008<br>(0.015) | -0.015<br>(0.020) |
| 病人信任程度的变化 | | | | 0.198***<br>(0.050) | | | | 0.260***<br>(0.057) |
| 病人信任程度的群体效应 | | | | -0.351<br>(0.400) | | | | -7.069***<br>(1.533) |
| 是否加入县虚拟变量 | 是 | 是 | 是 | 是 | 是 | 是 | 是 | 是 |
| atanhrho_ 12 Constant | | | -0.887***<br>(0.316) | | | | -0.533*<br>(0.273) | |
| Log likelihood | | -511.719 | -710.403 | | | -419.481 | -654.556 | |
| pseudo R - sq | 0.111 | | | | 0.134 | | | |
| N | 495 | 473 | 476 | | 545 | 569 | 491 | |

表4-9是分县乡两级医疗机构医生子样本利用Bioprobit估计的工作收入和医患关系对医生离职倾向的估计结果。表4-9第2列和第3列的Bioprobit估计结果表明，工作收入和病人的信任程度对乡镇卫生院医生的离职倾向有显著影响。表4-9第4列有序Probit估计结果表明，工作收入和病人的信任程度对县级公立医院医生的离职倾向有显著的影响作用。进一步可以看出，工作收入对乡镇卫生院医生离职倾向的影响小于对县级医院医生的影响，医患关系对乡镇卫生院医生离职倾向的影响大于对县级医院医生的影响。

**表4-9 工作收入、医患关系对县乡两级医疗机构医生离职倾向的影响**

| 解释变量 | 乡镇卫生院 | | | 县医院 | | |
|---|---|---|---|---|---|---|
| | 有序 Probit | Bioprobit | | 有序 Probit | Bioprobit | |
| | 离职倾向 | 离职倾向 | 医患关系 | 离职倾向 | 离职倾向 | 医患关系 |
| 工作收入满意度 | -0.290*** | -0.278*** | | -0.315*** | -0.266** | |
| | (0.109) | (0.105) | | (0.0936) | (0.11) | |
| 病人的信任程度 | -0.0246 | -0.759** | | -0.372*** | -1.152 | |
| | (0.13) | (0.337) | | (0.122) | (0.715) | |
| 年龄 | 0.131*** | 0.154*** | 0.131** | 0.0761 | 0.0829* | 0.0374 |
| | (0.0459) | (0.0455) | (0.0563) | (0.0497) | (0.049) | (0.0688) |
| 年龄平方 | -0.173*** | -0.193*** | -0.124* | -0.084 | -0.0858 | -0.0266 |
| | (0.0592) | (0.0588) | (0.0744) | (0.0612) | (0.0602) | (0.0887) |
| 性别 | -0.202* | -0.143 | 0.159 | 0.119 | 0.0404 | -0.254** |
| | (0.12) | (0.12) | (0.138) | (0.11) | (0.153) | (0.126) |
| 大专 | -0.0205 | 0.00501 | 0.276* | 0.0472 | 0.0797 | 0.182 |
| | (0.13) | (0.127) | (0.16) | (0.213) | (0.213) | (0.254) |
| 本科及以上 | -0.0741 | -0.0566 | 0.0929 | 0.0576 | 0.0888 | 0.155 |
| | (0.195) | (0.191) | (0.215) | (0.225) | (0.226) | (0.268) |
| 与社会工资比较 | 0.131** | 0.156*** | 0.152** | 0.137** | 0.141** | 0.0546 |
| | (0.057) | (0.0565) | (0.0711) | (0.0576) | (0.0575) | (0.064) |
| 工作压力 | 0.0745 | 0.0551 | -0.0567 | 0.381*** | 0.343*** | 0.00151 |
| | (0.0778) | (0.0781) | (0.094) | (0.0821) | (0.105) | (0.0984) |
| 每天工作时间 | 0.0470* | 0.0346 | -0.0423 | 0.00345 | 0.00719 | 0.00779 |
| | (0.0266) | (0.0247) | (0.0258) | (0.0127) | (0.0144) | (0.0105) |
| 每周加班次数 | -0.0135 | -0.00851 | 0.0188 | 0.00978 | 0.021 | 0.0522** |
| | (0.0247) | (0.0231) | (0.0255) | (0.0205) | (0.0227) | (0.0235) |
| 病人信任程度的变化 | | | 0.275*** | | | 0.156*** |
| | | | (0.0537) | | | (0.0537) |
| 病人信任程度的群体效应 | | | 3.859* | | | 2.873*** |
| | | | (2.249) | | | (0.738) |

续表

| 解释变量 | 乡镇卫生院 | | | 县医院 | | |
|---|---|---|---|---|---|---|
| | 有序 Probit | Bioprobit | | 有序 Probit | Bioprobit | |
| | 离职倾向 | 离职倾向 | 医患关系 | 离职倾向 | 离职倾向 | 医患关系 |
| 县虚拟变量 | 是 | 是 | 是 | 是 | 是 | 是 |
| atanhrho_ 12<br>Constant | | 0.508 **<br>(0.259) | | | 0.588<br>(0.673) | |
| pseudo R - sq | 0.091 | | | 0.115 | | |
| Log likelihood | -463.46268 | -699.56961 | | -461.02989 | -742.71187 | |
| N | 476 | 474 | | 534 | 530 | |

#### 4.1.3.3 高低职称子样本

类似于分县乡两级医疗机构医生子样本的处理，对医生工作满意度的影响过程中，工作收入为外生变量，因而本文也没有给出递归系统的估计结果。表4－10给出工作收入对高低职称医生子样本的估计结果。从表4－10的估计中可以看出，收入满意度对高职称医生和低职称医生的工作满意度均有显著的影响。进一步对比可以发现，高职称的医生对于收入更为敏感，低职称医生对医患关系更为敏感。

**表4 10 工作收入、医患关系对高低职称医生工作满意度的影响**

| 解释变量 | 低职称医生 | | | | 高职称医生 | | | |
|---|---|---|---|---|---|---|---|---|
| | 有序 Probit | 有序 Probit | Bioprobit | | 有序 Probit | 有序 Probit | Bioprobit | |
| | 工作满意度 | 工作满意度 | 工作满意度 | 医患关系 | 工作满意度 | 工作满意度 | 工作满意度 | 医患关系 |
| 工作收入满意度 | 0.672 ***<br>(0.0882) | | | | 0.738 ***<br>(0.115) | | | |
| 病人的信任程度 | | 0.308 ***<br>(0.099) | 1.370 ***<br>(0.235) | | | 0.333 **<br>(0.144) | -0.571<br>(0.974) | |
| 年龄 | 0.00152<br>(0.0067) | -0.00798<br>(0.00719) | -0.0193 ***<br>(0.00744) | 0.0269 ***<br>(0.00913) | 0.00668<br>(0.01) | 0.00593<br>(0.00998) | 0.00876<br>(0.0104) | 0.00719<br>(0.0134) |

续表

| 解释变量 | 低职称医生 | | | | 高职称医生 | | | |
|---|---|---|---|---|---|---|---|---|
| | 有序 Probit | 有序 Probit | Bioprobit | | 有序 Probit | 有序 Probit | Bioprobit | |
| | 工作满意度 | 工作满意度 | 工作满意度 | 医患关系 | 工作满意度 | 工作满意度 | 工作满意度 | 医患关系 |
| 性别 | 0.0559<br>(0.0964) | 0.0261<br>(0.0954) | 0.0376<br>(0.1) | 0.00781<br>(0.121) | 0.025<br>(0.13) | 0.0865<br>(0.128) | 0.0413<br>(0.155) | −0.131<br>(0.165) |
| 大专 | | −0.0944<br>(0.125) | 0.0353<br>(0.129) | 0.0436<br>(0.159) | | −0.125<br>(0.181) | −0.219<br>(0.186) | −0.153<br>(0.251) |
| 本科及以上 | −0.288 ***<br>(0.111) | −0.317 **<br>(0.146) | −0.181<br>(0.157) | 0.0415<br>(0.194) | 0.0029<br>(0.139) | −0.0729<br>(0.197) | −0.26<br>(0.22) | −0.460 *<br>(0.258) |
| 与社会工资比较 | 0.0111<br>(0.0475) | −0.0256<br>(0.0469) | −0.0655<br>(0.0489) | 0.0708<br>(0.0604) | −0.137 **<br>(0.0643) | −0.152 **<br>(0.0638) | −0.124<br>(0.0925) | 0.174 **<br>(0.0817) |
| 工作压力 | −0.176 ***<br>(0.0659) | −0.273 ***<br>(0.0641) | −0.281 ***<br>(0.0707) | 0.068<br>(0.085) | −0.200 **<br>(0.0878) | −0.209 **<br>(0.0868) | −0.233 ***<br>(0.0876) | −0.101<br>(0.125) |
| 每天工作时间 | −0.0201<br>(0.0197) | −0.0154<br>(0.0196) | −0.00517<br>(0.02) | −0.0234<br>(0.0231) | −0.011<br>(0.012) | −0.00834<br>(0.012) | −0.0103<br>(0.0137) | −0.0202<br>(0.0185) |
| 每周加班次数 | −0.00755<br>(0.0133) | −0.00862<br>(0.0132) | 0.00104<br>(0.0134) | −0.0169<br>(0.022) | −0.0466 *<br>(0.0245) | −0.0561 **<br>(0.0241) | −0.0372<br>(0.0335) | 0.0690 *<br>(0.0408) |
| 病人信任程度的变化 | | | | 0.254 ***<br>(0.0476) | | | | 0.149<br>(0.132) |
| 病人信任程度的群体效应 | | | | −0.204<br>(0.448) | | | | 0.998 *<br>(0.551) |
| 县虚拟变量 | 是 | 是 | 是 | 是 | 是 | 是 | 是 | 是 |
| atanhrho_ 12 Constant | | | −0.811 ***<br>(0.273) | | | | 0.633<br>(0.808) | |
| Log likelihood | −570.59255 | −326.90366 | −492.1095 | | −308.46938 | −593.37055 | −824.36757 | |
| pseudo R − sq | 0.108 | | | | 0.146 | | | |
| N | 644 | 642 | 563 | | 385 | 384 | 371 | |

表4－11是分高低职称医生子样本利用Bioprobit考察工作收入和医患关系对医生离职倾向的估计结果。表4－11第2列和第3列Bioprobit估计结果表明，工作收入和病人的信任对低职称医生的离职倾向有显著的影响。表4－11第4列有序Probit估计结果表明，工作收入和病人的信任对高职称医生的离职倾向有显著的影响作用。进一步对比发现，工作收入对低职称医生离职倾向的影响小于高职称医生，医患关系对低职称医生离职倾向影响大于高职称医生。

**表4－11 工作收入、医患关系对高低职称医生离职倾向的影响**

| 解释变量 | 低职称医生 | | | 高职称医生 | | |
|---|---|---|---|---|---|---|
| | 有序Probit | Bioprobit | | 有序Probit | Bioprobit | |
| | 离职倾向 | 离职倾向 | 医患关系 | 离职倾向 | 离职倾向 | 医患关系 |
| 工作收入满意度 | －0.296*** | －0.243*** | | －0.286*** | －0.276** | |
| | (0.0908) | (0.0915) | | (0.111) | (0.116) | |
| 病人的信任程度 | －0.118 | －1.017*** | | －0.453*** | －0.791 | |
| | (0.11) | (0.314) | | (0.155) | (2.686) | |
| 年龄 | 0.167*** | 0.180*** | 0.0637 | －0.00646 | 0.00259 | 0.141 |
| | (0.0522) | (0.0517) | (0.0556) | (0.0886) | (0.12) | (0.178) |
| 年龄平方 | －0.226*** | －0.232*** | －0.0582 | 0.000456 | －0.00871 | －0.143 |
| | (0.0716) | (0.0711) | (0.0758) | (0.0983) | (0.126) | (0.208) |
| 性别 | －0.0171 | －0.000316 | 0.057 | －0.0281 | －0.0507 | －0.274 |
| | (0.0993) | (0.0973) | (0.118) | (0.137) | (0.321) | (0.187) |
| 大专 | 0.0494 | 0.0741 | 0.184 | －0.133 | －0.114 | 0.0254 |
| | (0.14) | (0.136) | (0.157) | (0.205) | (0.212) | (0.316) |
| 本科及以上 | 0.0702 | 0.118 | 0.279 | －0.211 | －0.205 | －0.156 |
| | (0.189) | (0.186) | (0.21) | (0.231) | (0.235) | (0.36) |
| 与社会工资比较 | 0.104** | 0.111** | 0.0599 | 0.193*** | 0.206 | 0.195** |
| | (0.0491) | (0.0493) | (0.0565) | (0.0722) | (0.125) | (0.086) |
| 工作压力 | 0.174** | 0.155** | 0.0033 | 0.274*** | 0.259 | －0.0925 |
| | (0.0693) | (0.0696) | (0.0833) | (0.0975) | (0.179) | (0.124) |

续表

| 解释变量 | 低职称医生 | | | 高职称医生 | | |
|---|---|---|---|---|---|---|
| | 有序 Probit | Bioprobit | | 有序 Probit | Bioprobit | |
| | 离职倾向 | 离职倾向 | 医患关系 | 离职倾向 | 离职倾向 | 医患关系 |
| 每天工作时间 | 0.0367<br>(0.0246) | 0.0275<br>(0.022) | -0.0241<br>(0.0229) | 0.00795<br>(0.0138) | 0.00817<br>(0.0167) | -0.0127<br>(0.0117) |
| 每周加班次数 | 0.00919<br>(0.0213) | 0.0123<br>(0.0197) | 0.0217<br>(0.0205) | -0.0157<br>(0.0246) | -0.0077<br>(0.0644) | 0.0839**<br>(0.0422) |
| 实际月收入对数 | | | 0.241***<br>(0.0426) | | | |
| 期望月收入对数 | | | 2.010***<br>(0.542) | | | |
| 工作收入满意度群体效应 | | | | | | |
| 病人信任程度的变化 | | | | | | 0.187**<br>(0.0892) |
| 病人信任程度的群体效应 | | | | | | 3.646***<br>(1.289) |
| 县虚拟变量 | 是 | 是 | 是 | 是 | 是 | 是 |
| atanhrho_12<br>Constant | | 0.677**<br>(0.295) | | | | 0.228<br>(1.923) |
| pseudo R-sq | 0.086 | | | 0.128 | | |
| Log likelihood | -594.4181 | -934.41016 | | | | |
| N | 617 | 614 | | 378 | 371 | |

### 4.1.4 估计结果的可能性解释

#### 4.1.4.1 工作收入对农村医生的工作满意度具有稳健的影响，且医患关系具有内生性

我们认为由于医生工作收入满意度的下降，导致其工作积极性不高（工作满意度和离职倾向都作为衡量指标）。而医疗服务一方面差异化较大，需要

医生根据患者不同的情况进行治疗，强调医生个人能力的作用；另一方面由于患者出于对健康失去的焦虑心情，在医疗服务的过程中需要得到更多的人文关怀。由于对工作收入的不满意，导致农村医生的工作状态低迷，这样势必导致降低对患者的服务质量和人文关怀。医生的服务态度又很难量化，医生的“脸难看”成为医患矛盾的焦点之一。依据中华医院管理学会对全国326所医院关于医疗纠纷情况的调查显示，在造成医患关系紧张原因中选择“由于医务人员服务态度不好”引发纠纷的高达49.5%（郑雪倩等，2002）。紧张的医患关系又加剧了患者对医生的不信任，让医生的工作环境进一步恶化。医生每天面对痛、忧、怨、愤的患病者，工作满意度进一步下降，离职倾向进一步提高。

#### 4.1.4.2　工作收入、医患关系显著影响医生离职倾向，且医患关系存在内生性

由于当前政府对农村卫生投入相对不足，并对医生服务价格进行管制，导致收入偏低成为困扰中国农村医生的重要问题。由于收入不满意导致了医生的离职倾向较高。离职倾向的结果有两种可能性：一种是高离职倾向的医生在外面寻找到工作机会从而离开组织。由于医疗卫生服务具有劳动密集型的特点，医生离职加大了现有医生的工作负担，并降低医疗服务提供的水平。另一种情况是有离职倾向但未能离职的医生工作积极性较低，与工作收入对医生工作满意度的影响类似，严重影响了医疗服务的质量。离职倾向的两种结果均带来了卫生服务效率和质量的下降。从实证结果中，我们发现医患关系存在较强的内生性。我们推测，由于离职倾向影响了卫生服务提供的效率与质量，带来患者的信任度下降，因此离职倾向也存在与医患关系的恶性循环机制。结合文献与实证结果，我们认为由于工作收入不满意，导致医生离职倾向较高，而由于医生存在离职倾向，导致医疗服务下降，带来医患关系紧张，这又进一步加剧医生的离职倾向和工作满意度下降。下面将结合我们调研案例对不同子样本的医生工作满意度和离职倾向行为进行分析。

#### 4.1.4.3　工作收入和医患关系对县级医院医生工作满意度影响分析

从我们实证结果中发现，工作收入、医患关系对县级公立医院医生的工作满意度和离职倾向有较为显著的影响，相比乡镇卫生院，县级医院医生工作收入对离职倾向的影响更大。县级医院处于农村三级医疗体系中的龙头地位，而且是全县医疗技术指导中心，维持一支稳定、高素质的医疗队伍至关

重要。而且县级医院医生相对文化素质较高，对于工作收入更为敏感。由于县级医院补偿机制不畅，导致县级医疗人员收入有限。王冉（2009）研究发现，江苏省部分县级医院医疗劳务收入年增长约为18%，而仪器设备检查收入年均增长达到26%。

在我们调研中，我们也发现基层医院在人才流动中往往处于劣势地位。以河南省D县中医院为例对县级医院人员流动进行分析①。2001～2009年9年中，共流出了12名工作人员，流入9名。在流出的12名工作人员中，具有本科学历的有2名、专科3名。对D县中医院近10年来医务人员调入情况进行统计，发现流入的9名人员中，仅1位是专科学历，其余8名为中专及以下。进行对比可以发现，流出的人员中从事行政工作的仅1名，而调入的则至少有3名是行政人员。进一步我们考虑，从调出人员来看，有一名医务人员考研离开，另外两名去了深圳，还有1名去了上级医院。流入的人员中，有6名工作人员是从乡镇卫生院调入。从这个案例中，我们发现县级医疗机构技术人员流动性较强，而且从整体上来看，流出人员更多是具有一定技术水平的专业人员。这个案例进一步佐证了县级医院医务人员流出导致了医疗服务质量下降的状态。

#### 4.1.4.4 工作收入和医患关系对乡镇卫生院医生工作满意度影响分析

乡镇卫生院是我国农村三级卫生服务网络体系的骨干，在农村卫生服务中应当起着重要作用。在我们实证研究中发现，收入和医患关系对乡镇卫生院医生工作满意度有显著的影响，且医患关系和工作满意度存在较强的内生性。由于乡镇卫生院主要服务对象是农民，而农民居住分散、支付能力有限，这都导致乡镇卫生院在市场化过程中经营惨淡。山东省日照市有66家乡镇卫生院，2001年业务收支亏损达2 994万元，亏损面几乎100%，累计拖欠职工工资635万元（郑成香等，2002）。江苏省金坛市2001年23家乡镇卫生院去掉财政补贴8家盈余，加上财政补贴14家盈余（陈敖贵，2002）。

根据有关研究反映，调查的553位乡镇卫生院院长中，有87%认为目前卫生院人才结构不能满足卫生院发展需要；有73.5%的院长认为工作条件差、待遇低是卫生院人才短缺的主要原因；90.4%的院长认为乡镇卫生院的薪酬

---

① 除了对所调查机构近三年的财务情况进行调查之外，其人员流动（包括进入和流出双向）调查中也有记录。限于其信息的隐私性，这里不再以列表形式对其机构人员的详细情况进行公布，而只是做一些简单的统计性分析，以下类似的人员情况处理与这里一致，不再赘述。

太低，难以吸引人才；90.7%认为吸引医学院校毕业生到乡镇卫生院是缓解乡镇卫生院卫生人力资源缺乏最有效的措施（陈烈平等，2010）。据有关研究发现，92.2%的医科毕业生选择地市级以上单位就业。到农村就业意向中，只有6.4%的毕业生明确表示愿意到乡村医疗卫生机构；14.7%愿意到县级医疗卫生机构（蔡惠州等，2009）。另外，从我们调研的河南省D县中医院调入人员结构中也可以看出，2000年以来，进入该中医院的10名人员中，有6个来源于该县所辖属的乡镇卫生院，从而映射出乡镇卫生院挽留人才方面的欠缺。

2003年SARS之后，国家逐渐加大了对乡镇卫生院的投入，注重乡镇卫生院的公益性，乡镇卫生院亏损情况有所改观。以C县A乡卫生院为例，通过对其财务数据进行分析，我们发现如果剥离财政补贴之后，2007、2008、2009历年亏损逐年增高，2009年亏损达26.6万元，而2008年、2007年则为14.6万元、14万元（见表4-12）。但加入国家财政补贴之后，2009年盈利为3.4万元，2008年为7.97万元，2007年亏损0.71万元（见表4-13）。从这些数据我们可以看出，由于乡镇卫生院的特殊性，导致其在经营过程中依靠自身效率难以很好运行。这又进一步反映出，提高医生收入仅依靠乡镇卫生院难以真正实现，应当加大政府的投资力度。

**表4-12　甘肃省C县A乡卫生院近3年收入支出情况（剥离财政补贴后）**

单位：元

| | 2007年末 | 2008年末 | 2009年末 |
|---|---|---|---|
| 收入总计 | 54 171.00 | 690 732.41 | 335 430.00 |
| 医疗收入 | 3 396.00 | 222 941.30 | 70 657.00 |
| 药品收入 | 50 566.00 | 396 649.32 | 263 111.00 |
| 其他收入 | 209 | 71 141.79 | 1 662.00 |
| 收支结余 | 140 001.00 | -146 062.84 | 266 391.00 |

**表4-13　甘肃省C县A乡卫生院近3年收入支出情况（加入财政补贴后）**

单位：元

| | 2007年末 | 2008年末 | 2009年末 |
|---|---|---|---|
| 收入总计 | 187 004.00 | 946 465.01 | 635 838.00 |
| 财政补助收入 | 119 225.00 | 255 732.60 | 300 408.00 |

续表

| | 2007 年末 | 2008 年末 | 2009 年末 |
|---|---|---|---|
| 上级补助收入 | 13 608.00 | | |
| 医疗收入 | 3 396.00 | 222 941.30 | 70 657.00 |
| 药品收入 | 50 566.00 | 396 649.32 | 263 111.00 |
| 其他收入 | 209 | 71 141.79 | 1 662.00 |
| 收支结余 | -7 171.00 | 79 669.76 | 34 014.00 |

由于乡镇卫生院收入有限，许多医生选择了离职。2007 年以来，甘肃省加大了对乡镇卫生院的扶持，但是仍有不少乡镇医务人员选择离开。对甘肃省 F 县 B 乡镇卫生院近年来人员流出情况的统计，可以发现，在既有的医生中有大批医生调走。从甘肃省 F 县 B 乡镇卫生院近年调走的 14 名医生来看，有 9 名医生调离了乡镇卫生院，另有 5 名医生去了其他的卫生院。将上述几个案例进行对比，我们也可以看到乡镇卫生院的吸引力弱于县级医院。

一方面乡镇卫生院收入较低、人才流失较为严重。另一方面，乡镇卫生院并不是没有人员，更多是处于“缺才不缺人”的情况。以河南省 A 县 B 卫生院为例，整个卫生院共 34 人，但有 16 人是工人，没有高级职称的医生，具有中级职称的仅仅有 3 人。

从医患关系的角度，我们发现对乡镇卫生院医生的影响显著大于县级医院。从上述案例中，我们发现乡镇卫生院人员技术水平相对较低，而且由于乡镇卫生院吸引度不足，导致医疗服务的水平不高。从现有文献研究来看，朱玲（2000），韩俊、罗丹（2005）认为当前农民对于乡镇卫生院医生满意度较低。我们认为医患关系紧张进一步恶化了乡镇卫生院医生的职业环境，并进一步带来乡镇卫生院医生的工作满意度下降。

#### 4.1.4.5 工作收入和医患关系对高职称医生工作满意度影响分析

从高低职称的角度来看，我们也可以得到一些较为细致的结论。高职称医生的工作满意度、离职倾向对于工作收入更为敏感。笔者认为，当前在农村医生工作收入普遍不高的情况下，农村医生分配中还存在“大锅饭”倾向。公立医院医护人员工资差距过小，平均主义现象仍然较为严重。据 2003 年机关事业单位人员工资标准中《卫生技术人员专业技术职务等级工资标准表》显示，等级之间差距不大，高级技术人员与一般技术人员仍不同程度地存在

平均主义。以专业技术职务等级为例，主任医师、药师、技师月工资688元，比副高职称的498元高190元；副高职称比主治、主管医师、药师、技师的388元高110元；主治、主管比医师、药师、技师的323元高65元；医师、药师、技师比士级的288元高35元，同一等级的最高是最低的2.32倍。①

从我们调研数据来看，以甘肃省A县人民医院为例。该医院主任医生工资仅为2 082元，而这位主任医生工龄达39年；某医师也达1 102元，工龄仅仅为3年。两者工资相差不到两倍。该县医院270多位员工中，主任医生仅有4名，副主任医生也仅为20名。而从工作年限来看，主任医生有些已经工作39年，大部分也都工作了20年以上，而初级的医生大多是大中专毕业才参加工作。笔者认为工资差距并不大，而且高职称医生存在较大的机会成本，所以高职称医生对工作收入更加敏感。

#### 4.1.4.6　工作收入和医患关系对低职称医生工作满意度影响分析

职称上来看，工作收入对低职称医生的工作满意度和离职倾向均有较为显著的影响，医患关系对低职称医生工作满意度的影响远大于高职称医生。低职称医生更多是年轻的医生，如在我们调研数据中，低职称医生的平均年龄为33岁左右，而高职称医生则在42岁左右。由于低职称医生大多是年轻人，刚刚进入医疗行业，无论是诊疗经验还是与患者的沟通艺术均低于高职称医生，因此医患关系对低职称年轻人的工作压力以及心理压力较大。而年轻医生离职倾向较高一方面导致农村卫生人力出现“青黄不接”，另一方面也导致了年轻医生工作积极性下降，这些都带来了医患关系紧张。

以广东省2010年B县级市A镇中心卫生院人员增减为例。广东省B县级市A镇中心卫生院有121名工作人员，其中具有副主任医生职称的有2名。仅2010年就有8名医生离职，均为专业技术人员。其中除了1位退休之外，其余7位中调出的有3位，包括1名副主任医生，而这家卫生院自这位医生离职之后仅有2名副主任医生（均为卫生院的院领导）。第一学历为本科的医生是8名，第二学历为本科为10名，在离职的8人中，具有本科学历的就有3人。7名离开的医生有6名医生是低职称医生，而低职称医生中有4名辞职、2名调出。在年轻医生中存在的离职倾向与医患关系的恶性循环对未来农村卫生服务水平的提高带来了严峻挑战。有研究发现，对吸引年轻医生进入某地

① 蒋祥虎．公立医院运行机制改革创新研究．北京：中国经济出版社，2005：第85页。

区工作时，预期收入比现有收入更重要（Escarce 等，1998）。

## 4.2　工作收入与“以药养医”

### 4.2.1　引言

医疗行业存在较为突出的信息不对称，医生在博弈中处于信息的有利地位。处于信息强势方的医生，由于对工作收入不满意，有动力通过开大处方，获得药品的明扣和暗扣，进行“以药补医”的行为。“看病贵”成为医患关系紧张的焦点。

医疗服务是一个复杂的过程，完整的服务既包括医生的劳务也包括器械的检查和药品的服务。由于医疗服务存在高度异质性和复杂性，使得医生的劳动在医疗服务中起着重要的作用。对于患者的治疗，需要医生根据病情的具体情况制定具体的治疗方案，所以医生处于医疗服务的核心地位。但医生劳务价格（诸如手术费、挂号费、诊疗费用等方面）并未受到正确估价。

医生劳务价格较低既有历史的原因也有现实的因素，政府的管制在其中扮演重要的角色。在传统计划经济体制下，和其他职业一样，医务人员工资基本由财政支付，当时确定的医疗服务价格实际上体现的是医疗服务成本扣除财政补贴后的部分。在政府制定的医疗服务价格中，本来就没有包括全部技术劳务成本，医疗服务收费主要不是用于补偿劳动成本，最多只起到一个弥补缺口的作用（朱恒鹏，2010）。而且当时行业普遍都是政府制定工资水平，在计划经济优先重工业发展战略下，各行业工资普遍较低，医疗行业并不十分突出。而且在短缺经济条件下，医疗服务也存在较为严重的短缺，医生的社会地位相对较高。

随着市场化的发展，许多经营性行业人员工资已经逐步和市场接轨，但是医生劳务价格依旧被政府较为严格地管制。政府的价格调整受到多方面的制约，又有维护物价稳定的宏观目标，使得价格调整较为滞后，而且在计划经济过程中，我国医疗服务收费标准曾在 1958、1960 和 1972 年进行了三次较大幅度的下调，直至改革开放后才得以逐步提高，1985 年调整后的医疗服务收费标准大致恢复到 1952 年的“实际”水平。虽然 1994 年至今医疗服务收费标准有所增长，但仍赶不上工资、物价、医疗成本的上涨。

目前一个三级甲等医院普通医生的挂号费仅为5元，教授的挂号费也仅14元，而且挂号费中一部分要上交卫生局，剩下的还要医生和医院进行分成，医生可以得到的仅仅是其中一部分。而美国，公立医院的普通挂号费要50美元，折合人民币约300多元；内科医生的挂号费大约是70美元，约合人民币400元以上；外科、妇科、眼科等专科的挂号费大约是150美元，约合人民币将近1 000元（刘晓慧，2010）。

从手术费价格我们也能够发现医疗人员的劳动价值未能合理地补偿。以阑尾炎为例，阑尾炎手术费占患者总支出的比重仅为很小一部分，甚至出现了在一次7 545.72元的阑尾炎手术中，西药费用高达3 651.11元、医生手术费仅仅304元的情况（陈铮、高军，2007）。

在政府对医生劳务价格进行管制的同时，对医疗机构的财政投入存在严重不足，财政补助下降到10%以下，这样让医院公益性逐步削弱，“以药养医”“以械养医”成为医院维系运营、医生提高收入的重要手段。

“以药养医”制度并不是市场化的新生产物，早在20世纪50年代，由于我国财政紧张，我国制定了“以药补医”的政策，允许医院对药价进行15%的加成。但当时我国处于计划经济条件下，医院的收入几乎全部来自政府的拨款，医生收入的主要来源也集中于政府的拨款，药品加成主要是弥补医院运行资金紧张的问题。而且当时药品主要是低价的常规药，即使进行了15%的加成，从总体看对患者的影响也不大。在计划经济时期，各行业整体都强调“道德”的作用，强调“集体主义”，作为道德要求更高的医疗服务行业也强调“救死扶伤”的职业道德，医院的营利目的较弱，医生获取经济最大化的目的也较弱。再加上当时主要以普药为主，药价的基数也较低，虽然医院进行了加成，但患者负担仍然不重。

改革开放之后，伴随着市场化的推进，医院也逐步进行市场化改革。政府逐步降低了对医院的投入，药品收入成为医院的主要收入来源（见图4－1）。

由于医疗服务是一种有益品或是一种优质产品，而医院在医疗服务中又具有垄断地位，这使得政府对于药品价格管制并未放开。1996年，国家曾尝试放开药品价格，结果药价飞涨，于是1997年国家又把药品价格重新纳入控制范围。原国家计委2000年7月发布《关于改革药品价格管理的意见》，基本建立了目前的政府药品价格管理体制。2006年国家发改委等八部门联合发布《关于进一步整顿药品和医疗服务市场价格秩序的意见》，其中规定：“县

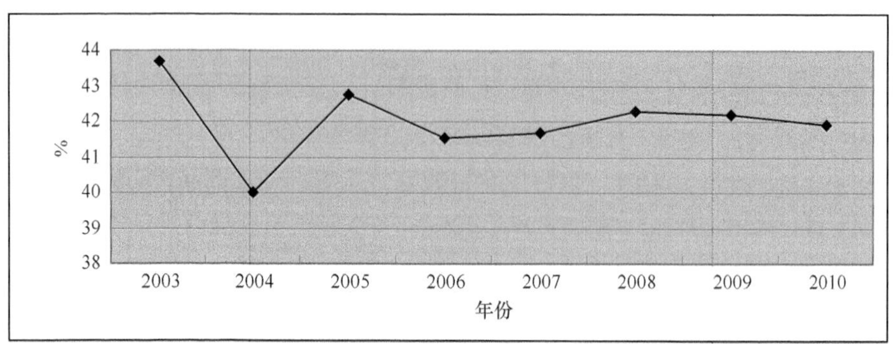


**图 4-1　近年来药品收入占医院收入的比重**

及县以上医疗机构销售药品，要严格执行以实际购进价为基础，顺加不超过15%的加价率作价的规定，中药饮片加价率可适当放宽，但原则上应控制在25%以内。"① 在该意见指导下，有些省市提出医院售药以500元为限：对于单价为500元以下的药品，加成15%；当单价超过500元只许加价75元。从而保证大多数医院加价率在15%以下。②

从国家药监局成立至2005年，我国药监领域出现诸多问题，表现为药害事故频发、低水平新药泛滥、行政许可领域腐败现象严重，从1998年的600件跃升到2005年的4 500件，且四类、五类新药的比重持续上升（胡颖廉，2009）。近年来，药监部门郑筱萸、张敬礼等案件都从一个侧面反映出了药监局对医院管理的混乱，药品审批制度存在较大的缺陷。传统药价调整受到国家物价局的严格控制，但是新药则有自主定价权，大量制药企业将原来的常用药经过改包装、改剂型、改规格、改给药途径以及加入无治疗作用的辅料等方式重新注册成"新药"（张超、潘木善，2012）。重新定价的"新药"又因为其价格较高，在固定加成法的规定下迫使医院采购进价高的药，不再使用低价的普药。而且，公立医院补偿机制缺位，用药占医疗成本的比重远远超过15%的国际标准，由此形成医疗机构在药品市场的强势和滥用抗生素的恶习（杨燕绥，2010）。过度用药不仅提高了患者的负担，而且也不利于患者的健

---

① 国家发改委，财政部，卫生部，劳动保障部，商务部，国家药监局，国务院法制办，国务院纠风办：关于进一步整顿药品和医疗服务市场价格秩序的意见．国发〔2006〕912号。

② 南方网．医改试点取消15%药价加成，公立医院恐陷入巨亏．2008-11-19。

康。据世界卫生组织警示，不合理用药已经成为当今全球的第四号杀手，全球1/3的人死亡不是由于疾病本身而是由不合理用药导致的（顾丽萍，2010）。

“以药养医”的价格加成，被称为“明折明扣”，而医疗服务中存在的“暗折暗扣”可能更加严重，而这些形式难以通过公开的数据进行分析。胡坚勇等（2012）研究指出，暗折暗扣的形式多种多样，既有现金、礼卡、礼券等形式，也有学术会议赞助，国内外旅游，吃饭、喝茶、集体活动经费报销等，其隐蔽性给监管带来了较大的难度。虽然我国在“十二五”时期开始提出取消药品加成制度，并在此基础上，推动公立医院主要收入由医疗服务收入、药品加成收入和财政补助收入三个收入渠道向服务收入和财政补助收入两个收入渠道方向改革①，但是暗折暗扣依旧有较大的存在空间。而且医生、医院在与政府博弈过程中，依旧处于信息强势地位。除了“以药养医”之外，“以械养医”“以耗材养医”的现象更难以杜绝。“看病贵”主要并不是指医生的劳务收费高，主要集中于药价虚高、检查费高、耗材费用等方面，我国长期的“以药养医”是导致药价虚高的重要原因。解析各种“以药养医”行为，不能脱离对医生的行为进行研究。在本节中，我们通过实证分析来讨论“以药养医”问题，通过考察费用和医生收入的关系、看病次数和收入的关系，进一步讨论工作收入满意度和医患关系之间的联系，最后对结果进行可能性分析。

### 4.2.2　实证研究

本文采用对三种疾病的收费考察医生的工作收入与收费之间的关系，进一步我们考察看病次数和工作收入的关系。通过这些，我们将对工作收入影响工作满意度的途径进行分析。

#### 4.2.2.1　变量界定

本文利用由内科医生作答的“平均治疗一次普通感冒需要花费”代表感冒收费，利用妇产科医生作答的“顺产分娩的费用”代表顺产收费，利用由外科医生作答的“阑尾炎手术费用”代表阑尾炎收费。选择这三项疾病治疗收费的原因基于以下几点：首先，这三项疾病分别是内科、妇产科和外科医生面临的常见病种，这三项涵盖了医疗机构几大科室医生的工作范围，其中

① 国务院．“十二五”期间深化医药卫生体制改革规划暨实施方案．国发〔2012〕11号。

阑尾炎和顺产分娩是县乡医疗机构住院疾病中的常见病（张胜利、卞鹰，2001），而感冒则是门诊疾病中的常见疾病，因此，这三种疾病既反映了门诊服务的价格也反映了住院服务的价格。其次，这三种疾病的诊断相对统一，属于单病种，治疗方法相对比较成熟，较为一致，不属于疑难杂症，治疗程序较为"同质"和"标准"（高颖鹃，2006），避免了由于病种和服务质量的差异导致的医疗费用度量的较大价格误差，这三项费用可以在不同地区不同机构以及不同医生上做比较。再次，三种疾病的收费也综合包括了医生的服务费（或手术费）、药费和检查费，是医院定价能力的反映。有很多文献采用这三种疾病对医疗服务价格或质量进行研究。例如，封进等（2010）利用感冒费用作为县乡医疗机构服务价格的代理，赵忠、侯振刚（2005）利用感冒费用作为医疗服务价格水平的代理变量。王鸿勇等（2010）对阑尾炎收费的研究考察患者经济负担。左延莉等（2008）利用阑尾炎、正常分娩研究住院病人的家庭负担。

本文利用感冒费用，阑尾炎手术费用，以及顺产分娩收费三个指标衡量"看病贵"指标，利用医生一天看病人的人次和门诊病人的平均看病时间衡量"看病难"指标。

从表 4 - 14 可以看出，由内科医生回答的治疗一次普通感冒的花费，平均值是 39. 6 元。由妇产科医生回答的顺产分娩的平均费用为 947 元，普外科医生回答的阑尾炎手术费用平均为 1 759 元。

**表 4 - 14　相关变量统计性描述**

| 变量 | 观测值 | 均值 | 离差 |
|---|---|---|---|
| 平均治疗一次普通感冒的花费（元） | 516 | 39. 62 | 84. 93 |
| 每次顺产分娩的费用（元） | 297 | 947. 60 | 460. 35 |
| 每次阑尾炎手术费用（元） | 187 | 1 759. 14 | 1 385. 17 |
| 平均一天大概能看多少位门诊病人 | 998 | 15. 30 | 12. 57 |

#### 4. 2. 2. 2　实证模型与估计结果

1. 实证模型

基准模型为：

$$\ln y_j = \alpha + \beta \times c + \gamma X + \xi$$

上述模型中因变量为上个月收入的对数或平均月收入的对数，$c$ 代表对应的疾病，感冒费用、顺产费用和阑尾炎费用的对数，或者一天内接待病人的次数，$X$ 为医生的性别、年龄和教育程度等个体特征及县虚拟变量。

在基准模型基础上，加入县乡虚拟变量和对应疾病收费对数或者接待病人次数的交叉项，以及高低职称虚拟变量 $rc$ 和对应疾病收费对数或者接待病人次数的交叉项 $ac$，得到三项疾病费用或者接待病人的次数对县乡不同医疗机构医生和高低职称医生的收入的影响：

$$\ln y_j = \alpha + \beta \times c + \kappa \times rc + \theta \times ac + \gamma X + \xi$$

2. 实证结果

根据上述实证模型得到下面实证结果。

表4－15 是感冒费用对医生收入的实证结果，从表4－15 第1 列中可以发现，感冒费用的对数对医生上个月收入的对数有较为显著的影响，从估计系数上来看，在控制住医生个人性别、年龄、教育水平等个人特征以及各个县的固定效应之后，感冒费用上升 1% 引起的医生上个月收入增加 3.28%。感冒收费越高，对医生的收入越有利。第 3 列是感冒收入对数对医生平均每月收入对数的影响的估计结果，从第 3 列可以发现，在控制住医生个人性别、年龄、教育水平等个人特征以及各个县的固定效应之后，感冒费用上升 1% 引起医生的平均月收入增加 3.19%。因此，从上述实证结果表明，感冒费用对医生的实际收入有显著的影响，感冒费用越高，实际收入越高。

表4－15 的第 2 列加入了县乡虚拟变量和感冒费用对数的交叉项，以及高低职称虚拟变量和感冒费用对数的交叉项。从交叉项来看，县乡虚拟变量和感冒费用对数的交叉项为负，表明感冒费用对县级医疗机构医生上个月收入的影响更大[①]。职称虚拟变量和感冒费用对数的交叉项为正，表明感冒费用对高职称医生上个月收入的影响更大[②]。类似，表4－15 第 4 列是考察县乡虚拟变量和感冒费用对数的交叉项以及高低职称虚拟变量和感冒费用的交叉项对医生平均月收入对数的影响，可以发现类似的结论，感冒费用对县级医疗机构医生平均月收入的影响大于乡镇卫生院医生，对高职称医生平均月收入的影响大于低职称医生。

① 注意这里县乡虚拟变量定义为1，如果是乡镇卫生院医生，为0。

② 注意这里高低职称虚拟变量的定义为1，如果是低职称，为0。

表 4－15　感冒费用对医生收入的影响

| 解释变量 | 上个月收入的对数 | 上个月收入的对数 | 平均月收入的对数 | 平均月收入的对数 |
|---|---|---|---|---|
| | ols | ols | ols | ols |
| 感冒费用的对数 | 0.0328* | 0.00694 | 0.0319* | 0.0148 |
| | (0.0193) | (0.0201) | (0.0184) | (0.0197) |
| 年龄 | 0.0261*** | 0.0180*** | 0.0262*** | 0.0198*** |
| | (0.00239) | (0.00274) | (0.00226) | (0.00264) |
| 性别 | －0.0545 | －0.0212 | －0.0299 | －0.00556 |
| | (0.0402) | (0.0395) | (0.0391) | (0.0387) |
| 大专 | 0.183*** | 0.119** | 0.163*** | 0.102** |
| | (0.0483) | (0.0476) | (0.0468) | (0.0466) |
| 本科及以上 | 0.373*** | 0.233*** | 0.390*** | 0.264*** |
| | (0.0491) | (0.0550) | (0.0485) | (0.0551) |
| 县乡× | | －0.0332** | | －0.0353*** |
| 感冒费用对数 | | (0.0133) | | (0.0128) |
| 高低职称× | | 0.0622*** | | 0.0451*** |
| 感冒费用对数 | | (0.0139) | | (0.0132) |
| Constant | 6.417*** | 6.902*** | 6.396*** | 6.703*** |
| | (0.158) | (0.143) | (0.142) | (0.174) |
| R－sq | 0.439 | 0.500 | 0.459 | 0.504 |
| adj. R－sq | 0.412 | 0.473 | 0.434 | 0.477 |
| N | 478 | 472 | 484 | 479 |

表 4－16 是顺产费用对数对医生收入对数的估计结果。从表 4－16 第 1 列和第 3 列可以看出，顺产费用对数对医生上个月收入对数和平均月收入对数有显著的影响，即顺产费用越高，医生的实际收入越高。类似地，加入县乡虚拟变量和顺产费用对数的交叉项以及高低职称虚拟变量和顺产分娩费用对数的交叉项之后，可以发现，顺产分娩费用对县级医疗机构医生收入的影响大于对乡镇卫生院医生，对高职称医生收入的影响大于低职称医生。

**表 4 – 16　顺产费用对医生收入的影响**

| 解释变量 | 上个月收入的对数 | 上个月收入的对数 | 平均月收入的对数 | 平均月收入的对数 |
|---|---|---|---|---|
| | ols | ols | ols | ols |
| 顺产费用的对数 | 0. 261 *** | 0. 107 | 0. 298 *** | 0. 126 |
| | (0. 0954) | (0. 0986) | (0. 0949) | (0. 0940) |
| 年龄 | 0. 0283 *** | 0. 0180 *** | 0. 0302 *** | 0. 0182 *** |
| | (0. 00381) | (0. 00409) | (0. 00376) | (0. 00397) |
| 性别 | 0. 0489 | 0. 0893 | 0. 0877 | 0. 135 |
| | (0. 0941) | (0. 0891) | (0. 0897) | (0. 0848) |
| 大专 | 0. 139 ** | 0. 0843 | 0. 194 *** | 0. 128 ** |
| | (0. 0600) | (0. 0587) | (0. 0608) | (0. 0579) |
| 本科及以上 | 0. 354 *** | 0. 176 ** | 0. 413 *** | 0. 199 *** |
| | (0. 0759) | (0. 0808) | (0. 0715) | (0. 0754) |
| 县乡 × | | – 0. 0416 *** | | – 0. 0485 *** |
| 顺产费用对数 | | (0. 00978) | | (0. 00979) |
| 高低职称 × | | 0. 0234 *** | | 0. 0244 *** |
| 顺产费用对数 | | (0. 00818) | | (0. 00803) |
| Constant | 4. 843 *** | 5. 776 *** | 4. 442 *** | 6. 032 *** |
| | (0. 675) | (0. 634) | (0. 672) | (0. 636) |
| R – sq | 0. 508 | 0. 561 | 0. 536 | 0. 596 |
| adj. R – sq | 0. 466 | 0. 520 | 0. 497 | 0. 558 |
| pseudo R – sq | | | | |
| N | 286 | 278 | 289 | 281 |

表 4 – 17 是阑尾炎费用对数对医生实际收入对数影响的估计结果。从表 4 – 17 第 1 列和第 3 列可以看出，阑尾炎手术费用对数对医生上个月收入对数和平均月收入对数均有显著的影响。加入县乡虚拟变量和阑尾炎手术费用对数的交叉项以及高低职称虚拟变量和阑尾炎收入费用对数交叉项之后，可以发现，阑尾炎费用对县级医疗机构医生收入的影响大于乡镇卫生院医生，对高职称医生收入的影响大于低职称医生。

**表 4－17　阑尾炎费用对医生实际收入的影响**

| 解释变量 | 上个月收入的对数 | 上个月收入的对数 | 平均月收入的对数 | 平均月收入的对数 |
|---|---|---|---|---|
| | ols | ols | ols | ols |
| 阑尾炎手术费用的对数 | 0.185 ** | 0.163 ** | 0.162 ** | 0.140 * |
| | (0.0748) | (0.0795) | (0.0690) | (0.0718) |
| 年龄 | 0.0277 *** | 0.0218 *** | 0.0259 *** | 0.0193 *** |
| | (0.00414) | (0.00603) | (0.00378) | (0.00539) |
| 性别 | －0.108 | －0.112 | －0.0754 | －0.0778 |
| | (0.122) | (0.134) | (0.113) | (0.123) |
| 大专 | 0.324 *** | 0.258 * | 0.344 *** | 0.261 ** |
| | (0.117) | (0.138) | (0.109) | (0.122) |
| 本科及以上 | 0.557 *** | 0.450 *** | 0.586 *** | 0.454 *** |
| | (0.106) | (0.133) | (0.0997) | (0.117) |
| 县乡×阑尾炎手术费用对数 | | －0.0179 ** | | －0.0232 *** |
| | | (0.00843) | | (0.00839) |
| 高低职称×阑尾炎手术费用对数 | | 0.0180 | | 0.0209 * |
| | | (0.0130) | | (0.0123) |
| Constant | 4.988 *** | 5.073 *** | 4.780 *** | 5.303 *** |
| | (0.715) | (0.724) | (0.588) | (0.659) |
| R－sq | 0.511 | 0.536 | 0.521 | 0.557 |
| adj. R－sq | 0.440 | 0.460 | 0.452 | 0.485 |
| pseudo R－sq | | | | |
| N | 174 | 171 | 176 | 173 |

综上，从感冒费用、顺产分娩费用和阑尾炎费用三种常见的单病种治疗费用来看，这三种疾病的费用显著影响医生的工作收入。从县乡医疗机构和高低职称的角度来看，县级医院机构医生通过收费影响收入的作用更大，高职称医生通过提高收费对收入的影响更大。

3. 对看病次数的实证分析

表 4－18 是接待病人次数对医生工作收入影响的估计结果。表 4－18 的第 1 列和第 3 列表明，接待病人次数对医生上个月收入的对数和平均每个月

收入的对数有显著的影响。加入县乡虚拟变量和接待病人次数交叉项以及高低职称虚拟变量和接待病人次数的交叉项，从表4－18的第2列和第4列可以看出，接待病人次数对县级医疗机构医生上个月收入和平均每个月收入的影响大于乡镇卫生院医生，对高职称医生上个月收入和平均月收入的影响大于低职称医生。表4－18接待病人次数的高低职称虚拟变量与看病次数的交叉项回归结果表明，一天内接待病人次数对高职称医生的工作收入影响程度高于低职称医生。我们认为高职称医生处于信息更为强势的地位，更容易进行“以药养医”的行为。该结论也和卢洪友认为高学历医生可以更容易利用信息不对称、从而提高医疗费用的结果进行相互映照。

**表4－18　一天内接待病人的次数对医生收入的影响**

| 解释变量 | 上个月收入的对数 | 上个月收入的对数 | 平均月收入的对数 | 平均月收入的对数 | 期望月收入的对数 | 期望月收入的对数 |
|---|---|---|---|---|---|---|
| | ols | ols | ols | ols | ols | ols |
| 接待病人次数 | 0.00350*** | 0.00373** | 0.00299*** | 0.00408** | 0.00362*** | 0.00496*** |
| | (0.00106) | (0.00151) | (0.0011) | (0.00176) | (0.00106) | (0.00159) |
| 年龄 | 0.0262*** | 0.0225*** | 0.0274*** | 0.0241*** | 0.0200*** | 0.0176*** |
| | (0.00197) | (0.00219) | (0.00186) | (0.00204) | (0.0017) | (0.00183) |
| 性别 | －0.00991 | 0.0235 | －0.000266 | 0.0305 | 0.0490** | 0.0741*** |
| | (0.0266) | (0.0265) | (0.0269) | (0.0267) | (0.0232) | (0.0233) |
| 大专 | 0.208*** | 0.153*** | 0.233*** | 0.178*** | 0.146*** | 0.111*** |
| | (0.0393) | (0.0407) | (0.0391) | (0.0405) | (0.029) | (0.0294) |
| 本科及以上 | 0.444*** | 0.329*** | 0.479*** | 0.368*** | 0.299*** | 0.217*** |
| | (0.0421) | (0.0476) | (0.0413) | (0.0467) | (0.0322) | (0.035) |
| 县乡×接待病人次数 | | －0.00888*** | | －0.00902*** | | －0.00690*** |
| | | (0.00145) | | (0.00162) | | (0.00142) |
| 高低职称×接待病人次数 | | 0.00451*** | | 0.00330** | | 0.0019 |
| | | (0.00151) | | (0.00161) | | (0.00144) |
| Constant | 6.490*** | 6.649*** | 6.372*** | 5.984*** | 7.259*** | 6.916*** |
| | (0.122) | (0.131) | (0.124) | (0.105) | (0.0799) | (0.0967) |

续表

| 解释变量 | 上个月收入的对数 | 上个月收入的对数 | 平均月收入的对数 | 平均月收入的对数 | 期望月收入的对数 | 期望月收入的对数 |
|---|---|---|---|---|---|---|
| | ols | ols | ols | ols | ols | ols |
| R - sq | 0.427 | 0.469 | 0.448 | 0.481 | 0.381 | 0.404 |
| adj. R - sq | 0.414 | 0.455 | 0.435 | 0.468 | 0.366 | 0.388 |
| N | 948 | 934 | 960 | 946 | 941 | 928 |

上述实证结果表明，接待病人的次数越多，医生的收入越高。而接待病人次数越多，一方面在相同服务时间内平均对每个病人的服务时间越少，另一方面加大接待病人的次数可以提高检查次数，通过“以械养医”提高收入。

### 4.2.3 实证结果的可能性分析

通过我们的实证研究，发现感冒费用、阑尾炎和分娩的费用都显著影响医生的工作收入，存在较为显著的“以药养医”的机制，导致医生工作收入和费用直接挂钩。从我们调研的情况来看，由于医生劳务价值被计划管制，医生有动力进行器械和药物的使用。医生为提高劳务耗费，花费了大量的心血，但是这些都没有得到应有的补偿。药品、耗材以及检查费用成为患者负担的重要来源。

#### 4.2.3.1 药品收入在医院收入中的较大比重

我们以2010年全国医院的情况来看，总体上，国家投入大概在7%左右，而药品则占40%左右（见表4－19）。

**表4－19 中国2011年五级综合医院收入与支出统计表** 单位：万元

| 指标名称 | 合计 | 央属 | 省属 | 地级市属 | 县级市属 | 县属 |
|---|---|---|---|---|---|---|
| 机构数 | 4 712 | 25 | 231 | 952 | 1 546 | 1 958 |
| 平均每所医院总收入 | 16 916.5 | 214 669.7 | 80 102.8 | 28 301.1 | 10 144.4 | 6 748.7 |
| 财政补助收入 | 1 313.2 | 16 290.8 | 5 615.3 | 2 079.9 | 775.8 | 665.9 |
| 上级补助收入 | 35.3 | 23.5 | 151.3 | 35.5 | 30.1 | 25.9 |
| 医疗收入 | 8 519 | 108 243.3 | 40 355.5 | 14 487.5 | 5 069.3 | 3 311.7 |

续表

| 指标名称 | 合计 | 央属 | 省属 | 地级市属 | 县级市属 | 县属 |
|---|---|---|---|---|---|---|
| 药品收入 | 6 817.3 | 85 848 | 32 816.2 | 11 387.4 | 4 104.4 | 2 661 |
| 其他收入 | 231.6 | 4 264 | 1 164.6 | 311 | 164.8 | 84.2 |
| 财政补助占总收入的比重（%） | 7.76 | 7.59 | 7.01 | 7.35 | 7.65 | 9.87 |
| 医疗收入占总收入的比重（%） | 50.36 | 50.42 | 50.38 | 51.19 | 49.97 | 49.07 |
| 药品收入占总收入的比重（%） | 40.30 | 39.99 | 40.97 | 40.24 | 40.46 | 39.43 |

数据来源：《中国卫生统计年鉴》(2011 年)。

表 4 - 20 是广东省 E 县人民医院 2007 ~ 2010 年的收入情况统计表。从表 4 - 20 可以看出，药品收入占总收入的比重分别达 42.71%、46.8%、46.5%、41.5%，成为该医院的主要收入来源。该医院的财政补助比重非常低，较高的 2009 年也仅仅为 2.45%。表 4 - 21 是对广东省 E 县人民医院 2007 ~ 2010 年业务收入情况的统计表，从表 4 - 21 可以看出，该医院的门诊费用大概占 40% 左右、住院费用大概占 60% 左右。而在门诊中，化验的收入达到 20% 以上。表现医生价值的诊疗费用远远低于检查费用，仅仅为检查收入的 12% 左右。这些数据都反映出医药和器械方面的收入占医疗费用主要环节这一事实。

**表 4 - 20　广东省 E 县人民医院 2007 ~ 2010 年的收入情况统计表**

单位：千元

| 项目 | 2010 年 | 2009 年 | 2008 年 | 2007 年 |
|---|---|---|---|---|
| 总收入 | 204 918 | 177 852 | 138 742 | 112 813 |
| 财政补助收入 | 3 460 | 4 351 | 1 184 | 580 |
| 上级补助收入 | | | 0 | 1 500 |
| 医疗收入 | 114 794 | 89 591 | 68 712 | 56 705 |
| 药品收入 | 85 065 | 82 678 | 64 885 | 48 186 |
| 财政补助占总收入的比重 | 0.016 885 | 0.024 464 | 0.008 534 | 0.005 141 |
| 医疗收入的比重 | 0.560 195 | 0.503 739 | 0.495 25 | 0.502 646 |
| 药品占收入的比重 | 0.415 117 | 0.464 87 | 0.467 667 | 0.427 132 |

**表 4-21　广东省 E 县人民医院 2007～2010 年业务收入情况统计表**

单位：千元

| | 2010 年 | 2009 年 | 2008 年 | 2007 年 |
|---|---|---|---|---|
| 医疗收入 | 114 794 | 89 591 | 68 712 | 56 705 |
| 门诊收入 | 46 008 | 33 982 | 25 490 | 20 420 |
| 住院收入 | 68 786 | 55 609 | 43 222 | 36 285 |
| 门诊收入占医疗收入的比重 | 0. 400 787 | 0. 379 301 | 0. 370 969 | 0. 360 109 |
| 住院收入占医疗收入的比重 | 0. 599 213 | 0. 620 699 | 0. 629 031 | 0. 639 891 |

主要体现医生劳务价值的诊疗收入比重低，检查、化验等费用较多。治疗收入中一部分是医生劳务费用，另一部分则表现为医院耗材。在我们调研中发现，许多治疗费用其实都集中在医院耗材中，但从数据上难以很好地体现。即使如此，医生的诊疗费用远远低于器械检查的收入。

再来看药品，我们发现西药在门诊和住院的收入中占很高比重（见表 4-22），这和当前我们药品加成制密切相关。西药基数大，更新换代较快，技术升级屡见不鲜。

**表 4-22　广东省 E 县人民医院 2007～2010 年药品收入情况统计表**

单位：千元

| | 2010 年 | 2009 年 | 2008 年 | 2007 年 |
|---|---|---|---|---|
| 药品收入 | 85 065 | 82 678 | 64 885 | 48 186 |
| 门诊收入 | 43 023 | 40 007 | 30 606 | 21 524 |
| 西药收入 | 42 460 | 39 388 | 30 043 | 20 976 |
| 中药收入 | 563 | 619 | 563 | 548 |
| 其中：中草药收入 | 546 | | | |
| 住院收入 | 42 042 | 42 671 | 34 279 | 26 662 |
| 西药收入 | 42 024 | 42 654 | 31 811 | 26 628 |
| 中药收入 | 18 | 17 | 2 468 | 34 |
| 其中：中草药收入 | 18 | | | |
| 门诊西药在药品中的比重 | 0. 986 913 | 0. 984 528 | 0. 981 605 | 0. 974 54 |
| 住院西药在药品中的比重 | 0. 999 571 | 0. 999 602 | 0. 928 003 | 0. 998 725 |

即使对于中医院，西药占门诊的比重也超过 50%，2010 年为 55%，住院费用中西药的比重则达 80% 以上。正如前文所述，虽然我国“十二五”提出要取消药品加成制，切断“以药养医”的渠道，但是切断的更多只是加成制的“明折明扣”，而高额药价背后的“暗折暗扣”更为隐蔽，难以从表面上根除（见表 4－23）。

**表 4－23　广东省 C 市中医院 2007～2010 年收入情况统计表**

单位：千元

| | 2010 年 | 2009 年 | 2008 年 | 2007 年 |
|---|---|---|---|---|
| 药品收入 | 32 462 | 26 832 | 19 106 | 16 254 |
| 门诊收入 | 11 590 | 8 776 | 7 575 | 6 708 |
| 西药收入 | 6 477 | 4 655 | 4 290 | 3 450 |
| 中药收入 | 5 113 | 4 121 | 3 285 | 3 258 |
| 其中：中草药收入 | 2 747 | 2 447 | | |
| 住院收入 | 20 872 | 18 056 | 11 531 | 9 546 |
| 西药收入 | 16 728 | 14 959 | 10 492 | 8 577 |
| 中药收入 | 4 144 | 3 097 | 1 039 | 969 |
| 其中：中草药收入 | 1 043 | 816 | | |
| 药品收入中：基本药物收入 | 0 | 0 | | |
| 其他收入 | 388 | 445 | 135 | 326 |
| 门诊西药在药品中的比重 | 0. 558 844 | 0. 530 424 | 0. 566 337 | 0. 514 311 |
| 住院西药在药品中的比重 | 0. 801 456 | 0. 828 478 | 0. 909 895 | 0. 898 492 |

#### 4.2.3.2　劳务价格扭曲对医生行为的影响

从就诊次数来看，我们发现就诊次数越多，医生收入越高。调研中发现，医生就诊过程中往往要求患者进行各种检查、化验，次数增多这些检查、化验的费用也相应地增加。从我们的实证结果来看，这样可以显著提高医生的收入，这些也许可以反映出普遍存在的“以械养医”的问题。另外，由于医生劳务报酬未能得到很好体现，例如挂号收入、诊察收入都明显偏低，这样导致医生愿意耗费在单个患者身上的时间显著减少。从医生整体工作时间的角度来看，单位就诊的时间减少，带来就诊次数增多，而次数和收入的正相关关系进一步使医生有动力提高患者就诊次数。患者花费了大量的资金却未能得到优质的服务，并且导致过度检查，增加了成本，这在某种程度上也佐证了在基层医疗机构中存在“看病难”的问题。

由于医生劳务费用被严格管制，导致了医生劳动未能得到相应的补偿。从广东省 E 县人民医院的案例来看，我们发现，反映医生劳务的诊察收入仅仅为检查收入的 10% 左右（见表 4 – 24 和表 4 – 25）。诊察收入更多依靠医生的劳务，检查则更多依靠器械。

**表 4 – 24　广东省 E 县人民医院 2007 ~ 2010 年门诊及各子项目收支情况统计表**

单位：千元

| | 2010 年 | 2009 年 | 2008 年 | 2007 年 |
|---|---|---|---|---|
| 门诊收入 | 46 008 | 33 982 | 25 490 | 20 420 |
| 其中：挂号收入 | 480 | 426 | 350 | 284 |
| 诊察收入 | 2 184 | 1 975 | 1 636 | 1 224 |
| 检查收入 | 18 881 | 16 134 | 11 225 | 9 818 |
| 治疗收入 | 11 216 | 7 812 | 6 002 | 4 972 |
| 手术收入 | 821 | 531 | 527 | 276 |
| 化验收入 | 9 396 | 7 104 | 5 750 | 3 813 |
| 诊察收入占门诊收入的比重 | 0. 010 432 97 | 0. 012 536 | 0. 013 731 | 0. 013 908 |
| 检查收 入占门诊收入的比重 | 0. 047 470 01 | 0. 058 119 | 0. 064 182 | 0. 059 941 |
| 治疗收入占门诊收入的比重 | 0. 243 783 69 | 0. 229 886 | 0. 235 465 | 0. 243 487 |
| 手术占门诊收入的比重 | 0. 017 844 72 | 0. 015 626 | 0. 020 675 | 0. 013 516 |
| 化验收入占门诊收入的比重 | 0. 204 225 35 | 0. 209 052 | 0. 225 579 | 0. 186 729 |

**表 4 – 25　广东省 E 县人民医院 2007 ~ 2010 年住院及子项目收入情况统计表**

单位：千元

| 项目 | 2010 年 | 2009 年 | 2008 年 | 2007 年 |
|---|---|---|---|---|
| 住院收入 | 68 786 | 55 609 | 43 222 | 36 285 |
| 其中：床位收入 | 7 128 | 6 379 | 5 890 | 5 196 |
| 诊察收入 | 491 | 438 | 384 | 623 |
| 检查收入 | 7 759 | 5 024 | 3 255 | 3 407 |
| 治疗收入 | 30 686 | 28 426 | 21 712 | 18 684 |
| 手术收入 | 10 368 | 9 064 | 7 736 | 5 283 |

续表

| 项目 | 2010 | 2009 | 2008 | 2007 |
|---|---|---|---|---|
| 化验收入 | 8 686 | 6 278 | 4 245 | 3 092 |
| 护理收入 | 3 666 | | | 0 |
| 手术占住院收入比重 | 0. 150 728 | 0. 162 995 | 0. 178 983 | 0. 145 597 |

国家在2013年开始加大力度进行改革，并且在县级医院试点取消“以药养医”机制。但政府与医院博弈中仍然处于信息的弱势地位，医生的“以械养医”“以耗材养医”的行为仍然有存在的空间。而且从次数与收入的正相关关系来看，对于工作收入不满意的医生有动力通过提高患者就诊次数，提高检查、化验等方面的开支，以期提高自身的收入，这些都将导致医患关系的恶化。正如前文所述，医患关系和工作满意度存在较为显著的恶性循环机制，医生增加患者的就诊次数，一方面增加了患者的时间成本，另一方面让患者增加了开支（例如检查、化验等方面的开支），这些都会导致医患关系的进一步恶化，从而导致医生工作满意度的进一步恶化。

#### 4.2.3.3 对县乡及高低职称医生子样本的进一步分析

县级医疗机构与乡镇卫生院同样是服务农民、服务基层，但是县级医疗机构的医生和乡镇卫生院的医生信息强势地位不一样。我们的研究结果显示，费用和接待病人次数对县级医疗机构医生的工作收入影响程度明显高于乡镇卫生院，这在一定程度上反映了县级医院可能存在的信息强势地位。在我们前面的研究中，发现县级医院的工作收入对医生离职倾向的影响较为显著，甚至大于乡镇卫生院的影响，所以我们推测在县级医疗机构中也存在“以药养医”的问题。封进（2010）认为新农合带来了成本价格的上升，而且县级医院较为显著，这也与本文的逻辑一致。从乡镇卫生院来看，就诊费用和接待病人次数也和医生收入存在显著关系，对于农村卫生骨干的乡镇卫生院来说，也存在“以药养医”的行为。即使对于第一道门槛的乡镇卫生院来说，西药的比重也占绝大多数，从我们调研情况来看，甚至有的乡镇卫生院近乎100%的药品收入来源于西药（见表4－26），西药本身较高的价格也加重了农民的负担。由于乡镇卫生院设备水平较简陋，医患关系更为紧张，工作收入不满意易引发“以药养医”行为，而“以药养医”又带来了医患关系紧张，进一步恶化了工作满意度。

**表 4-26　广东省 C 县级市部分卫生院 2010 年收入情况统计表**

单位：元

| | A 乡镇卫生院 | B 乡镇卫生院 | C 乡镇卫生院 | D 乡镇卫生院 | E 乡镇卫生院 | F 乡镇卫生院 |
|---|---|---|---|---|---|---|
| 药品收入 | 5 146 116 | 996 107 | 5 492 886 | 3 040 139 | 1 627 462 | 2 633 588 |
| 门诊收入 | 2 832 729 | 352 650 | 2 535 179 | 932 243 | 517 297 | 552 285 |
| 西药收入 | 2 832 729 | 352 650 | 2 216 344 | 817 908 | 517 297 | 552 285 |
| 中成药收入 | | | | | | |
| 中草药收入 | | | 318835 | 114335 | | |
| 住院收入 | 2 313 386 | 643 457 | 2 957 706 | 2 107 896 | 1 110 166 | 2 081 304 |
| 西药收入 | 2 313 386 | 643 457 | 2 957 706 | 2 101 174 | 1 110 166 | 2 081 304 |
| 中成药收入 | | | | | | |
| 中草药收入 | | | | 6 722 | | |
| 药品支出 | 4 936 518 | 843 127 | 5 070 209 | 3 046 303 | 1 463 089 | 2 602 517 |

# 4.3　小结

从上述结果中我们可以看到收入满意度对医患关系有显著的影响作用，如前面所研究的，医患关系和工作满意度之间存在恶性循环机制。根据文献和调研访谈，我们推测工作收入加剧了工作不满意与医患关系紧张之间的恶性循环，主要表现在以下几个方面：

第一，对工作收入的不满意严重影响了医生的工作心情与工作状态，导致了医患关系紧张。医疗服务本身具有信息垄断性的特点，患者处于弱势地位。而在医疗服务这种特殊的活动中，许多患者因为失去健康处于心情抑郁状态，需要更多的人文关怀。但是由于医生对于收入不满意，导致许多医生的工作满意度下降，工作状态也受到了影响，可能导致医生降低对病人的服务质量与人文关怀。有些医生对于患者的询问、咨询表现出不耐烦，使本已抑郁的患者心情更加雪上加霜，增加了医患之间的沟通成本，最终导致医患双方关系紧张（Katz，1999；孙忠河，曹长春，2012）。正如我们研究所显示的，紧张的医患关系进一步恶化了医生的工作满意度。

第二，由于对工作收入不满意使得医生的工作满意度下降，优秀医生具有更多的选择机会、存在更大的离职倾向以寻求工作出路。基层卫生机构的

骨干医生倾向于选择效益较好的医院，甚至会选择民营医疗机构。优秀的基层医疗卫生人力流失比较严重，严重阻碍了基层卫生服务质量的提高。据俞林伟（2010）对1 523名医学毕业生的研究来看，选择“县级医院”和“乡镇卫生院”的比例为18.44%，7.51%，共计25.59%。选择“大型三甲医院”“市级医院”为38.73%，33.54%，共计72.27%。基层卫生服务质量的提高不足，进一步加剧了患者对于农村卫生服务的不信任，医患关系更为紧张，加剧了农村医生的工作满意度和医患关系之间的恶性循环。

第三，收入不满意导致“以药养医”的出现。在我国当前医疗服务价格体制下具体制定价格的是物价局，卫生主管部门主要提供参考意见，而定价方案最终由政府审批，另外还有财政部门等参与相关工作。① 这种经过多方磋商的价格，提价较为慎重，滞后于其他要素价格的上升。由于工作收入较低，导致了医生普遍对工作满意度较低，作为医患双方之间信息强势方，医生为提高收入更倾向于通过开高价药、开大处方、过度检查等方法提高个人和医院的收入水平。在这种机制下，医生往往倾向根据自身经济收益的高低和患者支付能力的大小而不是患者病情需要决定所使用药物和设备检查的种类和数量（朱恒鹏，2010），而这些恰恰是当前医患矛盾的焦点。恶化的医患关系又加剧了患者对医生的不信任，处于弱势方的患者，面对医疗事故甚至采取一些极端的行为，更加让医生职业安全受到挑战。这样的恶性循环导致医生工作满意度和患者的信任程度难以有效提高。

第四，从县级公立医院和乡镇卫生院的角度来看，工作收入对这两个机构医生的工作满意度影响较为显著，工作收入对于县级医院医生的离职倾向更为敏感，我们认为原因集中在县级医院医生较大的机会成本之上。而且相比乡镇卫生院医生，县级医院医生的工作收入和治疗费用、诊疗次数又有着更为直接的关系，所以我们认为县级医院医生通过药品来提高自身收入的现象更为严重。

第五，从高低职称来看，工作收入对于高职称医生的工作满意度和离职倾向更为敏感。笔者认为，与县级医院医生类似，高职称医生存在更多的机会成本。高职称医生工作收入和治疗费用、诊疗次数也有着密切的关系，作为信息强势方，高职称医生可以更为便利地进行“以药养医”的行为。

---

① 周丽. 我国公立医院行为绩效分析. 北京：经济科学出版社，2011：第74页。

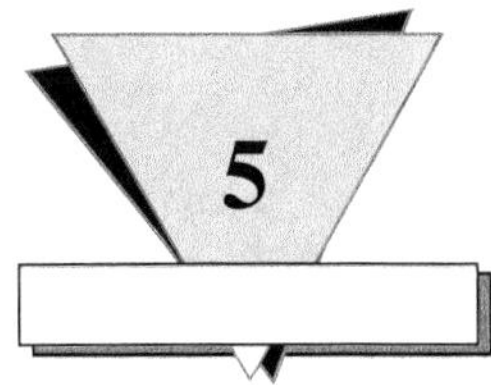

# 医院管理对农村公立医院医生工作满意度的影响机制研究

## 5.1 引言

工作收入提供物质的激励，而医院管理则提供了医生工作的软环境。医生和其他的职业有所不同，医生服务对象是身心健康有缺陷的患者，其工作结果与人民的生命和健康密切关系，个体差异性、病情的异质性和科学技术的有限性都导致医生的工作努力并不能直接反映到患者的治疗结果上。另一方面，患者病情有较大突发性，这使得医生工作强度较重，不能遵守其他行业员工八小时的工作制度，工作时间的不固定也让医生承受了其他职业鲜有的压力。医生又属于知识型员工，在医院服务中处于主体地位，具有独立的价值观和自我发展的意识，我们不能单纯运用物质激励来提高医生的工作积极性。良好的管理在对于知识型员工有着重要作用，提高医生的工作积极性不能离开有效的管理体制。Bloom & Van Reenen（2007）认为管理可以与技术类比，可以区分出好的和坏的，会提高或降低生产力，他们将管理视为生产无效率的重要影响因素，并且这些无效率的管理可以保持很长时间不变。

虽然我国目前加强了“工业反哺农业，城市支持农村”的政策，对农村发展越来越重视，但我国城乡二元经济之间存在的客观差距，使得农村医疗机构的设备相比城市医疗机构更为简陋，农村医生的人力资本在医疗服务中应当起着重要的作用。

农村医生作为知识型员工具有下列特点：

第一，农村医生往往受过系统的训练，具有较扎实的专业知识、丰富的专业技能。

在我们调研中，99%以上的农村医生具有中专以上学历，受过本科以上教育的医生也在34%以上（见表5－1）。在文化相对落后的农村，医生属于知识精英，在医疗服务中起着重要的作用。肖兴政、刘燕（2010）研究指出，从管理学的角度来看，知识型员工更喜欢宽松、灵活、民主、自主的工作环境，更加追求自主性、个性化、多样化，要求拥有较大的工作范围与权限，注重自我引导和自我管理。刻板的工作要求（例如教条的工作纪律）会降低知识型员工的工作效率。由于农村医生具有较强的自主性，所以流水线式的管理难以调动农村医生的工作积极性。

**表5-1 农村公立医院医生教育水平分布**

| | 频率 | 百分比 |
|---|---|---|
| 中专 | 261 | 22.08 |
| 大专 | 513 | 43.4 |
| 本科 | 394 | 33.33 |
| 硕士及以上 | 10 | 0.85 |
| 其他 | 4 | 0.34 |
| 总体 | 1 182 | |

第二，农村医生作为知识型员工，具有自我增值和自我实现的强烈愿望和能力，单靠物质激励难以真正调动员工的积极性。

从医生的角度来看，自我人力资本的积累对其未来职业生涯具有重要作用，如果不能提供较强的自我增值与自我提升，对于农村医生尤其是较为年轻受过系统专业训练的农村医生是不利的。而农村医疗机构处于我国医疗体系的低端，提升和发展空间有限，如何提供更多的提升机会和培训机会成为激励农村医生的重要问题。一些农村医疗机构忽视对医生的培训和人力资本的开发，医生接受提升自我的机会不多，这些都不利于提高医生的工作满意度和工作积极性。

第三，由于医生在医疗领域中掌握较为先进的技术，而且在医疗服务中更强调个人的作用，对于自上而下的刚性管理较为排斥。

我国目前基层医院大多是事业单位，自上而下的管理模式仍然处于主流，尤其是主要领导的任命更多是上级政府部门指定。如何协调农村医生的自主性给医院管理带来了较大的挑战。

第四，医生作为知识密集型的员工，组织的忠诚度较低，岗位流动性较强。

一方面医疗服务逐步市场化之后，民营医院逐渐兴起，基层公立医院虽然相对稳定，但是由于薪酬、管理等方面的原因，使得医生离开公立医院进入民营医院的现象屡见不鲜。另一方面，农村医疗机构处于卫生系统的低端，许多医生，尤其是个人能力较强的医生具有向上攀升的动力。另外，城市生活条件等基础设施优于农村，让农村医生更有动力向城市流动。尤其是作为农村三级医疗机构龙头的县级医院，许多医生具有较高的学历和较强的经验，

能够通过向更高级的医院流动来提高自己的个人价值。医疗卫生服务的合理流动可以提高整体医疗配置的效率，但是如果优秀的医生都向城市流动，农村医疗服务质量将会大幅下降，这些都给我们管理带来较为复杂的局面。农村医疗机构的社会价值与农村医生的个人价值如何一致起来成为当前面临的重要问题。

考虑到农村医生的特殊性，本章对医院管理对农村医生工作满意度的影响机制进行研究。首先对管理和医生工作满意度的关系从子样本的角度进行更为细致的分析，然后从管理的各维度（培训、提升和绩效管理）对工作满意度的影响进行讨论。

## 5.2 医院管理、离职倾向和医生工作满意度的实证分析

在本节中，我们对医院管理的整体满意度、医患管理对工作满意度和离职倾向的影响进行研究。与第四章类似，我们引入离职倾向，一方面作为工作满意度的稳健性检验，另一方面通过对离职倾向的分析挖掘医院管理对医生工作状态的影响机制。最后，我们将分县级医院、乡镇卫生院，高职称医生、低职称医生对工作满意度进行更为细致的分析。

### 5.2.1 模型选取

与第四章类似，本章利用 Bioprobit 考察医院管理对医生工作满意度影响：

$$\begin{cases} U^* = S_1\varphi_1 + org \times \iota + \zeta_1 \\ org^* = S_2\varphi_2 + \zeta_2 \end{cases}$$

其中：$U^*$ 是不可观测的实际的工作满意度，我们可以观测到的医生的工作满意度分为“不满意”“一般”“满意”三类；$org^*$ 是不可观测的医院管理满意度，我们可以观测的医院管理满意度分为“满意”“其他”两类。即：

$$U = \begin{cases} 1 = \text{不满意} & \text{如果 } U^* > u_1 \\ 2 = \text{一般} & \text{如果 } u_1 < U^* \leqslant u_2 \\ 3 = \text{满意} & \text{如果 } u_2 < U^* \end{cases}$$

$$org = \begin{cases} 1 = \text{满意} & \text{如果 } org^* > e1 \\ 0 = \text{其他} & \text{如果 } org^* \leqslant e1 \end{cases}$$

$S_1$ 是影响医生工作满意度的其他控制变量，$\zeta_1$ 为工作满意度方程的误差项。类似地，$S_2$ 是影响医院管理满意度的其他控制变量，$\zeta_2$ 为医院管理满意度方程的误差项。

对应的似然方程和似然函数与第四章讨论工作收入影响工作满意度的模型完全类似，这里不再赘述。

### 5.2.2 实证分析

#### 5.2.2.1 整体样本分析

为克服医院管理满意度的内生性，一致地估计医院管理满意度对医生的工作满意度的影响，我们采用双变量有序 Probit 估计方法进行估计。同时作为对比，给出有序 Probit 以及同时克服医院管理和病人信任程度的递归方程系统估计方法的估计结果。表 5－2 第 1 列是有序 Probit 的估计结果。第 2、3 列分别对应的是 Bioprobit 对工作满意度和医院管理满意度的估计结果。第 4、5、6 列分别是递归方程系统对应的工作满意度、医院管理满意度和病人的信任程度三个方程的估计结果。

从表 5－2 可以看出，第 2 列和第 3 列对应的 Bioprobit 对工作满意度方程的估计结果显示，医院管理对医生的工作满意度有显著的影响，估计系数统计检验在 1% 的置信水平下显著。第 2 列 Bioprobit 估计对应的辅助参数 atanhrho_ 12 在 1% 的显著水平上显著异于 0，表明医院管理满意度为内生变量，内生性检验结果表明，Bioprobit 的估计结果是可信的。进一步考虑医患关系的内生性，并同时作为对比，我们用递归方程系统给出了医院管理和病人信任程度的估计结果。从表 5－2 的第 4 列、第 5 列和第 6 列可以看出，医院管理对医生的工作满意度有显著的影响，且远远大于单方程 Probit 的估计结果，且对应的辅助参数 atanhrho_ 12 在 1% 的显著水平上显著异于 0，表明医院管理满意度为内生变量，说明递归方程系统的估计结果也可作为参考。Bioprobit 估计和递归系统估计均表明医院管理对医生的工作满意度有显著的影响，同时也互相印证了结果的稳健性。

综上所述，医院管理对医生的工作满意度有显著的影响，医院管理满意度越高的医生，医生的工作满意度越高。为了进一步理解医院管理对不同类型的医生工作满意度的影响，本文按照县乡和职称对医生的工作满意度分别进行实证分析。

**表 5－2 医院管理对医生工作满意度的影响**

| 解释变量 | 有序 Probit | Bioprobit | | 递归方程系统 | | |
|---|---|---|---|---|---|---|
| | 工作满意度 | 工作满意度 | 医院管理满意度 | 工作满意度 | 医院管理满意度 | 病人的信任程度 |
| 医院管理满意度 | 1.604 ***<br>(0.0958) | 2.367 ***<br>(0.228) | | 2.253 ***<br>(0.213) | | |
| 病人的信任程度 | | | | 0.858 ***<br>(0.31) | | |
| 年龄 | 0.00829 *<br>(0.00474) | 0.00888 *<br>(0.0049) | －0.000639<br>(0.00551) | 0.00123<br>(0.00558) | －0.00113<br>(0.00562) | 0.0238 ***<br>(0.00571) |
| 性别 | 0.057<br>(0.0783) | 0.043<br>(0.0815) | －0.0143<br>(0.0924) | 0.0629<br>(0.08) | －0.0194<br>(0.0921) | －0.0747<br>(0.0949) |
| 大专 | －0.00992<br>(0.105) | 0.0462<br>(0.108) | －0.0193<br>(0.119) | 0.0794<br>(0.105) | －0.0422<br>(0.12) | －0.0339<br>(0.128) |
| 本科及以上 | －0.109<br>(0.112) | －0.0577<br>(0.117) | 0.144<br>(0.134) | 0.0304<br>(0.119) | 0.111<br>(0.135) | －0.175<br>(0.143) |
| 与社会工资比较 | －0.0624<br>(0.0413) | －0.0667<br>(0.0437) | 0.00867<br>(0.0452) | －0.0793 **<br>(0.0391) | 0.00709<br>(0.0449) | 0.107 **<br>(0.0468) |
| 工作压力 | －0.239 ***<br>(0.0528) | －0.175 ***<br>(0.067) | －0.161 ***<br>(0.0604) | －0.139 **<br>(0.0603) | －0.171 ***<br>(0.0615) | 0.0233<br>(0.0652) |
| 每天工作时间 | －0.0215 *<br>(0.012) | －0.0187<br>(0.014) | 0.011<br>(0.0151) | －0.0174<br>(0.0111) | 0.0111<br>(0.0166) | －0.00236<br>(0.0128) |
| 每周加班次数 | －0.00218<br>(0.018) | 0.0103<br>(0.0156) | －0.0479 ***<br>(0.0175) | 0.009<br>(0.0121) | －0.0470 ***<br>(0.0173) | 0.0000498<br>(0.0149) |
| 医院管理满意度的群体效应 | | | 2.893 ***<br>(0.44) | | 2.825 ***<br>(0.382) | |
| 病人信任程度的变化 | | | | | | 0.207 ***<br>(0.0389) |
| 病人信任程度的群体效应 | | | | | | 0.166<br>(0.333) |

续表

| 解释变量 | 有序 Probit | Bioprobit | | 递归方程系统 | | |
|---|---|---|---|---|---|---|
| | 工作满意度 | 工作满意度 | 医院管理满意度 | 工作满意度 | 医院管理满意度 | 病人的信任程度 |
| atanhrho_ 12<br>Constant | | -0.750 **<br>(0.36) | | -0.495 **<br>(0.235) | | |
| atanhrho_ 13<br>Constant | | | | -0.817 ***<br>(0.271) | | |
| atanhrho_ 23<br>Constant | | | | 0.178 ***<br>(0.0627) | | |
| pseudo R - sq | 0.223 | | | | | |
| Log pseudolikelihood | -787.9807 | -1208.2714 | | -1714.8014 | | |
| N | 1040 | 911 | 925 | | | |

#### 5.2.2.2 稳健性检验

为了使估计结果更为一致，我们运用双变量有序 Probit 模型（Bioprobit）估计医院管理和医患关系对离职倾向的影响。作为对比，我们同时也给出了 Probit 的估计结果（见表 5 - 3）。从表 5 - 3 可以看出，医院管理和医患关系对医生的离职倾向有显著的负面影响：医院管理越满意，医患关系越满意，农村医生的离职倾向越低。表 5 - 3 中第 2 列医患关系的工具变量——被访者所在医院医患关系平均水平的估计系数显著，表明医患关系工具变量的选取较为合适。对应的内生性检验辅助参数 atanhrho_ 12 的估计系数显著，拒绝医患关系是外生变量的假设，即表明医患关系是内生变量。类似地，表 5 - 3 第 4 列中医院管理的工具变量——被访者所在医院的医院管理平均水平的估计系数显著，表明医院管理工具变量的选取较为合适，同时对应的内生性检验辅助参数 atanhrho_ 12 的估计系数不显著，不能拒绝医院管理是外生变量的假设，因此，表 5 - 3 的第 2 列和第 3 列的双变量有序 Probit 模型估计结果更为可信。从表 5 - 3 的第 2 列和第 3 列的估计结果可知，医院管理满意度和医患关系显著影响农村医生的离职倾向，且医患关系具有内生性。

**表 5-3　医院管理对医生离职倾向的影响**

| 解释变量 | 有序 Probit | Bioprobit | | Bioprobit | |
|---|---|---|---|---|---|
| | 离职倾向 | 离职倾向 | 医患关系 | 离职倾向 | 医院管理 |
| 医院管理满意度 | -0.386*** | -0.355*** | | -0.765*** | |
| | (0.0785) | (0.0766) | | (0.272) | |
| 病人的信任程度 | -0.226*** | -1.030*** | | -0.223*** | |
| | (0.0856) | (0.292) | | (0.0844) | |
| 年龄 | 0.122*** | 0.141*** | 0.0788* | 0.119*** | 0.00442 |
| | (0.0327) | (0.0325) | (0.0406) | (0.0336) | (0.037) |
| 年龄平方 | -0.147*** | -0.163*** | -0.073 | -0.143*** | -0.00735 |
| | (0.0415) | (0.0414) | (0.0532) | (0.0427) | (0.0475) |
| 性别 | -0.0368 | -0.0487 | -0.0636 | -0.0276 | 0.0494 |
| | (0.0772) | (0.0761) | (0.0896) | (0.0769) | (0.0885) |
| 大专 | 0.14 | 0.117 | 0.121 | 0.115 | -0.112 |
| | (0.102) | (0.1) | (0.123) | (0.104) | (0.118) |
| 本科及以上 | 0.214* | 0.134 | 0.0458 | 0.183 | 0.0199 |
| | (0.114) | (0.117) | (0.136) | (0.116) | (0.131) |
| 与社会工资比较 | 0.137*** | 0.141*** | 0.0785* | 0.135*** | 0.0226 |
| | (0.0377) | (0.0372) | (0.0438) | (0.038) | (0.0438) |
| 工作压力 | 0.237*** | 0.202*** | -0.00167 | 0.216*** | -0.127** |
| | (0.0529) | (0.0564) | (0.0634) | (0.0539) | (0.0579) |
| 每天工作时间 | 0.0176 | 0.0169 | -0.00351 | 0.0193 | 0.014 |
| | (0.016) | (0.0153) | (0.00748) | (0.0171) | (0.012) |
| 每周加班次数 | 0.0011 | 0.006 | 0.0315* | -0.00378 | -0.0428** |
| | (0.0158) | (0.0152) | (0.0164) | (0.0164) | (0.017) |
| 病人信任程度的群体效应 | | | 2.526*** | | |
| | | | (0.419) | | |

续表

| 解释变量 | 有序 Probit | Bioprobit | | Bioprobit | |
|---|---|---|---|---|---|
| | 离职倾向 | 离职倾向 | 医患关系 | 离职倾向 | 医院管理 |
| 医院管理满意度的群体效应 | | | | | 3.039 ***<br>(0.313) |
| 是否加入县虚拟变量 | 是 | 是 | 是 | 是 | 是 |
| atanhrho_ 12 Constant | | 0.619 **<br>(0.275) | | 0.263<br>(0.19) | |
| pseudo R - sq | 0.084 | | | | |
| Log likelihood | | -1480.5498 | | -1536.3486 | |
| N | 1010 | 1004 | | 1010 | |

#### 5.2.2.3 医院管理对县、乡医院医生工作满意度影响的估计结果

类似于对整体样本的实证分析，表5-4是利用Bioprobit考察分县级医疗机构和乡镇卫生院医生子样本下，医院管理对医生工作满意度影响的估计结果。表5-4第1列是利用Probit考察医院管理对乡镇卫生院医生工作满意度的估计结果。第2、3列是利用Bioprobit考察医院管理对乡镇卫生院医生工作满意度的估计结果。表5-4第4列是利用Probit考察医院管理对县级医疗机构医生工作满意度影响的估计结果。第5、6列考察的是医院管理对县级医疗机构医生工作满意度影响的估计结果。

表5-4中第2列辅助参数atanhrho的估计系数不显著，表明医院管理在乡镇卫生院医生子样本中是外生变量，从而我们转向表5-4第1列的有序Probit估计，从表5-4第1列可以看出，医院管理对乡镇卫生院医生的工作满意度有显著的影响作用。从表5-4第5列可以看出，医院管理对县级医疗机构医生的工作满意度有显著的影响，且辅助参数atanhrho的估计系数在5%的显著水平上，显著异于0，表明医院管理在县级医院医生子样本中是内生变量，因而我们认为表5-4第5列和第6列以医院管理为内生变量的双变量有序Probit估计是可信的。进一步比较发现，医院管理对县级医院医生工作满意度的影响大于乡镇卫生院医生。

**表 5-4 分县乡两级医疗机构医生考察医院管理对医生工作满意度的影响**

| 解释变量 | 乡镇卫生院 | | | 县级医院 | | |
|---|---|---|---|---|---|---|
| | 有序 Probit | Bioprobit | | 有序 Probit | Bioprobit | |
| | 工作满意度 | 工作满意度 | 医院管理 | 工作满意度 | 工作满意度 | 医院管理 |
| 医院管理满意度 | 1.538 *** | 1.604 * | | 1.699 *** | 2.377 *** | |
| | (0.137) | (0.954) | | (0.141) | (0.253) | |
| 年龄 | 0.00449 | -0.00106 | -0.00281 | 0.0061 | 0.0103 | 0.004 |
| | (0.00724) | (0.00786) | (0.00816) | (0.00688) | (0.0072) | (0.00819) |
| 性别 | 0.081 | 0.144 | 0.167 | 0.071 | 0.0721 | -0.143 |
| | (0.117) | (0.131) | (0.139) | (0.112) | (0.115) | (0.132) |
| 大专 | -0.0375 | 0.00644 | -0.0475 | -0.146 | -0.126 | -0.0239 |
| | (0.133) | (0.144) | (0.15) | (0.21) | (0.233) | (0.252) |
| 本科及以上 | -0.122 | -0.0877 | -0.22 | -0.245 | -0.279 | 0.268 |
| | (0.194) | (0.229) | (0.235) | (0.214) | (0.242) | (0.263) |
| 与社会工资比较 | -0.00525 | -0.0188 | -0.0568 | -0.0982 * | -0.123 ** | 0.0849 |
| | (0.06) | (0.0686) | (0.0654) | (0.0596) | (0.0609) | (0.0656) |
| 工作压力 | -0.277 *** | -0.328 *** | -0.103 | -0.190 ** | -0.105 | -0.247 *** |
| | (0.0749) | (0.0887) | (0.0868) | (0.0819) | (0.0918) | (0.0908) |
| 每天工作时间 | -0.0392 ** | 0.0466 * | 0.0518 ** | -0.0118 | 0.000598 | -0.0431 |
| | (0.0154) | (0.0243) | (0.0232) | (0.0129) | (0.0075) | (0.0372) |
| 每周加班次数 | 0.0129 | 0.02 | -0.0338 | -0.0419 ** | -0.033 | -0.0423 |
| | (0.0196) | (0.02) | (0.0293) | (0.0198) | (0.0216) | (0.0267) |
| 医院管理满意度的群体效应 | | | 3.324 ** | | | 3.413 *** |
| | | | (1.465) | | | (0.486) |
| atanhrho_ 12 Constant | | -0.0317 | | | -0.655 ** | |
| | | (0.589) | | | (0.288) | |
| pseudo R-sq | 0.228 | | | 0.252 | | |
| Log likelihood | -371.54125 | -586.00638 | | -398.02449 | -596.12266 | |
| N | 496 | 430 | | 544 | 481 | |

#### 5.2.2.4 医院管理对高、低职称医生工作满意度影响的估计结果

表5-5是分高低职称医生子样本考察医院管理对医生工作满意度的影响。表5-5第2列估计结果表明，医院管理对高职称医生工作满意度有显著的影响作用，且辅助参数atanhrho估计系数在1%的显著性水平上显著，表明Bioprobit估计结果是可信的。表5-5第4列表明，医院管理对低职称医生工作满意度有显著的影响作用。进一步比较可以发现，医院管理满意度对高职称医生的工作满意度影响大于低职称医生。

**表5-5 分职称考察医院管理对高低职称医生子样本工作满意度的影响**

| 解释变量 | 高职称医生 | | | 低职称医生 | | |
|---|---|---|---|---|---|---|
| | 有序Probit | Bioprobit | | 有序Probit | Bioprobit | |
| | 工作满意度 | 工作满意度 | 医院管理满意度 | 工作满意度 | 工作满意度 | 医院管理满意度 |
| 医院管理满意度 | 1.894*** | 2.923*** | | 1.536*** | 2.118*** | |
| | (0.168) | (0.141) | | -0.117 | -0.427 | |
| 年龄 | 0.0134 | 0.0159 | -0.0171 | -0.00519 | -0.00851 | 0.000591 |
| | (0.0109) | (0.0104) | (0.0107) | (0.00735) | (0.00782) | (0.00843) |
| 性别 | -0.0695 | -0.181 | -0.00469 | 0.0683 | 0.117 | -0.0192 |
| | (0.139) | (0.13) | (0.145) | (0.0988) | (0.105) | (0.119) |
| 大专 | -0.0894 | 0.188 | -0.258 | -0.0786 | -0.0375 | 0.118 |
| | (0.192) | (0.198) | (0.209) | (0.135) | (0.141) | (0.151) |
| 本科及以上 | -0.103 | 0.0622 | -0.065 | -0.290* | -0.258 | 0.171 |
| | (0.215) | (0.21) | (0.219) | (0.151) | (0.164) | (0.186) |
| 与社会工资比较 | -0.174** | -0.131* | 0.00622 | -0.0265 | -0.0542 | -0.00238 |
| | (0.0753) | (0.0761) | (0.0803) | (0.0515) | (0.0556) | (0.0575) |
| 工作压力 | -0.152 | -0.00852 | -0.168* | -0.283*** | -0.269*** | -0.193** |
| | (0.0994) | (0.0953) | (0.0983) | (0.0673) | (0.0979) | (0.0792) |
| 每天工作时间 | -0.0167 | -0.00368 | -0.0209 | -0.0338** | -0.0359** | 0.0209 |
| | (0.0155) | (0.0169) | (0.036) | (0.0164) | (0.0172) | (0.0219) |
| 每周加班次数 | -0.0467* | -0.0341 | -0.042 | 0.00392 | 0.0131 | -0.0535** |
| | (0.0248) | (0.0248) | (0.0268) | (0.0191) | (0.0175) | (0.0225) |

续表

| 解释变量 | 高职称医生 | | | 低职称医生 | | |
|---|---|---|---|---|---|---|
| | 有序 Probit | Bioprobit | | 有序 Probit | Bioprobit | |
| | 工作满意度 | 工作满意度 | 医院管理满意度 | 工作满意度 | 工作满意度 | 医院管理满意度 |
| 医院管理满意度的群体效应 | | | 2.853*** (0.313) | | | 2.655*** (0.567) |
| atanhrho_ 12 Constant | | | -14.92*** (3.076) | | -0.484 (0.439) | |
| pseudo R - sq | 0.289 | | | 0.221 | | |
| N | 383 | 340 | | 641 | 557 | |

## 5.2.3 可能性分析

### 5.2.3.1 管理对医生工作满意度的影响机制分析

从我们实证研究中，我们发现医院管理对工作满意度有着显著的影响，且医患关系与工作满意度存在较为显著的内生性。我们认为医院管理强化了医患关系与工作满意度的恶性循环。当前我国农村医疗机构大多属于事业单位，医院院长任命仍属于准行政官员任命，选拔任用标准先着眼于政治表现，而非人面积的公开招聘、择优录取。考核院长的标准主要是对政策的执行情况和对上负责的程度，而非全面地关注其任职期间经济效益指标和社会效益指标，考核中往往顾此失彼，没有建立起科学、合理的考核体系。① 经过上级选拔出来的院长在决策过程中往往忽视具有较强专业知识医生的需求，甚至有些医院院长依赖权力的影响，强调个人能力和个人经验，缺乏对医生的尊重。在我们调研过程中发现，许多医生对院长仅仅是被动的执行命令，唯命是从，缺乏话语权，农村医生普遍存在的工作积极性不高、士气低落也和这种管理模式有着密切的关系。对医院管理的不满使得医生工作满意度下降，降低工作积极性，缺乏对于患者的耐心，与前面的分析类似，这样加剧了工作满意度和医患关系之间存在的恶性循环。

① 蒋祥虎．公立医院运行机制改革创新研究．北京：中国经济出版社，2005：第38页。

农村医疗机构处于医疗体系的末端，无论在争取资源还是话语权上都处于劣势。在访谈中，我们发现农村医生普遍对职业发展表示无奈，对医院管理不满意。从我们对于离职倾向的实证结果也能够看到，医生对于医院管理的不满较为显著地影响了离职倾向，优秀的医生离开了医疗服务行业，降低了医疗服务质量，加剧了患者对于医生的不信任，患者的不信任又加剧了医生的工作不满意。医院管理加剧了医生工作满意度和医患关系紧张之间存在的恶性循环关系，成为农村卫生医疗服务难以有效提高的重要原因。

**5.2.3.2　管理对县、乡医院医生工作满意度的影响分析**

医院管理对县乡两级医生的工作满意度有显著的影响，且对县级医疗机构医生的工作满意度影响大于乡镇卫生院医生。表5－6列出了县乡两级医疗机构医生教育水平的分布情况。我们从学历分布来看，县级医院本科学历达到51.72%、专科学历达到35.19%、中专为11.46%。而乡镇卫生院中专为33.45%、大专为52.19%、本科仅仅为13.66%。从学历分布来看，我们发现县级医院的学历大多集中在本科，专科其次，中专最少，而乡镇卫生院则是大专最多、中专其次、本科最少，具有较高文化素质的县级医院医生向上流动的可能性更多。从个人的角度来看，在农村从事医疗服务的机会成本也较大，所以县级公立医院医生对医院管理表现更为敏感。

**表5－6　县乡两级医疗机构医生教育水平分布**

| | 县级医院 | | 乡镇卫生院 | |
|---|---|---|---|---|
| | 频率 | 百分比 | 频率 | 百分比 |
| 中专 | 70 | 11.46 | 191 | 33.45 |
| 大专 | 215 | 35.19 | 298 | 52.19 |
| 本科 | 316 | 51.72 | 78 | 13.66 |
| 硕士及以上 | 10 | 1.64 | 0 | 0 |
| 其他 | | | 4 | 0.7 |
| 总体 | 611 | 100 | 571 | 100 |

从乡镇卫生院来看，医院管理和医生工作满意度也存在密切的关系。结合现有文献（马金根，2012），我们推测乡镇卫生院处于医疗体系的最底端，管理也有待改进。由于乡镇卫生院的医患关系、工作收入与医院管理都存在

较大问题，导致乡镇卫生院医生的离职倾向加大，整体服务能力下降（王靖元，2006；马清华，2012），进一步加剧了医患关系紧张，最终导致乡镇卫生院病人数量门可罗雀（郑树清，2006）。

#### 5.2.3.3 管理对高、低职称医生工作满意度的影响分析

分职称来看，医院管理对高职称医生和低职称医生都存在较为显著的影响，但从影响力度来看，医院管理对低职称医生工作满意度的影响大于对高职称医生工作满意度的影响。通过调研与访谈，我们发现：高职称的医生在医院管理中有更多的话语权，例如很多高职称医生同时也在医院担任一定的领导职务（例如院领导、科室主任）。

以我们访谈的甘肃省 B 县人民医院（共计 191 个医务人员）为例。该院领导干部包括：一个院长，3 个副院长，1 个书记和 1 个工会主席，2010 年，该院主要领导（院长、2 位副院长、1 位书记）均为副主任医生职称，年龄结构上 50 后有 3 位、60 后 2 位、70 后仅 1 位。

根据我们访谈，该医院院长、书记、3 位副院长和工会主席组成了该医院的决策层，所谓“进班子”。在这样的机制下，年轻医生的话语权较小。由于低职称医生在管理中缺乏相应的话语权，导致低职称医生的工作满意度对医院管理更为敏感。

综上所述，医生作为知识型员工，如果个人价值和医院的价值无法统一，将导致医院丧失对医生的凝聚力，从而使知识型员工缺乏对企业的归属感和责任感。管理加剧了医生工作满意度和医患关系之间的恶性循环，对于管理的不满意也成为农村医生工作状态不高的重要因素。下文我们进一步将管理进行细化，来讨论管理的各维度对农村医生的影响。

## 5.3 管理各维度对工作满意度的影响

### 5.3.1 引言

农村医生属于知识型员工，有着实现自我追求的目标，对其管理应当包括提升机会、绩效管理、培训机会等方面的内容。上一节我们研究整体满意度，也是建立在对这些维度的综合评价基础之上。

#### 5.3.1.1　提升机会

提升机会是对知识型员工的重要激励措施与管理手段。对于农村医生来说，笔者认为提升机会包含了两个方面的内容：一方面是职称和职务的提升；另一方面是技术的提升（包括人力资本的积累）。尤其对于知识型员工，提升机会属于实现自身价值的重要组成部分，如果通过自己的努力难以得到较好的提升机会，将不利于员工的成长。在我们调研过程中，发现许多职工认为自己职业生涯遇到“瓶颈”，由于提升机会较小，晋升无望，使得这些职工一部分产生职业倦怠，安于现状，得过且过，另一部分则不安心工作，有离职的潜在动机，这些都带来了工作满意度下降。

#### 5.3.1.2　绩效管理

绩效的概念根据不同学科、不同研究对象可以有不同的界定，从绩效内涵定义来看，主要包括三种观点：第一种观点认为绩效主要集中在对结果的考核，界定绩效就是为了区分不同的产出业绩，这也是最为广泛的定义；第二种观点认为绩效主要指的是行为，更加侧重对结果不可观测的行为的考察；第三种观点是在第一种和第二种观点基础上引进了时间变量，通过将实现未来绩效纳入当前绩效体系的考察，比较注重绩效与潜能的关系（威廉姆斯，2002）。医院绩效管理是医院管理的重要组成部分，它包括了医院的使命及战略目标、对医院及职工的行为结果及发展预期、绩效评价标准和绩效激励等方面的内容（汪孔亮，2010）。医院的绩效管理和企业绩效管理又不能完全等同，因为社会效益是公立医院承担的重要责任。2009 年 4 月 6 日公布的《中共中央国务院关于深化医药卫生体制改革的意见》，更将社会性与公益性作为公立医院遵循的重要原则，这使得医院的运营目标不是单纯追求利益最大化，医院的绩效管理也不能仅仅集中在医生为医院创造经济利益上。如何让医生的努力在绩效管理中体现出来，是目前医院管理亟须解决的问题。

#### 5.3.1.3　培训机会

医疗服务行业属于人力资本密集型的行业，更新换代较快，需要医生不断学习，以积累人力资本。有文献认为，那些一开始就受培训激励的员工，对组织的承诺感较强，对组织的评价更高（Mathieu & Zajac，1990）。从员工的角度来考虑，培训不仅有助于他们的工作、职业发展，而且可以带来人力资本增值，提高医生的工作积极性。培训机会成为员工激励的重要因素。

本节主要考察管理的三个纬度——提升机会满意度、绩效管理满意度和

培训机会满意度对农村医生工作满意度的影响。

## 5.3.2　变量选取与描述统计

本部分主要对提升机会满意度、绩效管理体制满意度和培训机会满意度等变量选择、度量进行简单的描述和说明。

### 5.3.2.1　提升机会满意度

提升机会满意度要求被访医生在“1 很不满意，2 不满意，3 一般，4 满意及 5 很满意”五个选项中选择最符合其对目前面临的提升机会评价情况的一项。

表 5－7 是提升机会满意度的分布表，从表 5－7 可以看出，总体上，20.99%的农村医生对提升机会表示满意或很满意，表示对提升机会很不满意或不满意的占 25.23%。

**表 5－7　提升机会满意度分布**

| | 很不满意 | 不满意 | 一般 | 满意 | 很满意 |
|---|---|---|---|---|---|
| 频率 | 63 | 234 | 633 | 235 | 12 |
| 百分比 | 5.35 | 19.88 | 53.78 | 19.97 | 1.02 |

表 5－8 是提升机会满意度在县乡两级医疗机构之间的分布情况。从表 5－8 可以看出，有 23.18%的县级医疗机构医生表示对提升机会满意或很满意，而只有 18.67%的乡镇卫生院医生表示对提升机会表示满意或很满意。对提升机会表示很不满意和不满意的比例在县级医疗机构和乡镇卫生院两级医生之间差别不大。

**表 5－8　提升机会满意度在县乡两级医疗机构之间的分布**

| | | 很不满意 | 不满意 | 一般 | 满意 | 很满意 | 总体 |
|---|---|---|---|---|---|---|---|
| 县级医疗机构医生 | 频率 | 36 | 118 | 310 | 134 | 6 | 604 |
| | 百分比 | 5.96 | 19.54 | 51.32 | 22.19 | 0.99 | 100 |
| 乡镇卫生院医生 | 频率 | 27 | 116 | 323 | 101 | 6 | 573 |
| | 百分比 | 4.71 | 20.24 | 56.37 | 17.63 | 1.05 | 100 |

表 5－9 是提升机会满意度在高低职称之间的分布。从表 5－9 可以看出，

提升机会满意度在高低职称之间有较大差异。高职称医生对提升机会满意度满意或很满意的比例大于低职称医生，有23.63%的高职称医生表示对提升机会满意或很满意，而与此对应的低职称医生的比例为19.92%。同时，高职称医生对提升机会很不满意或不满意的比例也高于低职称医生，有27.68%的高职称医生对提升机会表示很不满意或很满意，与此对应的低职称医生的比例为23.85%。

**表5－9 提升机会满意度在高低职称医生之间的分布**

| | | 很不满意 | 不满意 | 一般 | 满意 | 很满意 | 总体 |
|---|---|---|---|---|---|---|---|
| 低职称医生 | 频率 | 35 | 141 | 415 | 142 | 5 | 738 |
| | 百分比 | 4.74 | 19.11 | 56.23 | 19.24 | 0.68 | 100 |
| 高职称医生 | 频率 | 27 | 89 | 204 | 92 | 7 | 419 |
| | 百分比 | 6.44 | 21.24 | 48.69 | 21.96 | 1.67 | 100 |

从上述提升机会的原始分布中可以看出，提升机会在从很不满意到很满意之间分布较为偏斜，从而我们将提升机会满意度重新合并，将很不满意和不满意合并为不满意（用1表示），将一般划分为一般（用2表示），将满意和很满意合并为满意（用3表示），从而提升机会满意度重新被划为三个分类：不满意、一般和满意。

**5.3.2.2 绩效管理满意度**

绩效管理满意度要求被访医生在“1很不满意，2不满意，3一般，4满意以及5很满意”之中选择最符合其当前对所在单位绩效管理情况评价的一项。

表5－10是绩效管理满意度的分布。从表5－10可以看出，23.49%的医生对绩效管理体制满意或很满意，而27.48%的医生则对绩效管理体制表示很不满意或不满意。

**表5－10 绩效管理体制满意度分布**

| | 很不满意 | 不满意 | 一般 | 满意 | 很满意 |
|---|---|---|---|---|---|
| 频率 | 73 | 251 | 578 | 262 | 15 |
| 百分比 | 6.19 | 21.29 | 49.02 | 22.22 | 1.27 |

表5－11是绩效管理体制在县乡医疗机构之间的分布。从绩效管理体制在县乡之间的分布中可以看出，乡镇卫生院医生对绩效管理体制表示“满意”

“很满意”的比例低于县级医疗机构医生。

**表 5－11 绩效管理体制在县乡之间的分布**

| | | 很不满意 | 不满意 | 一般 | 满意 | 很满意 | 总体 |
|---|---|---|---|---|---|---|---|
| 县级医疗机构 | 频率 | 36 | 118 | 310 | 134 | 6 | 604 |
| | 百分比 | 5.96 | 19.54 | 51.32 | 22.19 | 0.99 | 100 |
| 乡镇卫生院 | 频率 | 27 | 116 | 323 | 101 | 6 | 573 |
| | 百分比 | 4.71 | 20.24 | 56.37 | 17.63 | 1.05 | 100 |

表 5－12 是绩效管理体制在高低职称之间的分布。从表 5－12 可以看出，有 27.68% 的高职称医生对绩效管理体制很不满意或不满意，与此对应的低职称医生该比例为 23.85%。有 23.63% 的高职称医生对绩效管理体制满意或很满意，与此对应低职称医生的这一比例为 19.92%。因此，绩效管理体制在高职称医生样本中的分布比低职称医生样本更为发散。

**表 5－12 绩效管理体制在高低职称之间的分布**

| | | 很不满意 | 不满意 | 一般 | 满意 | 很满意 | 总体 |
|---|---|---|---|---|---|---|---|
| 低职称 | 频率 | 35 | 141 | 415 | 142 | 5 | 738 |
| | 百分比 | 4.74 | 19.11 | 56.23 | 19.24 | 0.68 | 100 |
| 高职称 | 频率 | 27 | 89 | 204 | 92 | 7 | 419 |
| | 百分比 | 6.44 | 21.24 | 48.69 | 21.96 | 1.67 | 100 |

### 5.3.2.3 培训机会满意度

培训机会满意度是要求被访医生在“1 充足，2 一般，3 不充足”中选择最能表达其对目前培训机会的评价的一项。表 5－13 是培训机会满意度的分布，从表 5－13 可以看出，农村医生对培训机会不满意的比例很大，占到 65.51%，而对培训机会满意的比例仅占 4.62%。

**表 5－13 培训机会满意度分布**

| | 不充足 | 一般 | 充足 |
|---|---|---|---|
| 频率 | 752 | 343 | 53 |
| 百分比 | 65.51 | 29.88 | 4.62 |

表 5－14 是分县乡两级医疗机构的培训机会的分布情况。从表 5－14 可以看出，乡镇卫生院医生对培训机会的不满意程度高于县级医疗机构医生，不满意的比例高出县级医疗机构医生 3. 51 个百分点，对培训机会满意的比例比县级医疗机构医生低了 1. 9 个百分点。

**表 5－14　培训机会满意度在县乡两级医疗机构之间的分布**

| | | 不充足 | 一般 | 充足 | 总体 |
|---|---|---|---|---|---|
| 县级医疗机构 | 频率 | 381 | 183 | 33 | 597 |
| | 百分比 | 63. 82 | 30. 65 | 5. 53 | 100 |
| 乡镇卫生院 | 频率 | 371 | 160 | 20 | 551 |
| | 百分比 | 67. 33 | 29. 04 | 3. 63 | 100 |

表 5－15 是培训机会在高低职称医生之间的分布。从表 5－15 可以看出，高职称医生对培训机会不满意的比例高于低职称医生，同时满意的比例也高于低职称医生，但没有明显的差距。

**表 5－15　培训机会满意度在高低职称之间分布**

| | | 不充足 | 一般 | 充足 | 总体 |
|---|---|---|---|---|---|
| 低职称 | 频率 | 468 | 221 | 31 | 720 |
| | 百分比 | 65 | 30. 69 | 4. 31 | 100 |
| 高职称 | 频率 | 273 | 116 | 21 | 410 |
| | 百分比 | 66. 59 | 28. 29 | 5. 12 | 100 |

### 5. 3. 3　实证结果估计

本部分利用的估计模型与第四章相同，主要用 Bioprobit 进行估计。

#### 5. 3. 3. 1　提升机会对医生工作满意度影响的估计结果

1. 整体样本的考察

为一致地估计提升机会满意度对医生工作满意度的影响，我们运用双变量有序 Probit 模型（Bioprobit）以提升机会满意度为内生变量进行估计。作为对比，我们同时也给出了 Probit 的估计结果（见表 5－16）。从表 5－16 第 2 列可以看出，提升机会满意度对医生的工作满意度有显著的影响。表 5－16

中第3列中提升机会的工具变量——被访者对所在医院提升机会满意度的平均水平的估计系数显著，表明提升机会工具变量的选取较为合适。对应的内生性检验辅助参数atanhrho的估计系数显著，拒绝提升机会是外生变量的假设，即表明提升机会是内生变量。因此，表5-16的第2列和第3列的双变量有序Probit模型估计结果更为可信。实证结果表明，提升机会满意度对医生的工作满意度有显著的影响。

**表5-16　提升机会满意度对医生工作满意度的影响**

| 解释变量 | 有序Probit | Bioprobit | |
|---|---|---|---|
| | 工作满意度 | 工作满意度 | 提升机会满意度 |
| 提升机会满意度 | 0.792*** | 1.395*** | |
| | (0.0634) | (0.16) | |
| 年龄 | 0.00456 | 0.00347 | 0.00117 |
| | (0.00456) | (0.00482) | (0.00476) |
| 性别 | 0.0926 | 0.0873 | -0.0535 |
| | (0.0764) | (0.0807) | (0.0794) |
| 大专 | -0.144 | -0.135 | 0.162 |
| | (0.102) | (0.107) | (0.106) |
| 本科及以上 | -0.240** | -0.283** | 0.200* |
| | (0.109) | (0.112) | (0.117) |
| 与社会工资比较 | -0.012 | -0.00607 | -0.0734* |
| | (0.0389) | (0.0416) | (0.0413) |
| 工作压力 | -0.225*** | -0.197*** | -0.0918* |
| | (0.0491) | (0.0588) | (0.0542) |
| 每天工作时间 | -0.00449 | 0.0138* | -0.0475*** |
| | (0.00787) | (0.00806) | (0.0184) |
| 每周加班次数 | -0.00546 | 0.00756 | -0.0158 |
| | (0.0156) | (0.0124) | (0.0121) |
| 提升机会满意度的群体效应 | | | 1.878*** |
| | | | (0.221) |

续表

| 解释变量 | 有序 Probit | Bioprobit | |
|---|---|---|---|
| | 工作满意度 | 工作满意度 | 提升机会满意度 |
| 是否加入县虚拟变量 | 是 | 是 | 是 |
| atanhrho_ 12 | | -0.524*** | |
| Constant | | (0.193) | |
| pseudo R-sq | 0.139 | | |
| N | 1040 | 910 | |

2. 稳健性检验

与上节类似，本节运用离职倾向作为工作满意度的稳健性检验，我们给出提升机会对工作满意度的稳健性检验，估计结果如表 5-17 所示。从表 5-17 第 2 列估计结果，表明提升机会满意度对医生的离职倾向有显著的影响作用：提升机会越满意，医生的离职倾向越低。表 5-17 第 2 列辅助参数 atanhrho 系数估计显著，表明医患关系为内生变量，而表 5-17 第 4 列辅助参数 atanhrho 的系数不显著，拒绝提升机会满意度为内生变量，从而表 5-17 第 2 列和第 3 列的估计更为可信，证明了提升机会满意度对医生工作满意度影响的稳健性。

**表 5-17　提升机会满意度对离职倾向的影响**

| 解释变量 | 有序 Probit | Bioprobit | | Bioprobit | |
|---|---|---|---|---|---|
| | 离职倾向 | 离职倾向 | 医患关系 | 离职倾向 | 提升机会满意度 |
| 病人的信任程度 | -0.238*** | -0.993*** | | -0.249*** | |
| | (0.086) | (0.283) | | (0.0911) | |
| 提升机会满意度 | -0.271*** | -0.235*** | | -0.518** | |
| | (0.0611) | (0.0649) | | (0.228) | |
| 年龄 | 0.112*** | 0.129*** | 0.0836** | 0.103*** | -0.0591* |
| | (0.0321) | (0.0338) | (0.0421) | (0.0355) | (0.0327) |
| 年龄平方 | -0.132*** | -0.146*** | -0.0815 | -0.119*** | 0.0798* |
| | (0.0407) | (0.0426) | (0.0546) | (0.0448) | (0.0415) |

续表

| 解释变量 | 有序 Probit | Bioprobit | | Bioprobit | |
|---|---|---|---|---|---|
| | 离职倾向 | 离职倾向 | 医患关系 | 离职倾向 | 提升机会满意度 |
| 性别 | -0.0453 | -0.0619 | -0.0951 | -0.0512 | -0.0367 |
| | (0.0772) | (0.0816) | (0.0973) | (0.0823) | (0.081) |
| 大专 | 0.169* | 0.106 | 0.0221 | 0.165 | 0.223** |
| | (0.102) | (0.109) | (0.133) | (0.111) | (0.109) |
| 本科及以上 | 0.264** | 0.165 | -0.0433 | 0.292** | 0.249** |
| | (0.114) | (0.129) | (0.148) | (0.124) | (0.121) |
| 与社会工资比较 | 0.123*** | 0.112*** | 0.0994** | 0.0879** | -0.0709* |
| | (0.038) | (0.0397) | (0.0465) | (0.0429) | (0.0423) |
| 工作压力 | 0.247*** | 0.241*** | 0.0214 | 0.255*** | -0.0667 |
| | (0.053) | (0.0592) | (0.0687) | (0.0577) | (0.0565) |
| 每天工作时间 | 0.0144 | 0.0102 | -0.00476 | 0.00795 | -0.0511** |
| | (0.0147) | (0.0131) | (0.00829) | (0.0138) | (0.0218) |
| 每周加班次数 | -0.00119 | 0.00328 | 0.0259 | -0.00634 | -0.0314** |
| | (0.0154) | (0.0155) | (0.0176) | (0.0164) | (0.0153) |
| 病人信任程度近几年的变化 | | | -0.232*** | | |
| | | | (0.0391) | | |
| 病人信任程度的群体效应 | | | 2.566*** | | |
| | | | (0.412) | | |
| 提升机会满意度的群体效应 | | | | | 1.840*** |
| | | | | | (0.219) |
| 是否加入县虚拟变量 | 是 | 是 | 是 | 是 | 是 |
| atanhrho_ 12 | | 0.548** | | 0.209 | |
| Constant | | (0.242) | | (0.175) | |
| pseudo R-sq | 0.084 | | | | |
| Log likelihood | -953.04953 | -1305.0176 | | -1635.573 | |
| N | 1010 | 1004 | | 1010 | |

3. 分县乡子样本考察提升机会满意度

表5－18是分县乡医疗机构子样本考察的提升机会满意度对医生工作满意度影响的估计结果。表5－18第1列有序Probit估计结果表明，提升机会满意度对乡镇卫生院医生的工作满意度有显著的影响。表5－18第5列和第6列的Bioprobit估计结果表明，提升机会满意度对县级医疗机构医生工作满意度有显著的影响。从分县乡医疗机构子样本来看，提升机会满意度对县乡医疗机构医生的工作满意度均有显著影响，对比上看，提升机会满意度对县级医疗机构医生的工作满意度影响大于乡镇卫生院的医生。

**表5－18　分县乡子样本考察提升机会满意度对医生工作满意度的影响**

| 解释变量 | 乡镇卫生院 | | | 县级医疗机构 | | |
|---|---|---|---|---|---|---|
| | 有序Probit | Bioprobit | | 有序Probit | Bioprobit | |
| | 工作满意度 | 工作满意度 | 提升机会满意度 | 工作满意度 | 工作满意度 | 提升机会满意度 |
| 提升机会满意度 | 0.787*** | 1.836*** | | 0.803*** | 1.272*** | |
| | (0.095) | (0.0695) | | (0.0856) | (0.18) | |
| 年龄 | 0.00182 | －0.00613 | 0.00636 | 0.00521 | 0.0104 | －0.00425 |
| | (0.00697) | (0.00649) | (0.00668) | (0.00662) | (0.00726) | (0.00708) |
| 性别 | 0.184 | 0.216* | －0.101 | 0.0129 | －0.0386 | －0.00989 |
| | (0.116) | (0.113) | (0.118) | (0.112) | (0.115) | (0.113) |
| 大专 | －0.221* | －0.263** | 0.258** | －0.0857 | －0.0555 | －0.103 |
| | (0.126) | (0.12) | (0.124) | (0.209) | (0.214) | (0.211) |
| 本科及以上 | －0.27 | －0.272 | 0.295 | －0.107 | －0.077 | －0.0326 |
| | (0.179) | (0.183) | (0.191) | (0.214) | (0.223) | (0.22) |
| 与社会工资比较 | 0.043 | 0.0908* | －0.0987* | －0.0413 | －0.0429 | －0.0306 |
| | (0.0589) | (0.0538) | (0.0557) | (0.0557) | (0.0553) | (0.0542) |
| 工作压力 | －0.227*** | －0.101 | －0.0582 | －0.251*** | －0.207** | －0.105 |
| | (0.071) | (0.0706) | (0.0741) | (0.0754) | (0.0824) | (0.0786) |
| 每天工作时间 | 0.00151 | 0.0276 | －0.0450** | －0.00268 | 0.0171 | －0.0936*** |
| | (0.0145) | (0.0186) | (0.0188) | (0.0111) | (0.0142) | (0.0353) |
| 每周加班次数 | 0.00171 | 0.0123 | －0.00428 | －0.0304 | －0.0211 | －0.0278 |
| | (0.019) | (0.0143) | (0.0147) | (0.0199) | (0.0237) | (0.0226) |

续表

| 解释变量 | 乡镇卫生院 | | | 县级医疗机构 | | |
|---|---|---|---|---|---|---|
| | 有序 Probit | Bioprobit | | 有序 Probit | Bioprobit | |
| | 工作满意度 | 工作满意度 | 提升机会满意度 | 工作满意度 | 工作满意度 | 提升机会满意度 |
| 提升机会满意度的群体效应 | | | 0.631<br>(0.729) | | | 1.883 ***<br>(0.236) |
| 是否加入县虚拟变量 | 是 | 是 | 是 | 是 | 是 | 是 |
| atanhrho_ 12<br>Constant | | -14.45<br>(508.4) | | | -0.387 **<br>(0.178) | |
| pseudo R - sq | 0.142 | | | 0.171 | | |
| N | 497 | 431 | | 543 | 479 | |

4. 分高低职称医生子样本考察提升机会满意度

表5-19是分高低职称医生子样本考察提升机会满意度对医生工作满意度影响的估计结果。表5-19第2列和第3列是利用Bioprobit模型对高职称医生子样本估计结果，结果显示提升机会满意度的估计系数显著，内生性检验表明提升机会满意度在高职称医生样本中为内生变量，因而估计结果是可信的。表5-19的第5列和第6列是对低职称医生样本中以提升机会满意度为内生变量的Bioprobit估计，内生性检验表明提升机会满意度在低职称医生样本中为内生变量，估计结果表明提升机会满意度对低职称医生的工作满意度有显著的影响。进一步比较发现，提升机会满意度对低职称医生工作满意度的影响大于高职称医生。

**表5-19 分高低职称考察提升机会满意度对医生工作满意度的影响**

| 解释变量 | 高职称医生 | | | 低职称医生 | | |
|---|---|---|---|---|---|---|
| | 有序 Probit | Bioprobit | | 有序 Probit | Bioprobit | |
| | 工作满意度 | 工作满意度 | 提升机会满意度 | 工作满意度 | 工作满意度 | 提升机会满意度 |
| 提升机会满意度 | 0.743 ***<br>(0.0977) | 1.321 ***<br>(0.184) | | 0.863 ***<br>(0.0868) | 1.626 ***<br>(0.25) | |

续表

| 解释变量 | 高职称医生 | | | 低职称医生 | | |
|---|---|---|---|---|---|---|
| | 有序 Probit | Bioprobit | | 有序 Probit | Bioprobit | |
| | 工作满意度 | 工作满意度 | 提升机会满意度 | 工作满意度 | 工作满意度 | 提升机会满意度 |
| 年龄 | 0.00551 | 0.00373 | 0.00163 | 0.00167 | 0.00198 | -0.0107 |
| | (0.00997) | (0.0106) | (0.0103) | (0.00719) | (0.00793) | (0.00753) |
| 性别 | 0.00792 | -0.106 | 0.0042 | 0.094 | 0.178 * | -0.105 |
| | (0.131) | (0.137) | (0.135) | (0.0982) | (0.104) | (0.105) |
| 大专 | -0.2 | -0.153 | 0.00526 | -0.168 | -0.138 | 0.182 |
| | (0.185) | (0.198) | (0.192) | (0.13) | (0.133) | (0.134) |
| 本科及以上 | -0.147 | -0.157 | 0.0622 | -0.371 ** | -0.352 ** | 0.0929 |
| | (0.203) | (0.212) | (0.205) | (0.146) | (0.161) | (0.16) |
| 与社会工资比较 | -0.104 | -0.065 | -0.0922 | 0.0168 | 0.00431 | -0.0648 |
| | (0.068) | (0.0706) | (0.0658) | (0.0489) | (0.0533) | (0.0508) |
| 工作压力 | -0.202 ** | -0.158 * | -0.0291 | -0.240 *** | -0.203 ** | -0.159 ** |
| | (0.0882) | (0.0931) | (0.0893) | (0.0632) | (0.0945) | (0.0698) |
| 每天工作时间 | -0.0041 | 0.0154 | -0.0747 ** | 0.00283 | 0.0241 | -0.0440 ** |
| | (0.0094) | (0.0147) | (0.0334) | (0.0166) | (0.0214) | (0.0208) |
| 每周加班次数 | -0.0307 | -0.0203 | -0.0105 | 0.000203 | 0.0151 | -0.0205 |
| | (0.0249) | (0.0278) | (0.0268) | (0.0169) | (0.0142) | -0.0138 |
| 提升机会满意度的群体效应 | | | 2.057 *** | | | 1.462 *** |
| | | | (0.315) | | | (0.335) |
| 是否加入县虚拟变量 | 是 | 是 | 是 | 是 | 是 | 是 |
| atanhrho_ 12 Constant | | -0.571 ** | | | -0.673 * | |
| | | (0.238) | | | (0.366) | |
| pseudo R - sq | 0.171 | | | 0.148 | | |
| N | 382 | 339 | | 642 | 557 | |

#### 5.3.3.2 绩效管理对医生工作满意度影响的估计结果

1. 整体样本的考察

表5-20是绩效管理满意度对医生工作满意度的估计结果。表5-20第2列和第3列是对以绩效管理为内生变量的Bioprobit估计，结果显示绩效管理满意度的估计系数显著，内生性检验表明绩效管理满意度为内生变量，从而我们认为表5-20第2列和第3列的估计结果更为可信。整体上，实证结果表明，绩效管理对医生的工作满意度有显著的影响，即绩效管理越满意，医生的工作满意度越高。

**表5-20 绩效管理满意度对医生工作满意度的影响**

| 解释变量 | 有序Probit | Bioprobit | |
|---|---|---|---|
| | 工作满意度 | 工作满意度 | 绩效管理满意度 |
| 绩效管理满意度 | 0.958*** | 1.334*** | |
| | (0.0629) | (0.151) | |
| 年龄 | 0.00803* | 0.00940* | -0.00244 |
| | (0.00459) | (0.00481) | (0.0047) |
| 性别 | 0.123 | 0.101 | -0.067 |
| | (0.0777) | (0.0827) | (0.0789) |
| 大专 | -0.0838 | -0.0922 | 0.13 |
| | (0.103) | (0.107) | (0.0982) |
| 本科及以上 | -0.18 | -0.233** | 0.143 |
| | (0.109) | (0.115) | (0.112) |
| 与社会工资比较 | -0.0306 | -0.0238 | -0.0659* |
| | (0.0404) | (0.0436) | (0.0382) |
| 工作压力 | -0.179*** | -0.133** | -0.200*** |
| | (0.0502) | (0.0622) | (0.054) |
| 每天工作时间 | -0.0157 | -0.00972 | -0.00406 |
| | (0.012) | (0.013) | (0.0142) |
| 每周加班次数 | -0.00879 | -0.00221 | -0.012 |
| | (0.0167) | (0.0151) | (0.0116) |
| 绩效管理满意度的群体效应 | | | 1.783*** |
| | | | (0.191) |

续表

| 解释变量 | 有序 Probit | Bioprobit | |
|---|---|---|---|
| | 工作满意度 | 工作满意度 | 绩效管理满意度 |
| atanhrho_ 12<br>Constant | | -0.357 **<br>(0.165) | |
| pseudo R - sq | 0.189 | | |
| N | 1039 | 910 | |

2. 稳健性检验

运用离职倾向作为工作满意度的稳健性检验，我们给出绩效管理满意度对工作满意度的稳健性检验，估计结果如表5-21所示。从表5-21第2列估计结果，表明绩效管理对医生的离职倾向有显著的影响作用：绩效管理越满意，医生的离职倾向越低，从而证明了绩效管理满意度对医生工作满意度影响的稳健性。表5-21第2列辅助参数 atanhrho 系数估计显著，表明医患关系为内生变量，而表5-21第4列辅助参数 atanhrho 的系数不显著，拒绝绩效管理满意度为内生变量，从而表5-21第2列的估计更为可信。

**表5-21　绩效管理满意度对离职倾向影响**

| 解释变量 | 有序 Probit | Bioprobit | | Bioprobit | |
|---|---|---|---|---|---|
| | 离职倾向 | 离职倾向 | 医患关系 | 离职倾向 | 绩效管理满意度 |
| 绩效管理满意度 | -0.263 ***<br>(0.0556) | -0.240 ***<br>(0.0521) | | -0.516 ***<br>(0.168) | |
| 病人的信任程度 | -0.240 ***<br>(0.0855) | -1.087 ***<br>(0.28) | | -0.239 ***<br>(0.0839) | |
| 年龄 | 0.117 ***<br>(0.0327) | 0.135 ***<br>(0.0327) | 0.0783 *<br>(0.0407) | 0.108 ***<br>(0.0343) | -0.0261<br>(0.034) |
| 年龄平方 | -0.139 ***<br>(0.0415) | -0.154 ***<br>(0.0417) | -0.072<br>(0.0532) | -0.129 ***<br>(0.0437) | 0.0317<br>(0.0436) |
| 性别 | -0.0521<br>(0.0773) | -0.062<br>(0.0758) | -0.0595<br>(0.0894) | -0.0598<br>(0.0771) | -0.0805<br>(0.0745) |

续表

| 解释变量 | 有序 Probit | Bioprobit | | Bioprobit | |
|---|---|---|---|---|---|
| | 离职倾向 | 离职倾向 | 医患关系 | 离职倾向 | 绩效管理满意度 |
| 大专 | 0.151<br>(0.101) | 0.131<br>(0.099) | 0.124<br>(0.123) | 0.153<br>(0.101) | 0.0437<br>(0.097) |
| 本科及以上 | 0.238**<br>(0.113) | 0.153<br>(0.116) | 0.0435<br>(0.137) | 0.234**<br>(0.113) | 0.0327<br>(0.109) |
| 与社会工资比较 | 0.127***<br>(0.0375) | 0.132***<br>(0.037) | 0.0821*<br>(0.0436) | 0.120***<br>(0.038) | -0.0301<br>(0.0371) |
| 工作压力 | 0.225***<br>(0.0532) | 0.188***<br>(0.0566) | -0.00115<br>(0.0636) | 0.192***<br>(0.0575) | -0.171***<br>(0.0513) |
| 每天工作时间 | 0.0155<br>(0.0157) | 0.0141<br>(0.0147) | -0.00396<br>(0.00749) | 0.0157<br>(0.0166) | -0.000932<br>(0.013) |
| 每周加班次数 | 0.00228<br>(0.0155) | 0.00701<br>(0.0147) | 0.0292*<br>(0.0164) | -0.00195<br>(0.0155) | -0.0290**<br>(0.0137) |
| 病人信任程度近年来的变化 | | | -0.221***<br>(0.0342) | | |
| 病人信任程度的群体效应 | | | 2.474***<br>(0.417) | | |
| 绩效管理体制满意度的群体效应 | | | | | 1.707***<br>(0.172) |
| 是否加入县虚拟变量 | 是 | 是 | 是 | 是 | 是 |
| atanhrho_ 12<br>Constant | | 0.664**<br>(0.277) | | 0.215<br>(0.142) | |
| pseudo R-sq | 0.084 | | | | |
| N | 1 010 | 1 004 | | 1 010 | |

3. 分县乡考察绩效管理满意度

表5-22是分县乡医疗机构子样本考察绩效管理满意度对医生工作满意

度影响的估计结果。表5－22第2列和第3列Bioprobit估计结果表明，绩效管理满意度对乡镇卫生院医生的工作满意度有显著的影响，表5－22第5列和第6列的Bioprobit估计结果表明，绩效管理满意度对县级医疗机构医生的工作满意度有显著的影响。从分县乡医疗机构子样本来看，绩效管理满意度对县乡医疗机构医生的工作满意度均有显著影响，对比上看，绩效管理满意度对乡镇卫生院医生的工作满意度影响大于县级公立医疗机构的医生。

**表5－22　分县乡考察绩效管理满意度对医生工作满意度的影响**

| 解释变量 | 乡镇卫生院 | | | 县级医院 | | |
|---|---|---|---|---|---|---|
| | 有序Probit | Bioprobit | | 有序Probit | Bioprobit | |
| | 工作满意度 | 工作满意度 | 绩效管理满意度 | 工作满意度 | 工作满意度 | 绩效管理满意度 |
| 绩效管理满意度 | 1.012***<br>(0.0976) | 1.823***<br>(0.073) | | 0.945***<br>(0.0852) | 1.290***<br>(0.176) | |
| 年龄 | 0.00626<br>(0.007) | 0.00428<br>(0.00638) | －0.00599<br>(0.00684) | 0.00756<br>(0.00679) | 0.0132*<br>(0.00719) | －0.00233<br>(0.00675) |
| 性别 | 0.263**<br>(0.119) | 0.305***<br>(0.114) | －0.154<br>(0.116) | 0.000634<br>(0.111) | －0.0818<br>(0.117) | 0.0735<br>(0.11) |
| 大专 | －0.102<br>(0.131) | －0.071<br>(0.115) | 0.0902<br>(0.117) | －0.0924<br>(0.207) | －0.116<br>(0.238) | －0.0355<br>(0.196) |
| 本科及以上 | －0.186<br>(0.184) | －0.208<br>(0.184) | 0.238<br>(0.197) | －0.0942<br>(0.211) | －0.112<br>(0.244) | －0.0848<br>(0.212) |
| 与社会工资比较 | 0.0298<br>(0.0611) | 0.102*<br>(0.0552) | －0.131**<br>(0.0558) | －0.0576<br>(0.0578) | －0.0685<br>(0.0599) | －0.0176<br>(0.0512) |
| 工作压力 | －0.179**<br>(0.0733) | 0.0414<br>(0.0703) | －0.188**<br>(0.0755) | －0.206***<br>(0.077) | －0.144*<br>(0.0862) | －0.192**<br>(0.081) |
| 每天工作时间 | －0.0279*<br>(0.0165) | －0.0434**<br>(0.0201) | 0.0234<br>(0.024) | －0.00692<br>(0.0133) | 0.00909<br>(0.00786) | －0.0434<br>(0.0321) |

续表

| 解释变量 | 乡镇卫生院 | | | 县级医院 | | |
|---|---|---|---|---|---|---|
| | 有序 Probit | Bioprobit | | 有序 Probit | Bioprobit | |
| | 工作满意度 | 工作满意度 | 绩效管理满意度 | 工作满意度 | 工作满意度 | 绩效管理满意度 |
| 每周加班次数 | 0.00102 | 0.00524 | 0.00126 | -0.0359* | -0.0361 | -0.0332 |
| | (0.0189) | (0.00985) | (0.00926) | (0.0206) | (0.0237) | (0.0219) |
| 绩效管理满意度的群体效应 | | | 0.36 | | | 1.863*** |
| | | | (0.557) | | | (0.226) |
| 是否加入县虚拟变量 | 是 | 是 | 是 | 是 | 是 | 是 |
| atanhrho_ 12 Constant | | -15.90*** | | | -0.304* | |
| | | (4.307) | | | (0.18) | |
| pseudo R-sq | 0.203 | | | 0.214 | | |
| N | 497 | 431 | | 542 | 479 | |

4. 分高低职称医生子样本考察

表 5-23 是分高低职称医生子样本考察绩效管理满意度对医生工作满意度影响的估计结果。表 5-23 第 2 列和第 3 列是利用 Bioprobit 模型对高职称医生子样本估计结果，内生性检验表明绩效管理满意度在高职称医生样本中为外生变量，因而我们转向表 5-23 第 1 列有序 Probit 对高职称医生的估计，结果表明，绩效管理对高职称医生工作满意度的影响显著。表 5-23 的第 5 列和第 6 列是对低职称医生样本中以绩效管理满意度为内生变量的 Bioprobit 估计，内生性检验表明绩效管理在低职称医生样本中为外生变量，进而我们转向表 5-23 第 4 列有序 Probit 对低职称医生样本的估计，结果表明，绩效管理对低职称医生的工作满意度有显著的影响。进一步比较发现，绩效管理满意度对低职称医生工作满意度的影响大于高职称医生。

**表 5-23　分高低职称医生子样本考察绩效管理体制满意度对医生工作满意度的影响**

| 解释变量 | 高职称医生 | | | 低职称医生 | | |
|---|---|---|---|---|---|---|
| | 有序 Probit | Bioprobit | | 有序 Probit | Bioprobit | |
| | 工作满意度 | 工作满意度 | 绩效管理满意度 | 工作满意度 | 工作满意度 | 绩效管理满意度 |
| 绩效管理满意度 | 0.939*** | 1.379*** | | 1.032*** | 1.361*** | |
| | (0.102) | (0.243) | | (0.0866) | (0.219) | |
| 年龄 | 0.0102 | 0.0163 | -0.00988 | 0.000295 | 0.00297 | -0.00703 |
| | (0.0103) | (0.0108) | (0.00971) | (0.0069) | (0.00692) | (0.00699) |
| 性别 | -0.0275 | -0.195 | 0.111 | 0.156 | 0.192* | -0.180* |
| | (0.131) | (0.146) | (0.13) | (0.101) | (0.101) | (0.0961) |
| 大专 | -0.124 | -0.102 | -0.106 | -0.124 | -0.118 | 0.0295 |
| | (0.192) | (0.216) | (0.19) | (0.132) | (0.128) | (0.122) |
| 本科及以上 | -0.0894 | -0.114 | -0.0785 | -0.361** | -0.338** | -0.00837 |
| | (0.207) | (0.228) | (0.212) | (0.147) | (0.145) | (0.146) |
| 与社会工资比较 | -0.131* | -0.111 | -0.0602 | 0.00512 | 0.0156 | -0.0416 |
| | (0.0677) | (0.0765) | (0.0609) | (0.0524) | (0.0521) | (0.0475) |
| 工作压力 | -0.189** | -0.138 | -0.139 | -0.189*** | -0.132 | -0.212*** |
| | (0.0897) | (0.0996) | (0.0932) | (0.066) | (0.0808) | (0.0632) |
| 每天工作时间 | -0.011 | 0.00137 | -0.0195 | -0.023 | -0.0229 | 0.00223 |
| | (0.0139) | (0.0139) | (0.0163) | (0.0178) | (0.0192) | (0.0257) |
| 每周加班次数 | -0.0515** | -0.0579** | 0.00596 | -0.000325 | 0.00359 | -0.0194 |
| | (0.0251) | (0.0288) | (0.0267) | (0.017) | (0.0147) | (0.0155) |
| 绩效管理满意度的群体效应 | | | 2.144*** | | | 1.495*** |
| | | | (0.312) | | | (0.23) |
| 是否加入县虚拟变量 | 是 | 是 | 是 | 是 | 是 | 是 |
| atanhrho_ 12 Constant | | -0.357 | | | -0.287 | |
| | | (0.269) | | | (0.222) | |
| pseudo R-sq | 0.222 | | | 0.206 | | |
| N | 381 | 339 | | 642 | 642 | |

#### 5.3.3.3 培训机会对医生工作满意度影响的估计结果

1. 整体样本的考察

表5-24是培训机会满意度对医生工作满意度的估计结果。表5-24第2列和第3列是以培训机会满意度为内生变量的Bioprobit估计，结果显示培训机会满意度的估计系数显著，但内生性检验表明培训机会满意度为外生变量，从而我们转向表5-24第1列的有序Probit估计，结果显示，培训机会满意度对医生的工作满意度有显著影响。整体上，实证结果表明，培训机会满意度对医生的工作满意度有显著的影响，即培训机会越满意，医生的工作满意度越高。

表5-24 培训机会满意度对医生工作满意度的影响

| 解释变量 | 有序Probit | Bioprobit | |
|---|---|---|---|
| | 工作满意度 | 工作满意度 | 培训机会满意度 |
| 培训机会满意度 | 0.397*** | 0.673*** | |
| | (0.0677) | (0.241) | |
| 年龄 | 0.00477 | 0.00539 | -0.00452 |
| | (0.00451) | (0.00455) | (0.005) |
| 性别 | 0.0396 | 0.0181 | 0.131 |
| | (0.0748) | (0.0771) | (0.0851) |
| 大专 | -0.0439 | -0.0273 | -0.171 |
| | (0.1) | (0.101) | (0.11) |
| 本科及以上 | -0.159 | -0.158 | -0.0309 |
| | (0.109) | (0.109) | (0.12) |
| 与社会工资比较 | -0.0471 | -0.0353 | -0.0793* |
| | (0.0383) | (0.039) | (0.0424) |
| 工作压力 | -0.222*** | -0.199*** | -0.146*** |
| | (0.0482) | (0.0531) | (0.0551) |
| 每天工作时间 | -0.0114 | -0.0099 | -0.0208 |
| | (0.00773) | (0.00768) | (0.0167) |
| 每周加班次数 | -0.0135 | -0.0112 | -0.0259 |
| | (0.0185) | (0.0185) | (0.016) |

续表

| 解释变量 | 有序 Probit | Bioprobit | |
|---|---|---|---|
| | 工作满意度 | 工作满意度 | 培训机会满意度 |
| 培训机会满意度的群体效应 | | | 2.279***<br>(0.256) |
| atanhrho_ 12 Constant | | -0.216<br>(0.186) | |
| pseudo R - sq | 0.068 | | |
| N | 1 017 | 1 017 | |

2. 稳健性检验

我们仍以离职倾向作为工作满意度的近似变量，考察培训机会满意度对离职倾向的影响作为稳健性检验，结果见表 5 - 25。从表 5 - 25 第 2 列辅助参数 atanhrho 系数估计显著，表明医患关系为内生变量，而表 5 - 25 第 4 列辅助参数 atanhrho 的系数不显著，拒绝培训机会满意度为内生变量的假设，从而我们转向表 5 - 25 第 1 列的估计。表 5 - 25 第 1 列估计结果表明，培训机会对医生的离职倾向有显著的影响作用：培训机会越满意，医生的离职倾向越低，从而证明了培训机会满意度对医生工作满意度影响的稳健性。

**表 5 - 25　培训机会满意度对离职倾向的影响**

| 解释变量 | 有序 Probit | Bioprobit | | Bioprobit | |
|---|---|---|---|---|---|
| | 离职倾向 | 离职倾向 | 医患关系 | 离职倾向 | 培训机会满意度 |
| 培训机会满意度 | -0.150**<br>(0.0694) | -0.136**<br>(0.0666) | | -0.215<br>(0.202) | |
| 病人的信任程度 | -0.258***<br>(0.0869) | -1.009***<br>(0.281) | | -0.257***<br>(0.087) | |
| 年龄 | 0.113***<br>(0.0318) | 0.133***<br>(0.0319) | 0.0903**<br>(0.0403) | 0.111***<br>(0.0324) | -0.0694**<br>(0.0354) |
| 年龄平方 | -0.132***<br>(0.04) | -0.149***<br>(0.0401) | -0.0881*<br>(0.0525) | -0.129***<br>(0.0406) | 0.0825*<br>(0.0452) |

续表

| 解释变量 | 有序 Probit | Bioprobit | | Bioprobit | |
|---|---|---|---|---|---|
| | 离职倾向 | 离职倾向 | 医患关系 | 离职倾向 | 培训机会满意度 |
| 性别 | -0.0205<br>(0.0779) | -0.0325<br>(0.077) | -0.0618<br>(0.0905) | -0.0154<br>(0.0807) | 0.149*<br>(0.0859) |
| 大专 | 0.147<br>(0.103) | 0.123<br>(0.101) | 0.0971<br>(0.125) | 0.144<br>(0.103) | -0.165<br>(0.112) |
| 本科及以上 | 0.197*<br>(0.114) | 0.122<br>(0.117) | 0.0303<br>(0.138) | 0.197*<br>(0.114) | -0.0359<br>(0.123) |
| 与社会工资比较 | 0.132***<br>(0.0383) | 0.138***<br>(0.0379) | 0.0838*<br>(0.0442) | 0.130***<br>(0.0389) | -0.0693<br>(0.0426) |
| 工作压力 | 0.248***<br>(0.0534) | 0.216***<br>(0.0568) | -0.00456<br>(0.064) | 0.244***<br>(0.0547) | -0.127**<br>(0.0576) |
| 每天工作时间 | 0.0145<br>(0.0148) | 0.0142<br>(0.0143) | -0.00412<br>(0.00775) | 0.0142<br>(0.0148) | -0.0184<br>(0.0159) |
| 每周加班次数 | 0.00219<br>(0.0155) | 0.00571<br>(0.0149) | 0.0280*<br>(0.0165) | 0.00162<br>(0.0155) | -0.0239<br>(0.0157) |
| 病人信任程度近年来的变化 | | | -0.224***<br>(0.0359) | | |
| 病人信任程度的群体效应 | | | 2.573***<br>(0.41) | | |
| 培训机会满意度 | | | | | 2.220***<br>(0.249) |
| 是否加入县虚拟变量 | 是 | 是 | 是 | 是 | 是 |
| atanhrho_ 12<br>Constant | | 0.571**<br>(0.251) | | 0.0484<br>(0.143) | |
| pseudo R - sq | 0.077 | | | | |
| N | 991 | 985 | | 991 | |

3. 分县乡两级医疗机构医生子样本的估计

由于培训机会满意度为外生变量，因而本章在分样本考察培训机会满意度对医生工作满意度的影响时直接采用有序 Probit 进行估计。表 5－26 是分县乡医疗机构子样本考察的培训机会满意度对医生工作满意度影响的估计结果。表 5－26 第 1 列有序 Probit 估计结果表明，培训机会满意度对乡镇卫生院医生的工作满意度有显著的影响，表 5－26 第 2 列有序 Probit 估计结果表明，培训机会满意度对县级医疗机构医生的工作满意度有显著的影响。从分县乡医疗机构子样本来看，培训机会满意度对县乡医疗机构医生的工作满意度均有显著影响，对比上看，培训机会满意度对乡镇卫生院医生的工作满意度影响略大于县级医疗机构医生，但差距并不大。

**表 5－26　分县乡子样本考察培训机会满意度对医生工作满意度的影响**

| 解释变量 | 乡镇卫生院 | 县级医院 |
|---|---|---|
| | 有序 Probit | 有序 Probit |
| | 工作满意度 | 工作满意度 |
| 培训机会满意度 | 0.375*** | 0.371*** |
| | (0.109) | (0.0970) |
| 年龄 | 0.00522 | 0.00149 |
| | (0.00715) | (0.00642) |
| 性别 | 0.101 | -0.0228 |
| | (0.115) | (0.111) |
| 大专 | -0.0515 | -0.0505 |
| | (0.129) | (0.192) |
| 本科及以上 | -0.124 | -0.117 |
| | (0.186) | (0.198) |
| 与社会工资比较 | -0.0160 | -0.0589 |
| | (0.0570) | (0.0558) |
| 工作压力 | -0.205*** | -0.246*** |
| | (0.0683) | (0.0753) |
| 每天工作时间 | -0.0213 | -0.00315 |
| | (0.0142) | (0.00770) |

续表

| 解释变量 | 乡镇卫生院 | 县级医院 |
|---|---|---|
| | 有序 Probit | 有序 Probit |
| | 工作满意度 | 工作满意度 |
| 每周加班次数 | -0.00153<br>(0.0212) | -0.0527***<br>(0.0190) |
| 是否加入县虚拟变量 | 是 | 是 |
| pseudo R-sq | 0.076 | 0.100 |
| N | 480 | 537 |

4. 分高低职称医生子样本的估计

表 5-27 是分高低职称医生子样本考察培训机会满意度对医生工作满意度影响的估计结果。表 5-27 第 1 列是有序 Probit 模型对高职称医生子样本估计，结果表明，培训机会满意度对高职称医生的工作满意度影响显著。第 2 列是对低职称医生样本的估计，结果表明，培训机会满意度对低职称医生的工作满意度有显著的影响。进一步比较发现，培训机会满意度对高职称医生工作满意度的影响大于低职称医生。

**表 5-27　培训机会满意度对高低职称医生工作满意度的影响**

| 解释变量 | 高职称医生 | 低职称医生 |
|---|---|---|
| | 有序 Probit | 有序 Probit |
| | 工作满意度 | 工作满意度 |
| 培训机会满意度 | 0.457***<br>(0.113) | 0.366***<br>(0.0891) |
| 年龄 | 0.00666<br>(0.0102) | -0.00237<br>(0.00717) |
| 性别 | 0.0127<br>(0.126) | 0.000647<br>(0.0972) |

续表

| 解释变量 | 高职称医生 | 低职称医生 |
|---|---|---|
| | 有序 Probit | 有序 Probit |
| | 工作满意度 | 工作满意度 |
| 大专 | -0.0855 | -0.0585 |
| | (0.178) | (0.130) |
| 本科及以上 | -0.0304 | -0.318** |
| | (0.199) | (0.148) |
| 与社会工资比较 | -0.132** | -0.0279 |
| | (0.0656) | (0.0491) |
| 工作压力 | -0.187** | -0.254*** |
| | (0.0893) | (0.0623) |
| 每天工作时间 | -0.00603 | -0.0193 |
| | (0.00746) | (0.0170) |
| 每周加班次数 | -0.0390 | -0.00798 |
| | (0.0244) | (0.0204) |
| 是否加入县虚拟变量 | 是 | 是 |
| pseudo R-sq | 0.110 | 0.072 |
| N | 375 | 627 |

### 5.3.4 可能性分析

#### 5.3.4.1 提升机会对医生工作满意度的影响机制分析

1. 总体样本

通过我们实证研究发现，提升机会对医生的工作满意度有显著影响。马斯诺的激励理论认为需求从最低到最高分别为：生理、安全、情感和归属、尊重、自我实现等五种需求（马斯洛，1943）。医生作为知识密集型员工，具有受尊重和自我实现的需求。对于基层医疗机构的医生，我们认为提升机会包括两个渠道：一方面是行政级别和职称的提升，另一方面则是技术水平的提升，二者均和培训机会有着密切的关系。由于基层卫生服务处于整个医疗体系的底端，行政级别普遍较低，使得医生（包括部门领导）向上提升的机

会较少。而且农村医疗机构在职称评定方面话语权也较少，职称的提升方面处于不利的地位。技术方面也因为农村医疗机构的末端地位，导致提升较为困难。依据我们调研数据来看，农村医生对于提升机会满意的比例仅仅为20.99%。

提升机会较少，一方面导致现有医生的不满意，让医生在失落的环境中工作。在我们访谈过程中，尤其是乡镇卫生院，有一些医生“得过且过”的心态较为明显，这给本来就人才匮乏的基础医疗机构雪上加霜。另一方面，由于提升机会较少，导致年轻的毕业生不愿意进入乡镇卫生院工作，这样进一步加剧了基层医疗机构的人力资源危机。

2. 分县级医疗机构和乡镇卫生院医生子样本分析

县级医疗机构医生普遍学历高于乡镇卫生院医生，在我们调研的样本中县级医院具有本科学位的医生比例达51.72%，而乡镇卫生院具有本科学位的医生比例为13.66%。学历较高的员工，自我追求价值实现的动力较强，所以县级医院医生对于提升机会更为敏感，更迫切需求技术、职称和职务方面的提升，以实现自我价值。提升机会对乡镇卫生院医生工作满意度有着显著的影响，作为公立医院末端的乡镇卫生院提升机会更少，提升机会不足是乡镇卫生院吸引人才不利的重要因素。

3. 分高低职称医生子样本的分析

提升机会满意度对高低职称医生的工作满意度有显著的影响，且对低职称医生的工作满意度影响大于高职称医生。一方面低职称医生更有动力要求实现对于职称、技术等方面的提升。另一方面低职称医生大多毕业不久，提升机会少更加影响其工作态度及职业规划。在我们调研中发现，年轻医生对于工作不满意的重要因素就在于提升机会少。有些年轻医生甚至认为，进入县级医疗机构几乎可以看到退休。从广东省2009年和2010年两年内C市中医院的人员流失情况看，两年该中医院共有9人离职，离职人员中有4名医生是80后，而4位50后、60后的医生离职主要是在C市（县级市）内部进行调整。虽然我们无法与离职的医生取得联系，但与其他医生尤其是年轻的80后医生访谈过程中，发现许多医生对前途感觉迷茫，严重影响了他们的工作态度和工作积极性。

#### 5.3.4.2 绩效管理对医生工作满意度的影响机制分析

1. 总体样本的分析

绩效管理是企业管理的重点，也是医院管理的重要方面。从我们的实证

结果来看，绩效管理严重影响着医生的工作满意度，并且对医生的离职倾向有着较为显著的影响。农村医生对绩效管理的认可和评价情况更加不容乐观，依据我们调研的情况，对绩效管理体制满意和很满意的仅占23.49%，多达50%以上的农村医生认为“工作努力未能得到很好的奖励”，这些都带来了农村医生的工作不满意。在我们的实证研究中，还发现农村医生的工作满意度和医患关系存在恶性循环的关系。由于绩效管理带来医生积极性下降，导致服务下降进而医患关系紧张，成为困扰我国基层医疗卫生服务的重要因素。

我国公立医院大多具有事业单位性质，行政色彩较为浓厚。一方面更多向上级负责，寻求“政治正确”。另一方面在管理过程中，基层医生的话语权较少。我国“新医改”以来，国家加强了对基层医疗服务的投入。无论是从供给方的补贴还是从需求方的补贴都让目前医院的经营状况有所改善，由于既定的薪酬机制没有改变，导致许多医院的领导更喜欢将资金投入物质资本中去，出现了类似公有制企业的“投资饥渴症”。这种“投资饥渴症”的诱因一方面是医院加大投入、扩大规模可以提高医院领导的社会地位，另一方面在目前监督机制尚未健全的背景下，加大对物质资本的投资存在权力寻租问题。而医疗服务的核心——医生，由于在绩效管理中缺乏相应的话语权，导致对医院的结余分配权有限。下面从我们调研的一个案例出发，对此问题进行探讨。

表5-28对河南省E县中医院2007~2010年的收支情况进行了统计。总体来看，该中医院是盈利的，但是2007年该医院完成了房屋改扩建工程，改扩建之后，该医院房屋的建筑面积由11 600平方米扩大到12 000平方米，花费了2 000万元。从花费的比重来看，这个单位的投资并没有得到上级政府的财政补助，而是通过自有资金1 000万和银行贷款1 000万来完成（见表5-29）。从贷款角度，该医院2007~2010年结余之和仅801万元，还银行贷款尚且不足。从这个医院的案例来看，我们发现，基层医院的投资扩张，较为严重地占有了该医院的资金，医生从这里面分配的份额就相应减少。

从这个案例中我们也可以发现，有些医院在运营过程中不注重绩效的管理，不注重加强人的投资，片面强调物质资本的投资。基层医院的投资在改善医院硬件过程中固然起到作用，但却忽视了软件（诸如医生培训需求）的提高，从而导致作为医疗服务主体医生的工作不满意。

**表 5－28　河南省 E 县中医院收入支出表**　　　单位：万元

| | 2010 年 | 2009 年 | 2008 年 | 2007 年 |
|---|---|---|---|---|
| 总收入 | 45 947 | 38 370 | 31 287 | 22 334 |
| 总支出 | 46 241 | 37 805 | 31 217 | 21 874 |
| 总收入－总支出 | －294 | 565 | 70 | 460 |

**表 5－29　河南省 E 县中医院 2006～2007 年项目情况**

| 项目 | 2007 年 | 2006 年 |
|---|---|---|
| 房屋建筑面积（平方米） | 12 000 | 11 600 |
| 本年实际完成投资额（万元） | 2 000 | |
| 其中：财政性投资 | 0 | |
| 单位自有资金 | 1 000 | |
| 银行贷款 | 1 000 | |

2. 分县级医疗机构和乡镇卫生院医生子样本的分析

绩效管理体制对县乡医生的工作满意度有显著影响，并对乡镇卫生院医生的工作满意度影响大于县级医疗机构医生。在我们调研过程中，我们将 10 项激励让农村医生选择其中 5 项，其中有 21.97% 的乡镇卫生院医生选择了“工作绩效给予我合理的晋升与发展机会”，对应的 16.48% 县级医院医生选择了该项。最不满意的 10 项措施中，21.78% 的乡镇卫生院医生选择了工作绩效给予的提升机会，对应的 15.25% 县级医院医生选择了该项。目前乡镇卫生院大部分是按乡建院，使得乡镇卫生院容易滋生腐败和特权现象。部分地方官员和乡镇卫生院领导随意安插人员，使卫生院非学历、非技术、不能胜任的人员大增，有能力的人才流失，造成卫生服务能力下降，导致了浪费和腐败，严重影响了政府的形象和卫生院的声誉。①

3. 分高职称和低职称医生子样本的分析

绩效管理体制对低职称医生的工作满意度影响大于高职称医生。在我们访谈中发现，许多年轻的医生更希望劳动被认可。我们将 10 项激励让农村医生选择其中 5 项，其中有 25.57% 的低职称医生选择了“工作绩效给予我合理

① 王红漫．大国卫生之论——农村卫生枢纽与农民的选择．北京：北京大学出版社，2006：第 4 页。

的晋升与发展机会”，只有 17.73% 高职称医生选择了该项。对 10 项最不满意度激励措施中，18.48% 低职称医生选择了“工作绩效给予我合理的晋升与发展机会”，对应的高职称医生中有 17.42% 选择了该项。

**5.3.4.3　培训机会对医生工作满意度的影响机制分析**

1. 总体样本

依据我们调研来看，65.51% 的医生认为培训机会不充足，乡镇卫生院中 67.33% 的医生认为培训机会不足。对于农村医生，培训机会不足较为严重地影响了其技术水平，从而不利于农村卫生服务质量的提高。根据我们的调研，56.76% 的被访医生认为近一年来没有接受过技术培训，63.13% 的乡镇卫生院医生没有接受过技术培训，这都进一步佐证了农村医生培训机会较少的问题，而且乡镇卫生院出现了更为严重的情况。

从我们的研究来看，培训和工作满意度有着非常显著的关系，人才竞争成为新时期竞争的重要表现，人力资本（人才）成为医院竞争的关键。人才的培养有两个维度：一个维度是吸引人才，另一个维度是对现有的人才进行培训。人才培训有两个作用：一方面是提高卫生服务水平，另一方面是提高医生自身的人力资本，进一步给医生提供了个人发展的空间，提高医生本身的地位。在我们的实证分析中发现，培训机会不足引起医生工作满意度下降，并且工作满意度同医患关系之间存在较为显著的恶性循环机制，这从一方面说明了医生对培训机会非常在意。

结合调研情况，我们认为由于医生接受的培训机会较少，导致医生自身提高受到限制，人力资本积累受到阻碍，最终影响了医生的工作状态。从工作积极性的另一种维度——离职倾向，我们对此问题进行了进一步的研究，发现培训不满意程度也比较显著地影响离职倾向，进一步说明了医生对于培训机会不满意可能带来医生较高的离职倾向。这些都会不利于医患关系，加剧了医患关系和工作满意度之间存在的恶性循环机制。医生是医疗服务的核心，医疗服务是一种知识密集型的行业，需要根据新的情况不断进步。医疗服务行业和其他生产性行业（如制造业）最大的不同在于其知识密集型的特点决定了它不能单纯依靠流水线式的生产方式进行生产，需要医生根据患者的不同情况进行诊断和服务。即使医疗服务行业引进高精尖的技术，它也需要依靠医生运用。而且对于基层医院来说，设备有限，医生的主体地位更加凸显，医生人力资本的作用更加重要。在当前信息化加速、人们对医疗服

务要求日益提高的背景下，加大对基层医生的培训，不仅能够提高基层卫生服务水平，而且可以加强基层医生的人力资本积累，提高基层医生的积极性。

从我们调研情况来看，关于培训机会较少的原因，有83.71%的农村医生认为“单位经费限制，个人负担偏重”，经费问题成为困扰农村医生的重要问题。进一步说明，财政投入不足成为农村医生工作不满意的重要因素。

2. 分县级医疗机构和乡镇卫生院医生子样本的分析

培训机会对县乡子样本医生的工作满意度均有显著的影响，二者相差不大，说明县级医院和乡镇卫生院的医生都对培训有着迫切的需求。提高农村卫生服务质量需要一支高质量的医疗卫生队伍，建立高效的队伍一方面需要吸引人才，另一方面就是对已有的农村卫生人力资源进行培训提高他们的技术能力与服务水平。60%以上的县级医疗机构和乡镇卫生院的医生都对培训机会表示不满意，这反映出农村医生对培训机会表现出较大的不满意。而且从我们实证结果来看，培训机会显著地影响医生的工作满意度。在调研中我们也发现，许多医生存在迫切提升自己的需求，但培训机会不足成为他们自身发展受限的重要因素。在当前基层卫生机构吸引高质量人才不足的条件下，增加县乡两级医生的培训机会，对于农村卫生建设有着深远的意义。

3. 分高低职称医生子样本的分析

培训机会对高职称医生工作满意度的影响力度大于低职称医生。我们首先来看一下职称的分布，从调研的数据来看具有正高的医生仅有9人，副高医生占中级以上医生的23.22%，占整体8.37%。中级以上职称医生占总体医生样本26.99%。在我们调研的数据中发现，中级职称及以上医生的比重较大。再从年龄分布的情况来看，中级职称医生中30～40岁的人居多，大多从医10年以上，刚入行的新鲜感已经失去，更为迫切需要进一步发展，培训机会将给他们进一步发展的较大空间。从知识的更新换代来看，亟须进一步培训更新知识，积累自身人力。另一方面，中级职称认为培训机会不足的达到67.32%，高于整体中的65.51%。具有中级职称的30～40岁医生，86%认为培训经费不足、70%认为时间不足、仅20%左右的人认为培训效果不明显是培训机会不足的原因，从而进一步说明中级职称医生存在较为明显的职业发展瓶颈，明显高于其他样本。我们认为，中级职称的医生存在迫切的发展愿望，这也部分解释了培训机会对高职称医生影响力度更大的原因。

通过本章的研究，我们发现管理对工作满意度有着显著的影响，根据文献我们推测医院管理加剧了工作满意度和医患关系之间存在的恶性循环机制，要破除这种恶性循环机制需要进一步进行讨论。

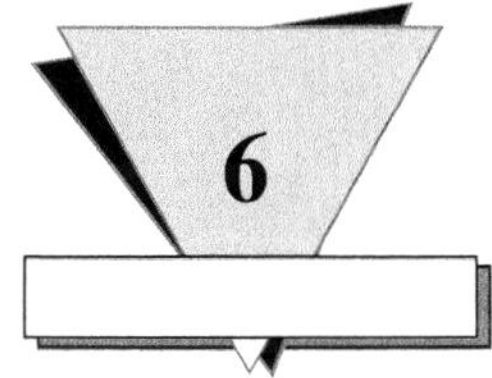


# 结论及政策启示

# 6.1 基本结论

本文利用县乡两级公立医院医生的调研数据，采用递归系统模型（RMP）、Bioprobit等模型对工作满意度的影响因素及影响机制进行了实证分析，结果表明：工作收入、医患关系和医院管理是影响农村医生工作满意度的重要因素，并且医患关系存在较强的内生性。根据文献资料和我们调研，推测医患关系和工作满意度之间存在恶性循环机制。经过研究认为，工作收入和医院管理加剧了医患关系和工作满意度之间存在的恶性循环机制（参见图6-1）。

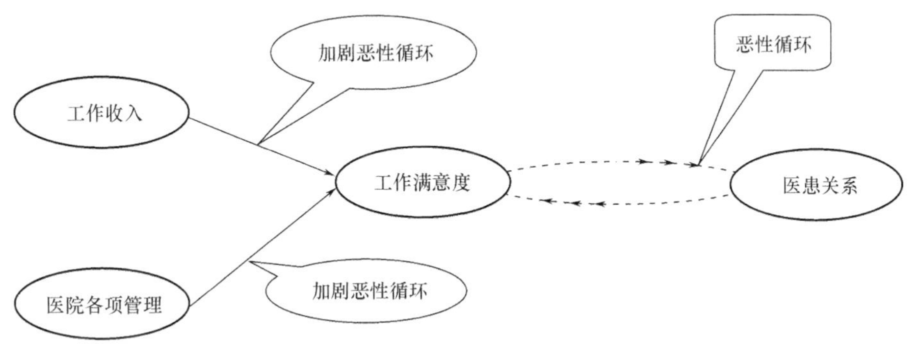


**图6-1 医患关系、工作收入、医院管理与农村医生的工作满意度**

从工作收入的角度来看，工作收入从三个方面加剧了工作满意度和医患关系的恶性循环：第一，工作收入低引起了医生的工作满意度下降，导致医生的工作积极性不高，医患关系紧张。第二，由于对工作收入不满意，导致医生离职倾向较高，基层医疗机构人才流失较为严重。而人才流失导致医疗服务下降，加剧了医患关系紧张和工作满意度之间的关系。第三，由于医生工作收入不高导致医生有“以药养医”的动机，导致了医患关系紧张，从而恶化了工作收入和医患关系本已存在的恶性循环。进一步研究发现，工作收入对县级公立医院和乡镇卫生院都有显著影响，医患关系对乡镇卫生院医生的影响力度明显大于县级公立医院的医生，高职称医生比低职称医生对工作收入更为敏感，而低职称医生对于医患关系的敏感度略大于高职称医生。这些发现为认识收入和医患关系对医生工作积极性的影响提供了经验支持。

医院管理对县乡两级医生的工作满意度有显著的影响，笔者认为由于医生对管理不满意导致了工作满意度不高，这一方面导致医生服务态度与热情下降，带来了医患关系紧张；另一方面医生离职倾向提高，优秀的医生离开基层卫生服务行业，会导致医疗的服务水平下降，这些都会带来医患关系的紧张。进一步我们通过管理的三个维度（提升机会、绩效管理和培训机会）进行分析，推测管理分别从这三个维度加剧了医生工作满意度和医患关系之间的恶性循环。最后我们分子样本对管理各维度和工作满意度的关系进行了讨论，发现县级医院医生对管理更为敏感。管理的各维度，对于提升机会、绩效管理来说，乡镇卫生院医生比较敏感；对于培训机会来说，县级医院医生表现更为敏感。根据以上结论，我们可以得出一些政策启示。

## 6.2 政策启示

本文认为，未来政策应该注意以下六个方面：

### 6.2.1 加大政府对农村医疗机构的财政投入

政府应加大对农村医疗卫生的财政投入，提高医院的公益性。虽然许多学者提出要加强医疗机构的竞争性（例如，朱玲，2006；陈钊等，2008；刘小鲁，2011），但“强化市场机制在医疗服务市场中调节作用”的改革思路是否符合中国国情，许多学者也在反思（卢洪友等，2011）。农村人口分散而且医疗服务长期滞后，所以农村医疗卫生服务更具公益性的特点，需要加大政府财政投入。

当前对于基层医疗服务的财政投入不足的原因有：一方面，在分税制条件下，基层财政的财权和事权不匹配，导致基层财政收支较为紧张，由于财政困难，基层政府无法拿出足够的资金投入与民生密切相关的县乡卫生机构。另一方面，在现有官员考核机制下，“GDP崇拜症”难以克服，地方政府官员在有限的财政支出中更有动力注重物质资本投资和与经济建设密切相关部门的投资，而忽视人力资本投资和公共服务的提供（傅勇、张晏，2007；尹恒、朱虹，2011）。这些都导致政府对县乡公立医疗机构投入的不足。

要扭转当前财政投入不足的问题，提高农村医生的工作收入，应当考虑如下措施：

#### 6.2.1.1 从根本上说，我们需要扭转基层财政事权过大、财权过小的局面

从表6－1我们可以清楚地看到，基层财政收入与中央近似持平，但基层财政支出要远远高于中央财政支出，财政的卫生支出也类似。2011年我国财政收入中中央收入占49.4%，地方财政收入占50.8%，财政支出中中央政府占15.1%，地方政府占84.9%。而中央卫生费中，中央政府仅占1.1%，地方政府占98.9%①。考虑到农村健康服务是一种有益品，具有公益性的特点，应当提高中央、省级政府对农村基层卫生的扶持，加强上级政府的转移支付力度，从供给方加大对农村医疗机构的投入。

**表6－1 历年卫生事业支出与财政支出和财政收入情况**

单位：亿元

| | 卫生事业费的财政支出 | | | 财政支出 | | | 财政收入 | | |
|---|---|---|---|---|---|---|---|---|---|
| 年 | 国家 | 中央 | 地方 | 国家 | 中央 | 地方 | 国家 | 中央 | 地方 |
| 2004 | 854.64 | 22.39 | 832.25 | 28 486.89 | 7 894.08 | 20 592.81 | 26 396.47 | 14 503.10 | 11 893.37 |
| 2005 | 1 036.81 | 21.26 | 1 015.55 | 33 930.28 | 8 775.97 | 25 154.31 | 31 649.29 | 16 548.53 | 15 100.76 |
| 2006 | 1 320.23 | 24.23 | 1 296.00 | 40 422.73 | 9 991.40 | 30 431.33 | 38 760.20 | 20 456.62 | 18 303.58 |
| 2007 | 1 989.96 | 34.21 | 1 955.75 | 49 781.35 | 11 442.06 | 38 339.29 | 51 321.78 | 27 749.16 | 23 572.62 |
| 2008 | 2 757.04 | 46.78 | 2 710.26 | 62 592.66 | 13 344.17 | 49 248.49 | 61 330.35 | 32 680.56 | 28 649.79 |
| 2009 | 3 994.19 | 63.50 | 3 930.69 | 76 299.93 | 15 255.79 | 61 044.14 | 68 518.30 | 35 915.71 | 32 602.59 |
| 2010 | 4 804.18 | 73.56 | 4 730.62 | 89 874.16 | 15 989.73 | 73 884.43 | 83 101.51 | 42 488.47 | 40 613.04 |
| 2011 | 6 429.51 | 71.32 | 6 358.19 | 109 247.79 | 16 514.11 | 92 733.68 | 103 874.43 | 51 327.32 | 52 547.11 |

#### 6.2.1.2 建立公共财政体系，克服“GDP崇拜症”

地方政府财政投入追逐经济效益、对民生投入相对不足成为业界共识（傅勇，2007），虽然2009年新医改以来，我国逐步加大了乡镇卫生院的投入，2009年财政投入在乡镇卫生院总收入中占比不到19%，2011年我国财政投入在乡镇卫生院总收入中的比重上升到36.6%，但是在我们研究中发现，乡镇卫生院自身经营困难。考虑乡镇卫生院的公益性，要提高乡镇卫生院医生的收入，政府财政投入还需要进一步加强。作为农村三级卫生龙头的县级

① 编委会．中国统计年鉴（2012）．北京：中国统计出版社，2013。

医疗机构，财政补助长期在10%以下，所占比例仍然不高。提高农村卫生投入，需要逐渐改变地方政府官员的考核机制，促使地方政府“向上负责”转变为“向下负责”。通过建立公共财政体系，促使地方财政投入加大对于民生方面的关注，以提高农民的社会福利。

**表6－2　2007～2011年国家对县级市、县属医院、乡镇卫生院的财政补助**

单位：万元

| | 县级市属 | 县属 | 乡镇卫生院 | 县级市属医疗机构财政补助占总收入的比重 | 县属医疗机构财政补助占总收入的比重 | 乡镇卫生院财政补助占总收入的比重 |
|---|---|---|---|---|---|---|
| 2007年 | 284.6 | 221.5 | 3 257 285 | 0.065 530 739 | 0.077 091 744 | 0.241 693 362 |
| 2008年 | 364.2 | 286.9 | 1 375 663 | 0.066 094 405 | 0.081 265 579 | 0.175 819 284 |
| 2009年 | 486.9 | 451.9 | 1 821 977 | 0.073 954 251 | 0.099 155 239 | 0.189 838 589 |
| 2010年 | 579.6 | 554.7 | 2 840 865 | 0.071 756 651 | 0.099 748 247 | 0.252 194 265 |
| 2011年 | 775.8 | 665.9 | 4 833 193 | 0.076 475 691 | 0.098 670 855 | 0.365 731 696 |

#### 6.2.1.3　政府财政的投入应由“补物”更多转向“补人”

正如顾昕（2011）所指出：医疗服务业不能像制造业那样通过开发“流水线”减少人工来提升效率，而必须动员更多的人力资源进入。提高农村医疗卫生服务的质量和效率，不能仅仅提高对病房、设备等投入和建设，而应更加注重农村医生人力资本的价值。由于我国公立医院医生劳务价格受到较为严格的政府管制，工资偏低，而且政府加大财政投入过程中，往往加强对病房、设备等硬件的投入，对卫生人力这种“软件”投入相对有限。农村医生是卫生服务的主体，农村医生较高的工作满意度、较好的工作状态是提高农村医疗服务质量的重要组成部分。在未来财政投入中，我们认为应当通过提高农村医生的工作收入以提高农村医生的工作积极性，缓解由于工作收入较低带来的工作满意度与医患关系的恶性循环。

### 6.2.2　建立合理的医生劳动补偿机制

改革不合理的医疗服务定价体制，体现医生的劳动价值。我国当前医疗服务价格普遍偏低、医生劳动未能合理补偿困扰着医疗体制改革。笔者认为，

当前医疗服务价格偏低的主要原因有：第一，在计划经济条件下，医疗服务定价本身就未能体现医生的劳动价值，更多体现的是医疗投入物质量的价值（朱恒鹏，2007）。但计划经济时期医生劳动报酬被低估问题并未引起足够重视，主要在于一方面医生的工资更多是由政府来支付，对企业经营状况要求不高，另一方面，在计划经济条件下社会各行业工资普遍较低，贫富分配差距不大。在这个背景下，即使医生的劳务价值被低估，所产生的影响也相对较小。第二，政府也意识到医疗是一种有益品，或者准公共物品，为了降低广大人民的负担，政府对医疗服务（包括基本的药物和医生常规的服务）进行了较为严格的管制。现实中医院可以通过出卖新药或者增加检查服务来规避政府管制，但是卫生人员的服务价格却相对固定，最终导致医生劳务占医疗服务费用的比重逐渐减小。第三，从整体上来看，我国物价近年来不断攀升，政府为稳定物价，对医疗服务价格的上涨较为谨慎，这样导致在其他产品价格普遍上涨的情况下，劳务报酬价格显得相对价格更低。而新药和器械检查则规避了原有的价格管制，这些都让医院、医生有动力借助新药、新器械来提高诊疗费提高收入，这也是政府部门多次降低药品价格但收效不明显的重要原因①。

在我们调研中，医生劳务报酬普遍偏低也是医生诟病的焦点。在实证结果中，医生的收入和诊疗费用呈现显著的相关性，而在政府对医生劳动服务价格严格管制条件下，“以械养医”“以药养医”成为提高医生收入的重要手段。笔者认为，医院的公益性更多应当由政府买单，而不是由医院、医生来承担。固然医生的职业道德建设至关重要，对医生的监督也需要加强，但只有提高医生的劳务补偿、让医生的复杂劳动得到合理补偿才能真正吸引优秀人才进入医疗服务部门，并逐步解决“以药养医”“以械养医”等种种不合理现象。考虑到农村医疗服务的特殊性，笔者认为政府应当从以下几个方面着手。

#### 6.2.2.1 适当提高医生劳务报酬的收费标准和加大政府对医生的补贴并重

提高医生劳务报酬、让价格来体现医生的劳动价值确实可以解决医生劳务报酬的问题，但是这种思路势必带来劳动服务价格上涨，进一步加剧农民

① 国家发改委解读看病贵（http：//news. sina. com. cn/c/2005 - 10 - 31/07347313099s. shtml）。

看病负担，抵消新农合的政策效果，这恐怕也是医生劳务价格一直受到政府规制的重要原因，而医生受到价格管制导致劳动未能得到合理补偿的这部分损失应当由政府来“买单”，所以笔者认为政府应当加大对医生的直接补贴力度，尤其对于强调公益性的农村医疗服务来说，更应当从供给方提高对农村医生劳务的直接补贴，以期在不加重农民负担的同时提高医生的收入水平。

#### 6.2.2.2 对医生劳务的收费标准和劳务补贴应当随着物价不断上涨而进行不断调节

在我国经济高速增长的过程中，无法回避物价上涨的问题。如果对医生劳务报酬进行一次较大幅度的提高之后，不及时根据物价进行调整，随着物价的上涨，医生相对劳务报酬又会实际下降。从我国当前工资以及价格标准调整的情况来看，计划经济色彩依然较为浓厚，由政府调节的部分明显滞后于市场调节部分。医生的就诊行为是医疗服务和医药价格共同作用的产物，虽然医生劳务价格受到政府的管制，药品中的固定部分也受到政府管制，但新药和新器械的运用则管制较少，在这个背景下，如果医疗服务价格和部分药品价格政府过多管制，而且价格未能根据物价进行及时调整，那么医生势必有动力加大新药和新器械的使用，最终带来医疗费用过高的局面。即使考虑医生劳务收费标准的相对稳定性，不能随意进行价格调节，那对于医生劳务的补偿应当进行积极的调节，以期让医生的报酬维持在一个体面的水平。

### 6.2.3 采取措施缓解医疗服务中的信息不对称问题

医疗市场的信息不对称存在政府与市场双重失灵的问题，单纯依靠政府介入或者市场提供都难以解决信息不对称问题。在我国医疗市场化改革之前，医疗卫生服务更多由政府提供，而政府与医院、医生的博弈中处于明显的信息劣势，难以解决信息不对称带来的激励问题。虽然在政府的支持下，医疗卫生服务的公平性得到了较好的保障，但是卫生的提供效率问题一直困扰着政府。20 世纪 90 年代推进市场化改革之后，医院经营意识越来越强，市场力量在医疗服务提供中起着重要作用。在市场化提供的过程中，政府和医生的博弈又更多转化为医生和患者的博弈，由于医疗市场的信息不对称，患者处于明显的信息劣势（Rice，2006）。业界有人认为，当前中国公立医院出现了三个定义上的混淆：①公立医院以商业模式在运行；②医院扮演了药企的角色在销售药品；③卫生厅（局）代表政府在监控医院的运行，同时，卫生厅

（局）又是医院的上级主管单位①。在这个背景下，医生更有动力利用信息不对称进行有利于自身的经济行为，而自成体系的监管无论是力度还是公信力都容易引发社会问题。

正如本文前面所分析，信息不对称导致患者面临医疗服务价格过高、过度检查等问题，信息不对称条件下的过度医疗已经成为困扰我国卫生服务的难题。② 农村居民由于文化水平限制，在与医生的博弈中处于更弱势的地位。当出现医疗纠纷时，目前主要采取三种渠道：医患协商、申请医疗事故鉴定、法律诉讼，但鉴定机构与医院存在千丝万缕的联系，其公信力受到质疑。法律诉讼一方面难以改变患者信息的弱势地位，另一方面其耗费的人力、财力与时间也是患者（尤其是农村患者）难以承受的，这使得处在信息劣势地位的农民在遇到医疗纠纷时很难通过合法途径解决问题。在这样的背景下，"医闹"更为横行，医生的工作环境更为严峻。单纯加强对农村医生的保护，一方面难以缓解医患的矛盾，另一方面考虑农村医疗机构的分散性，对其进行全面的保护也难以实行③。这些都导致了医生工作满意度下降，产生了医患关系和医生工作满意度的恶性循环。固然提高财政投入、加大对医生劳务报酬的补贴可以部分降低医生"以药养医"的内在动力，但如果不着手解决困扰医患的信息不对称问题，仍然难以回避医生通过信息不对称获取更多利益。在当前情况下，如果不进行改革，就无法打破医患关系和医生工作满意度的恶性循环。但如果回归原有的政府提供，一方面仍然难以解决医院的效率问题。而且随着我国政府加大新农合的实施力度，农民对于医疗服务的需求增加，提高农村医疗服务的效率成为医改中亟须解决的重要问题。另一方面在医药已经市场化程度较高的基础上，即使政府加大财政投入，在缺乏有效监管的基础上，医生依旧有动力利用专业优势进行"以药养医""以械养医"。笔者认为可以考虑以下措施，缓解信息不对称所导致的医生工作满意度和医患关系之间存在的恶性循环。

第一，参照国外同行评估（External Peer Review）的成熟经验，建立相对独立的医生行业组织，对农村医生的行为加以有效的规范、监督与仲裁。目

① 赵棣．困境与未来：中国公立医院的改革之路．北京：科学出版社，2011：第 14 页。

② 白剑峰．解剖过度医疗：过度医疗猛于虎．人民日报，2011－4－14。

③ 当前面对日益紧张的医患关系，政府将警务室设到了二级医院，而对乡镇卫生院并没有设立进一步的保护。

前对医疗事故的鉴定更多依赖于卫生部门的医疗鉴定机构，但医疗事故鉴定的管理机构“医疗纠纷办公室”通常隶属于卫生局，它和公立医院更多是“兄弟关系”，存在千丝万缕的联系，使其公信力受到质疑。所以笔者认为建立相对独立的行业组织，让同样具有信息优势的同行进行评估，可以缓解信息不对称所带来的问题。

第二，加强医生的职业道德教育，建立医生的声誉档案。近年来，我国医疗纠纷频发，这是多重因素互动的产物，提高医生职业道德教育仍然不失为缓解医生利用信息不对称进行过度治疗的重要手段。但加强职业道德教育不能流于形式，应当建立医生声誉档案，对那些明显违背职业道德的医生记录在案，影响其职业发展，通过这些手段来提高对医生败德行为的惩罚力度。

第三，医疗活动的不确定性使医生难以克服医疗失误，因此需要尝试建立合理的医疗责任保险赔偿机制，以此来缓解医疗事故出现后医生与患者的矛盾。在医患出现问题的情况下，更多应该由保险公司承担赔偿，将不确定性的损失进行合理分担。医生的医疗失误带来的后果如果完全由医生来承担，一方面会导致医生更多采取器械等规避责任的方式进行治疗，另一方面出现事故之后医生会采取一系列行为逃避责任，这些都带来了医患关系的紧张。对于医疗事故不确定性风险进行合理分担，可以让医生在一个相对较好的环境下行医，提高服务质量。

和谐的医患关系不仅包括对于患者的关怀，对于医生的关心也尤为重要。在医患关系的博弈中、在医疗服务中，医生由于其信息的优势处于强势地位。但在患者许多非理性活动中、在患者的暴力行为下，医生又处于弱势地位。紧张的医患关系带来医生工作环境恶化，最终导致医生和患者两败俱伤的局面。

### 6.2.4 提高医院管理水平

从本文的实证结果来看，管理是影响医生工作满意度的重要维度。如果说收入更多提供了医生工作的“硬环境”，管理则提供了医生工作的“软环境”。笔者认为政府应当采取以下措施：

#### 6.2.4.1 政府应当去医疗体制的行政化，给基层医院更多的发展空间，给医生更多的话语权

当前我国医院还是沿袭原有事业单位的管理模式，依旧保留计划经济时

期的色彩。由政府行政主管部门指定医院院长的机制，让医院主要负责人更注意向上负责，对医院医生利益相对忽视。由行政命令任命的院长在医院运行中具有较大的话语权，医生相对处于简单的被管理者的地位，但医院不是行政机构，存在较强的专业性，而且作为知识型员工的医生更需要民主、宽松的管理环境。

第一，政府应该更加注重医生在主要领导选拔与业务管理上的话语权，只有选拔懂业务、懂管理、有经验、负责任的人来当基层医疗机构的领导，才能够真正改善管理，提高农村医生的工作满意度。笔者认为，让文化水平较高的医生参与管理，让他们摆脱单纯被管理的地位，可以提高医生的管理满意度，从而提高他们的工作积极性。

第二，选拔专业的管理人才进入医院的管理层，这是提高管理水平的必要手段。当前医院管理层大多由医生兼职，许多医院管理人员承担着繁重的医疗任务，这些都让医院负责人疲于奔命。笔者认为，应当吸引更多的专业管理人才进入医院进行管理（例如应当吸引公共管理专业、卫生事业管理专业的毕业生进入医院进行较为专业的管理），而且这些招聘权力更多应当交由医院，而不是上级政府的指令。在医院这个专业性较强的机构中，笔者认为短期内不能简单强调由非医学专业的人员担任医院院长，但是副院长可以考虑由管理专业人才来担任。只有让管理层多元化、科学化、职业化，才能真正提高管理水平。

**6.2.4.2 政府的放权并不是不负责任，在管理的一些方面，政府还应当“有所作为”，主要包括增加医生的培训机会、提升机会并改进薪酬管理**

第一，培训机会不仅涉及农村医疗服务质量的提高，而且也涉及农村医生人力资本的积累，现有培训机会的缺失，成为农村医生工作状态不高的重要原因。培训机会单纯依靠农村医疗机构很难有效提供，政府要注重加大对基层医生的培训力度，加大城市医院对农村医生的支持与培养，形成农村医生学习的长效机制。让农村卫生人员不断更新医学知识，不但可以积累农村医生自身的人力资本，还可以提高农村医生的工作满意度，提高卫生服务质量。

第二，由于农村医疗机构处于我国整个医疗体系的底端，农村医生提升机会有限，而提升机会是知识型员工自我实现的重要方面，要提高农村医生的工作状态还需要政府在技术、职称评定等方面适当向基层医生倾斜，以扩大农村医生的提升空间。现在医生职称评定要求发表论文，评副主任医生以上的还需要主持科研课题，这使农村公立医院的医生处于不利地位，农村医疗机构在职称评定上几乎没有话语权。而且在繁忙和艰苦的工作环境中，农村医生进行科学研究的难度较大。所以应当在未来降低农村医疗机构医生职称评定的门槛，让现有的医生“有奔头”，还可以吸引医生参与农村卫生服务。

第三，薪酬管理是影响农村医生工作满意度的重要因素，让医生的劳动能够得到相应的报酬，是提高医生工作积极性的重要措施。医生的工资受工作职位、工龄、教育和行政级别等方面决定，未能很好地形成对于医生的激励。对于薪酬管理，政府一方面要给医院更多的自由权限，用更为弹性的工资制度提高医生的积极性；另一方面政府应当强化医院领导的预算约束，解决医院的过度投资问题，让医院的收入更多用于改善医生的收入水平。

管理的各维度不是独立的，而是相互作用的。对目前农村医生的管理进行系统的改善，可以在一定程度上提高农村医生工作满意度，缓解农村医生工作满意度和医患关系紧张恶性循环的问题。

### 6.2.5 提高县、乡医生工作满意度的政策启示

从县级公立医院与乡镇卫生院的角度来看，我们也能得出一些启示。

#### 6.2.5.1 收入对县乡两级医疗机构医生均有显著的影响，说明提高收入是降低医生离职倾向的重要措施

从我们的实证结果来看，县级医院医生工作满意度对于收入更为敏感，县级医院医生往往具有较高的人力资本，而且县级医院作为城乡医疗的枢纽，各种流动信息也更为充分。笔者认为，提高农村医生收入时应当更关注县级医院医生的收入。只有保持一支高质量的医疗队伍，县级医院在农村三级卫生服务网络中的龙头地位才能凸显。

#### 6.2.5.2 医患关系对于县级公立医院和乡镇卫生院医生工作满意度都具有显著影响，乡镇卫生院医生工作满意度对于医患关系的敏感度更高，且医患关系存在内生性

笔者认为处于公立医疗体系底端的乡镇卫生院，解决医患关系的渠道更为不畅。政府一方面应当重视乡镇卫生院医患关系的处理，合理疏导基层的医患矛盾，另一方面应当尽快建立和健全第三方机制，从根本上解决医患关

系和乡镇卫生院医生工作满意度之间存在的恶性循环。

**6.2.5.3 县级医院和乡镇卫生院医生样本中管理体制都显著影响工作满意度，且县级医院比乡镇卫生院更为敏感，说明改进管理有利于提升县级医院和乡镇卫生院医生的工作满意度**

从管理的各维度来看：

第一，绩效管理方面乡镇医院显得更为敏感。由于乡镇卫生院处于公立医院的最底端，管理更需改进。我们认为应当采取更加灵活的政策选拔乡镇卫生院的主要领导，形成科学、民主的工作氛围，改善乡镇卫生院的管理。在当前新农合中，农户的医疗卫生服务更多地集中于乡镇卫生院（高梦滔，2010），在未来的医疗改革中，应当更加注重乡镇卫生院在农村三级医疗网络中的枢纽地位，切实提高基层医疗服务。

第二，提升机会显著影响着县级医院医生和乡镇卫生院医生的工作满意度，对县级医院医生的影响更为显著。笔者认为，具有较高素质的县级医院医生不仅对收入有更高的要求，对个人职业发展也更为敏感，在提升机会上应该给农村医生以更多的关注，尤其要给予县级医院医生更多的提升机会。尽管医院管理岗位相对有限，但是在技术职称的评定上应当向农村基层医院倾斜，尤其要提高对县级医生的扶持力度，这样才能改善县级医院医生的工作状态，有利于农村医疗服务水平的提高。

第三，从培训机会来看，乡镇卫生院和县级医院医生都较为敏感，两者差距不大，这再一次佐证了提高培训机会是提高农村医生工作满意度的重要途径。政府一方面应当加大对乡镇卫生院和县级医院医生的培训力度，让拥有丰富临床经验的农村医生提升理论水平、学历层次和对新技术的学习；另一方面应当鼓励城市医生下到基层对基层医院进行培训，以提高农村医生的人力资本，提高他们的工作积极性。

### 6.2.6 提高不同职称医生工作满意度的政策启示

对高低职称医生的子样本实证结果进行分析，我们也可以得到一些更为细致的政策建议。

**6.2.6.1 收入对高职称医生和低职称的医生都有较为显著的影响，且高职称医生对收入更为敏感**

我国医生的工资依旧由政府规定，在一些营利性较好的医院，奖金可以

拉开高职称医生和低职称医生的收入差距。但是对于农村医生来说，由于医院经营状况较差，医院运行较为困难，在政府等级工资条件下，医生吃大锅饭的问题更为严重。如前所述，政府应当加大对于医生的收入补贴，在补贴中适当拉开距离，经过统筹规划，有效提高对高职称医生在农村工作的津贴。这样一方面可以将技术水平较高的高职称医生留在农村，为农村医疗服务；另一方面可以给低职称医生以希望，激励他们努力向更高的目标奋进。

#### 6.2.6.2 高职称医生对收入更为敏感，低职称医生对医患关系更加敏感

在医疗服务体系中，低职称医生许多是年轻医生，他们参加工作时间不长，无论是自身医务能力还是与患者交流、沟通的能力都与高职称医生有一定的差距，因此，来自患者的工作压力对其工作满意度产生较大的影响，这对年轻医生的职业成长很不利。从本文实证结果来看，收入也对低职称年轻医生的工作满意度有很大的影响作用。年轻医生面临着收入和医患关系的双重压力，导致许多医学毕业生不愿进入农村基层医疗机构工作，长此以往，很可能造成农村医生青黄不接的后果。医疗卫生界当前有这样的担心“未来谁给我们看病”（赵红，2011）。从本文的研究来看，在广阔的农村地区，这一问题可能更为严峻。

#### 6.2.6.3 从管理的角度可以得出许多细致的结论

整体管理的满意度对高职称医生和低职称医生都有着显著的影响，且对高职称医生的影响更为敏感，这再一次说明提供一个良好的工作氛围对于农村医生的重要性。尤其对有着较高人力资本的高职称医生来说，他们的机会成本更高，如果还是一个较为森严、僵化、刻板的管理体系，难以提高他们的工作积极性。建立一个灵活、民主、宽松的环境对于农村医生尤其是高职称医生有着重要的作用。从管理的各维度来看，我们还能够得到一些较为细致的结论：

第一，对于提升机会来说，低职称医生敏感度大于高职称医生。我们认为，高职称医生相对进入管理岗的机会大于低职称医生，而且他们的技术职称也高于低职称医生，所以低职称医生对于提升较为敏感。我国政府应当采取有效措施，给优秀的年轻医生以更多的机会，可以考虑打破旧有的管理模式，让年轻医生更多参与管理工作，另一方面多提供给年轻医生提升业务职称的机会，通过增加提升机会来吸引和留住优秀的年轻医生。

第二，从绩效管理来看，我们发现低职称的医生比高职称的医生更为敏

感，这可能由于在管理方面高职称医生更多处于主导地位，而低职称医生的话语权比较有限，所以在有限的资源分配角度，低职称医生也处于劣势。而且在我们的调研中发现，医生的劳务报酬过低，医生付出的劳动很难得到有效补偿，从某种程度上来看，形成了付出医疗劳动越多越不合算的局面。尤其低职称医生（很多是由年轻医生组成）在医院处于较为劣势的状态，在医院管理方面话语权较少，劳务付出往往较多，但由于目前僵化的定价机制让低职称医生“干得多、拿得少”，这再一次让我们提出了提高服务价格的政策建议。我们应当改进绩效管理水平，并且让医生的劳动得到合理的补偿。

第三，从培训机会来看，高职称医生的敏感度大于低职称医生，我们的政策建议是，政府应当采取切实的措施打破高职称医生的职业天花板。加大对高职称医生的培训力度，鼓励高职称医生进行较为系统的学习和进修，提高他们的人力资本积累，让这些医生能够吸纳更为先进的知识和技术，提高他们的工作满意度。

农村医疗服务是一种有益品，中国农村医疗改革是一项艰巨的任务，它涉及6亿农民福利。医疗服务具有劳动密集型的特点，提高农村医生工作满意度是农村医疗改革的重点。从本文的研究来看，采取切实措施提高农村医生的工作收入，是打破由于收入带来医患关系与医生工作满意度之间恶性循环的关键。建立相对独立的医生行业组织，成立医疗责任保险制度，才能有效解决医疗过程中的信息不对称问题，打破由于信息不对称引起的医患关系和医生工作满意度之间的恶性循环。提高农村医生收入，尤其要注重提高乡镇卫生院医生的工作收入，并改进公立医院的分配制度，提高农村医疗服务的效率。要重视年轻医生的关怀与培养，保障农村卫生人力的可持续发展。

# 后 记

本书是在我博士论文基础之上增补修改完成的。在书稿即将封笔之际，心中忽然有些许惶恐，不知道这本小书未来将得到什么样的评价？成书之时，回首北京十年求学经历，心中感谢难以言表。

我能进入学术殿堂，完成这本小书，首先要感谢我的硕士生导师杨春学教授。在杨老师的悉心指导下，我不仅掌握了做学问的基本方法与思路，更重要的是恩师对学术研究孜孜不倦的追求给了我很大感染。虽然学生驽钝，学术能力远未达到恩师要求，但求学工作十年一直未曾忘记学术的追求。恩师在百忙之中还抽出时间为本书提供指导，并欣然做序，感激之情难以言表！感谢师母长期以来在生活上的帮助与关心。

感谢中国社科院经济研究所的左大培研究员、朱恒鹏研究员、刘霞辉研究员、赵志君研究员、姚宇研究员在硕士期间的教诲。感谢中国社会科学院经济研究所谢志刚师兄、对外经贸大学的孙守纪师兄、中国社会科学院经济研究所王瑶师兄，三位师兄长期的帮助与关心让我受益匪浅。

北京大学学习的四年，我个人的学术能力，尤其是现代西方经济学的训练又提高了一个台阶。本书的主体部分来源于博士论文，论文是在我的博士生导师、北京大学刘民权教授主持的“中国农村卫生人力资源研究：现状评估及未来需要预测”基础之上完成，感谢刘老师在博士论文选题和写作方面的指导。感谢北京大学王曙光教授在求学之中的关心与帮助，在王曙光教授的帮助下，我加深了对农村经济运行的理解与认识。感谢北京大学夏庆杰教授、王大树教授对我博士论文的开题、预答辩和答辩等环节上的支持和帮助。感谢北京大学的萧琛教授、钱立教授、财政部财科所的吕旺实教授、白景明教授，各位老师在答辩时的指点，让我受益匪浅。感谢林双林教授、刘怡教授、章政教授、李虹教授、张鹏飞老师、蒋云赟老师，各位老师在我博士论文的写作与修改期间给予了热情的指导。感谢北京大学经济学院李绍荣教授、秦雪征老师；国家发展研究院的李玲教授、赵耀辉教授；光华管理学院李博柏教授、林莞娟老师；中国人民大学劳动经济学院的赵忠老师；牛津大学发展系 Proochista Ariana 老师，各位老师在我北京大学求学和博士论文写作过程中都给予了我许多指点和帮助，提升了我的研究能力与水平。在此表示衷心的感谢。

非常感谢北京大学经济与人类发展研究中心的各位老师和同学。感谢苗艳青老师、王丽丽老师、王素霞老师、于敏老师、孙波老师、郭红燕老师、王小林老师、季曦等老师的关心与帮助。感谢孙梦洁、甘雪琼、曹斌、谢正荣，与你们一起历经甘肃、河南、广东 3 省 18 县的调研，形成了本文的数据基础。感谢韩华为师兄、孙旭光师兄、赵天师妹、尹一蒙、李瑜敏等 HRH 成员的帮助。

感谢首都经济贸易大学的张连城教授、郎丽华教授、徐雪教授、王军教授、王少国教授、徐则荣教授、廖明球教授在入职以来的关心和帮助。还记得博士论文闯关之时正是找工作最艰难的时刻，是各位老师的帮助让我静心完成了博士论文。入职以后得到各位老师热心的关心和帮助，让我能够顺利地完成从博士研究生向大学教师的转换。

感谢我的父母和家人，没有你们长期的关心和支持，本书的完成是难以想象的。肖翔长期在学术与生活上的关心是我能坚持学术研究的重要保障，本书许多文字表述更离不开肖翔的帮助。最后感谢小女肖曦佳给我在本书修改阶段带来的诸多欢声笑语。在未来的研究过程中，我会更加努力，以更好的成绩回报各位关心与帮助我的人。

董香书

2016 年 5 月 7 日

# 参考文献

## 中文参考文献

[1]阿马蒂亚·森. 以自由看待发展[M]. 任赜,于真,译. 北京:中国人民大学出版社,2002.

[2]白重恩,李宏彬,吴斌珍. 医疗保险与消费:来自新型农村合作医疗的证据[J]. 经济研究,2012(2).

[3]蔡惠州,黄敏,郑锦焕,陈烈平. 医学院校毕业生到农村就业的意向及影响因素调查分析[J]. 中国社会医学杂志,2009(1).

[4]蔡立辉. 分层次、多元化、竞争式提供医疗卫生服务的公共管理改革及分析[J]. 政治学研究,2009(6).

[5]常起,徐凌忠. 菏泽市县级医院医务人员工作满意度与离职意向调查研究[J]. 中国当代医药,2011(8).

[6]陈敖贵. 乡镇卫生院管理体制存在的问题与改革措施[J]. 南京医科大学学报(社会科学版),2002(3).

[7]陈烈平,蔡惠州,严肃,等. 乡镇卫生院人力资源问题分析与对策研究——福建省553位乡镇卫生院院长问卷调查[J]. 中国农村卫生事业管理,2010(1).

[8]陈传波,李爽,王仁华. 重启村社力量,改善农村基层卫生服务治理[J]. 管理世界,2010(5).

[9]陈燕凌,穆云庆,陈黎明,李书章. 综合医院医患关系影响因素的调查与研究[J]. 重庆医学,2012(3).

[10]陈钊,刘晓峰,汪汇. 服务价格市场化:中国医疗卫生体制改革的未尽之路[J]. 管理世界,2008(8).

[11]陈铮,高军. 医生的医疗技术在医疗费用中到底占多少——患者手术费用中医生技术费用所占比例调查[J]. 首都医药,2007(3).

[12]程令国,张晔. “新农合”:经济绩效还是健康绩效?[J]. 经济研究,2012(1).

[13]崔宜庆. 我国农村卫生工作现状与对策[J]. 中国农村卫生事业管理,2009(2).

[14]《当代中国》丛书编辑委员会．当代中国卫生事业(下)[M]．北京:中国社会科学出版社,1986.
[15]佟珺,石磊．价格规制、激励扭曲与医疗费用上涨[J]．南方经济,2010(1).
[16]傅勇,张晏．中国式分权与财政支出结构偏向:为增长而竞争的代价[J]．管理世界,2007(3).
[17]封进,刘芳,陈沁．新型农村合作医疗对县村两级医疗价格的影响[J]．经济研究,2010(11).
[18]冯缙,秦启文．工作满意度研究述评[J]．心理科学,2009(7).
[19]干春晖,周习,郑若谷．不完美信息、供给者诱导需求与医疗服务质量[J]．财经研究,2007(8).
[20]甘肃省地方史志编纂委员会,甘肃省志·医药卫生志·卫生编纂委员会．甘肃省志(第六十七卷)(医药卫生志)[M]．兰州:甘肃文化出版社,1999.
[21]高春亮,毛丰付,余晖．激励机制、财政负担与中国医疗保障制度演变——基于建国后医疗制度相关文件的解读[J]．管理世界,2009(4).
[22]高梦滔.新型农村合作医疗与农户卫生服务利用[J]．世界经济,2010(10).
[23]高颖鹃．病例组合方法在确定急性阑尾炎患者住院费用中的运用[J]．中国卫生经济,2006(11).
[24]顾丽萍．再析我国"看病贵看病难"现象[J]．南京医科大学学报,2010(2).
[25]顾松涛,黄淇敏,陈志强,等．三级医院临床医生工作满意度与离职倾向的关系研究[J]．中华医院管理杂志,2006(9).
[26]顾昕．医疗卫生资源的合理配置:矫正政府与市场双失灵[J]．国家行政学院学报,2006(3).
[27]顾昕,方黎明．农村医疗服务体系的能力建设与新型合作医疗的运行[J]．河南社会科学,2007(3).
[28]顾昕．中国医疗领域中的人力资源危机[J]．国家行政学院学报,2011(6).
[29]广东省地方史志编纂委员会．广东省志·卫生志[M]．广州:广东人民出版社,2003.
[30]郭艳芳,陈少贤．广东省乡镇卫生院医生满意度研究[J]．中国农村卫生事业管理,2006(12).
[31]韩俊,罗丹．中国农村医疗卫生状况报告[J]．中国发展观察,2005(1).
[32]侯胜田．改善医患关系的重要途径——患者满意度测评[J]．医院院长论

坛,2011(4).

[33]胡坚勇,陈玮臻,赵智磊. 我国药品回扣治理的反思和对策[J]. 医学与社会,2012(2).

[34]胡颖廉. 我国药品安全监管:制度变迁和现实挑战(1949—2005)[J]. 中国卫生政策研究,2009(6).

[35]黄冬梅,尹文强,张宜民. 公立医院医生执业环境满意度的调查[J]. 中华医院管理杂志,2008(7).

[36]黄君丽. 医患纠纷恶化的症结[J]. 卫生经济研究,2008(1).

[37]蒋天文,樊志宏. 中国医疗系统的行为扭曲机理与过程分析[J]. 经济研究,2002(11).

[38]蒋祥虎. 公立医院运行机制改革创新研究[M]. 北京:中国经济出版社,2005.

[39]寇宗来. "以药养医"与"看病贵、看病难"[J]. 世界经济,2010(1).

[40]赖贞华. 某大型医院医务人员离职现状及建议[J]. 中国卫生产业,2012(1).

[41]雷海潮,胡善联,李刚. CT 检查中的过度使用研究[J]. 中国卫生经济,2002(10).

[42]理查德·威廉姆斯. 组织绩效管理[M]. 北京:清华大学出版社,2002.

[43]李克强. 不断深化医改推动建立符合国情惠及全民的医药卫生体制[J]. 求是,2011(22).

[44]李丽. 我国医疗服务价格规制的理论与实证分析[N]. 山东大学博士论文,2007.

[45]李玲. 综合改革滞后是医改瓶颈[J]. 中国卫生人才,2011(5).

[46]李玲. 新医改的进展评述[J]. 中国卫生经济,2012(1).

[47]李玲,江宇. 中国公立医院改革[M]. 北京:社会科学文献出版社,2012.

[48]李明章. 104 名县、乡、镇卫生院长的思考与要求[J]. 中国农村卫生事业管理,1991(7).

[49]李鹏飞,汪德华,郑江淮. 医疗服务价格管制与"以药养医"[J]. 南方经济,2006(8).

[50]李子叶,席酉民,尚玉钒,杨乐. 提高员工工作满意度机制的系统分析:和谐管理理论的启示与价值[J]. 南开管理评论,2008(4).

[51]林暖暖. 美国无过错医疗责任改革:制度缘起与法理启示[J]. 中国社会

科学,2010(2).
[52]刘国恩．我国营利性医院发展与医疗费用研究:基于省级数据的实证分析[J]．管理世界,2008(10).
[53]刘晓慧．医院挂号费的“前世今生”[J]．首都医药,2010(3).
[54]刘梦明,王忠,秦江梅．公立医院医师工作倦怠影响因素分析[J]．中国病案,2012(3).
[55]刘小鲁．管制、市场结构与中国医药分离的改革绩效[J]．世界经济,2011(12).
[56]卢洪友,连玉君,卢盛峰．中国医疗服务市场中的信息不对称程度测算[J]．经济研究,2011(4).
[57]吕国营．第二种人力资本——兼论医患关系的和谐[J]．财政研究,2010(11).
[58]罗敬．公立医院医生工资及待遇状况的分析与思考[J]．中国卫生经济,2008(7).
[59]马本江．基于委托代理理论的医患交易契约设计[J]．经济研究,2007(12).
[60]马双,张劼．新型农村合作医疗保险与居民营养结构的改善[J]．经济研究,2011(5).
[61]马清华．乡镇卫生院运行现状与对策[J]．社区医学杂志,2012(1).
[62]密县县委宣传部,县革委卫生局,大隗公社革委会联合调查组．大隗公社卫生院医务人员同赤脚医生实行轮流交换[J]．中原医刊,1976(4).
[63]彭红,李永国．中国医患关系的历史嬗变与伦理思考[J]．中州学刊,2007(6).
[64]邱仁宗．医患关系严重恶化的症结在哪里[J]．医学与哲学,2005(13).
[65]任建明．转型期我国医药腐败问题研究[J]．公共管理评论,2006(1).
[66]韶红,张秋敏,张友根,何毅平．医务人员工作满意度组织承诺离职意愿的研究[J]．中国行为医学科学,2004(4).
[67]河南省地方史志编纂委员会．河南省志·卫生志·医药志[M]．郑州:河南人民出版社,1994.
[68]沈群红．现行医疗服务定价与补偿机制探究[J]．中国软科学,2009(3).
[69]孙邦贵．乡镇卫生院面临的问题及其对策探讨[J]．中国卫生事业管理,1994(8).
[70]孙冬悦,王晓燕,王辰,等．医务人员的工作状况描述及问题分析[J]．中国医院,2011(8).
[71]孙葵．医生工作满意度关键影响因素及对策研究[J]．中国卫生质量管

理,2009(3).

[72]孙忠河,曹长春. 医务人员收入水平及工作满意度的现状分析[J]. 西部医学,2012(1).

[73]田发,周琛影. 地方财政体制变革下的县乡财政解困[J]. 经济体制改革,2007(4).

[74]王畅,王声湧,代金芳,等. 广东省18家医院急诊科医护人员离职意愿及其影响因素调查[J]. 中国职业医学,2011(4).

[75]汪丁丁. 医生收入的市场化是医疗改革当前急务[J]. 财经,2005(21).

[76]王箐,魏建."退出""呼吁"与医生行为的激励机制[J]. 经济与管理研究,2012(1).

[77]王靖元. 乡镇卫生院人力资源状况调查[J]. 红旗文稿,2006(8).

[78]汪孔亮. 综合医院战略绩效管理研究[N]. 华中科技大学博士学位论文,2010.

[79]王红漫. 大国卫生之论——农村卫生枢纽与农民的选择[M]. 北京:北京大学出版社,2006.

[80]王鸿勇,王黎勇,王晓屏,彭涛,王军. 医保信用等级制度对费用转移的影响研究[J]. 中国卫生经济,2010(11).

[81]王冉,陈家应,路定珍,张平. 县级医院补偿现状及策略研究[J]. 中国医院管理,2009(1).

[82]王延中,冯立果. 中国医疗卫生改革何处去——"甩包袱"式市场化改革的资源集聚效应与改进[J]. 中国工业经济,2007(8).

[83]汪智,梁峻. 20世纪的中国体育卫生卷[M]. 兰州:甘肃人民出版社,2000.

[84]王新,刘西国,李泉. 医疗服务定价机制探讨[J]. 中国卫生经济,2012(5).

[85]吴海舰,刘岩,曹文华,等. 济南市不同层次医疗机构卫生科技人才流动情况调查分析[J]. 卫生软科学,2002(1).

[86]武力. 1949~2006年城乡关系演变的历史分析[J]. 中国经济史研究,2007(1).

[87]肖爱树. 农村医疗卫生事业的发展[M]. 南京:江苏大学出版社,2010.

[88]肖碧. 医疗技术劳务价格扭曲的原因及难度系数定价法的构建[J]. 中国卫生产业,2011(13).

[89]肖康康. 待遇差,社区年轻医生跳槽多[N]. 楚天时报,2011-3-20.

[90]肖兴政,刘燕．知识型员工激励机制的构建[J]．中国人力资源开发,2010(10).
[91]肖雅楠．职业生涯早期阶段员工离职倾向与管理对策研究——基于调查数据的分析[N]．天津大学博士论文,2010.
[92]谢娟．我国贫困地区卫生人力资源状况及其开发策略研究[N]．华中科技大学博士论文,2010.
[93]谢铮,邱泽奇,张拓红．患者因素如何影响医方对医患关系的看法[J]．北京大学学报(医学版),2009(2).
[94]徐昕．我国医生人力资本现状研究[N]．复旦大学博士论文,2011.
[95]徐媛媛．医患纠纷与我国政府公共政策的调整[J]．理论界,2010(8).
[96]亚当·斯密．国富论[M]．王亚南,郭大力,译．上海:中华书局印行,1936.
[97]姚娟．浅析公立医院编制外用工管理[J]．医院管理论坛,2012(6).
[98]杨燕绥．药价虚高暴露粗放发展弊端[J]．中国医疗保险,2010(12).
[99]杨宇霞．新农合制度下农村基层医疗服务质量及其治理研究[N]．西南大学博士论文,2012.
[100]尹恒,朱虹．县级财政生产性支出偏向研究[J]．中国社会科学,2011(1).
[101]尹文强,王克利,傅华．社区卫生服务职工工作满意度与稳定性研究[J]．中华医院管理杂志,2003(6).
[102]尹志超,甘犁．香烟、美酒和收入[J]．经济研究,2010(10).
[103]印石．医患关系紧张程度及其原因——二论医患关系[J]．卫生经济研究,2003(2).
[104]于晶波,孙强,王永平,等．对两省医生收入满意度和期望收入的分析[J]．中国卫生经济,2004(5).
[105]俞林伟．影响医学毕业生就业的内在制约因素与对策实证研究[J]．中国卫生事业管理,2010(5).
[106]张斌．构建和谐医患关系的探讨——基于医务社会工作视角[J]．社会科学家,2011(7).
[107]张超,潘木善．医疗卫生机构药品价格虚高的原因分析与对策[J]．中国药房,2012(24).
[108]张茅．县域医疗卫生改革发展的探索与实践[J]．管理世界,2011(2).
[109]张茅．深化医改,人才为先[J]．求是,2011(12).

[110]张敏. 公立医院编制外人员的管理[J]. 人力资源管理,2012(4).

[111]张士菊,廖建桥. 员工工作满意度各维度对整体满意度的影响研究[J]. 科学学与科学技术管理,2007(8).

[112]张胜利,卞鹰. 888 例阑尾炎和 891 例正常分娩住院费用剖析[J]. 卫生经济研究,2001(6).

[113]张新庆,王志杰,李红英. 全国 80 家医疗机构工作满意度差异性分析[J]. 中国医院管理,2010(4).

[114]张宜民,冯学山. 城市公立医疗机构医生工作满意度决定因素的实证研究[J]. 中国卫生资源,2011(2).

[115]张宜民. 城市公立医疗机构医生工作满意度、职业倦怠与离职意向关系的模型研究[N]. 复旦大学博士论文,2011.

[116]张正堂,赵曙明. 欠发达地区企业知识员工异地离职动因的实证研究:以苏北地区为例[J]. 管理世界,2007(8).

[117]赵红. 未来谁给我们看病[J]. 中国医院院长,2011(10).

[118]赵丽清,王大南,宋敏,刘吉生. 全方位开展患者满意度调查促进医患关系和谐发展[J]. 中国医院管理,2010(10).

[119]赵明,马进. 我国公立医院医疗服务收费与医务人员劳动力价值关系研究[J]. 价格理论与实践,2009(1).

[120]郑成香,牟善增,王加祥,高海兴. 日照市乡镇卫生院现状与发展调研报告[J]. 卫生经济研究,2002(8).

[121]赵忠,侯振刚. 我国城镇居民的健康需求与 Grossman 模型——来自截面数据的证据[J]. 管理世界,2005(10).

[122]郑树清. 论医疗服务业的特点[J]. 上海经济研究,2006(12).

[123]郑雪倩,邓利强,陈春林. 对 326 所医疗机构医疗纠纷和侵权事件的调查报告[J]. 中国医院,2002(6).

[124]郑有贵,李成贵. 一号文件与中国农村改革[M]. 合肥:安徽人民出版社,2008.

[125]中共中央党校研究室课题组. 从经济发展角度冷静地思考和设计政治体制改革[J]. 经济研究参考,2003(48).

[126]编委会. 中国卫生改革开放 30 年[M]. 北京:人民卫生出版社,2008.

[127]周子君,林明健. 医生满意度调查——医生对什么不满意[J]. 医院管理

论坛,2003(2).
[128]周丽. 我国公立医院行为绩效分析[M]. 北京:经济科学出版社,2011.
[129]朱恒鹏. 医疗体制弊端与药品定价扭曲[J]. 中国社会科学,2007(4).
[130]朱恒鹏. 还医生以体面:医疗服务走向市场定价[J]. 财贸经济,2010(3).
[131]朱恒鹏. 管制的内生性及其后果:以医药价格管制为例[J]. 世界经济,2011(7).
[132]朱玲. 政府与农村基本医疗保健保障制度选择[J]. 中国社会科学,2000(4).
[133]朱玲. 构建竞争性的县乡医疗服务供给体制[J]. 管理世界,2006(6).
[134]左延莉,王小万,代涛. 三城市六种疾病住院病人灾难性医疗支出研究[J]. 卫生经济研究,2008(11).

**英文参考文献**

[1]Adams J S. Toward an understanding of inequity[J]. Journal of Abnormal and Social Psychology,1963(67),pp. 422 -436.
[2]Ahmad, Tanwir and Riaz, Adnan. Factors Affecting Turn - Over Intentions of Doctors in Public Sector Medical Colleges and Hospitals[J]. Interdisciplinary Journal of Research in Business,2011,1(10),pp. 57 -66.
[3]Angrist, Joshua D. Estimations of Limited Dependent Variable Models with Dummy Endogenous Regressors: Simple Strategies for Empirical Practice[J]. Journal of Business & Economic Statistics,2001,19(1),pp. 2 -16.
[4]Ansmann, Lena, Kowalski, Christoph, Ernstmann, Nicole. Patients Perceived Support from Physicians and the Role of Hospital Characteristics[J]. International Journal for Quality in Health Care,2012,24(5),pp. 501 -508.
[5]Arnetz, Judith E., Bengt B. Arnetz. Violence Towards Health Care Staff and Possible Effects on the Quality of Patient Care[J]. Social Science and Medicine, 2001,52(3),pp. 417 -427.
[6]Arrow, Kenneth J. Uncertainty and Welfare Economics of Medical Care[J]. American Economic Review,1963(53),pp. 941 -973.
[7]Balia, S. and Jones, A. M. Mortality, Lifestyle and Socio - Economic Status[J]. 2005,HEDG Working Paper 05/02,University of York.
[8]Bardwick, J. M. The Plateauing Trap[M]. New York: Amacon,1986.

[9] Barro, R. Economic Growth in a Cross - Section of Countries [J]. Quarterly Journal of Economics, 1991, 106(2), pp. 407 - 43.

[10] Besley, T. & Ghatak, M. Competition and Incentives with Motivated Agents[J]. American Economic Review, 2005, 95(3), 616 - 636.

[11] Buscha, Franz and Conte, Anna. The Impact of Truancy on Educational Attainment: A Bivariate Ordered Probit Estimator with Mixed Effects [J]. The Jena Economic Research Papers, 2010.

[12] Bloom, N. & Van Reenen, J. Measuring and Explaining Management Practices Across Firms and Countries [J]. Quarterly Journal of Economics, 2007, 122 (4), 1341 - 1408.

[13] Chen, X. P., Hui, C. and Sego, D. J. The Role of Organization Citizenship Behavior in Turnover: Conceptualization and Preliminary tests of Keys Hypotheses[J]. Journal of Applied Psychology, 1998, 83(6), pp. 922 - 931.

[14] Chi - Man Yip, Winnie, Hsiao William C, Wen Chen, Hu Shanlian, Jin Ma, Alan Maynard. Early Appraisal of China's Huge and Complex Health - Care Reforms[J]. Lancet, 2012, 379(9818), pp. 833 - 842.

[15] Cotton, J., Tuttle, J. Employee Turnover: A Meta - Analysis and Review with Implications for Research[J]. Academy of Management Review, 1986, 11(1), pp. 55 - 70.

[16] Culyer, A., H. Simpson. Externality Models and Health: a Rückblick over the Last Twenty Years[J]. Economic Record, 1980(56), pp. 222 - 230.

[17] Cuyler, A. J. The Normative Economics of Health Care Finance and Provision [J]. Oxford Review of Economic Policy, 1989(5), pp. 34 - 58.

[18] Culyer, A. J. & J. P Newhouse. Handbook of Health Economics [M]. Amsterdam: Elsevier, 2000.

[19] Currie, Janet., Wanchuan Lin, Wei Zhang. Patient Knowledge and Antibiotic Abuse: Evidence from an Audit Study in China [J]. Journal of Health Economics, 2011, 30(5), pp. 933 - 949.

[20] DeVoe, J., Fryer, G. E., Hargraves, J. L., et al. Does Career Dissatisfaction Affect the Ability of Family Physicians to Deliver High - quality Patient Care? [J]. Journal of Family Practice, 2002(53), pp. 223 - 228.

[21]Divine Ikenwilo and Anthony Scott. The Effects of Pay and Job Satisfaction on the Labour Supply of Hospital Consultants[J]. Health Economics,2007(16), pp. 1303 - 1318.

[22] Dieleman M, Cuong PV, Anh LV, Martineau T. Identifying Factors for Job Motivation of Rural Health Workers in North Vietnam[J]. Human Resources for Health,2003(1):10.

[23] DiMatteo, M. R., Cathy Donald Sherbourne, Ron D. Hays, Lynn Ordway, Richard L. Kravitz, Elizabeth A. McGlynn, Sherrie Kaplan, William H. Rogers. Physicians' Characteristics Influence Patients' Adherence to Medical Treatment:Results From the Medical Outcomes Study[J]. Health Psychology, 1993(12),pp. 93 - 102.

[24]Dranove, D. Demand Inducement and the Physician/Patient Relationship[J]. Economic Inquiry 1988(26),pp. 251 - 298.

[25] Escarce, J., Polsky, D., Wozniak, G., Pauly, M., Kletke, P. Health Maintenance Organization Penetration and the Practice Location Choices of New Physicians[J]. Medical Care,1988(36),1555 - 1566.

[26]Farley, P. J. Theories of the Price and Quantity of Physician Services[J]. Journal of Health Ecomomics,1986,5(4),pp. 315 - 333.

[27]Fassina, Neil E, Jones, David A, Uggerslev, Krista L. Relationship Clean - Up Timc:Using Meta - Analysis and Path Analysis to Clarify Relationships Among Job Satisfaction, Perceived Fairness, and Citizenship Behaviors[J]. Journal of Management,2008,34(2),pp. 161 - 188.

[28]Franz Buscha, Anna Conte. The Impact of Truancy on Educational Attainment: A Bivariate Ordered Probit Estimator with Mixed Effects[J]. Jena Economic Research Papers 2010(62).

[29] Fiorito. Government Spending for Merit Goods: Macroeconomics Implications [N]. working paper in ASSET LECTURE, University of Crete,2005.

[30]Gary S. Becker. Health as Human Capital:Synthesis and Extensions[J]. Oxford Economic Papers,2007(59),pp. 379 - 410.

[31] Greene, William H. and Hensher, David A. Modeling Ordered Choices: A Primer and Recent Developments[J]. Working Paper,2008(06).

[32] George Sweeney. Welfare Implications of Fully Distributed Cost Pricing Applied to Partially Regulated Firms[J]. The Bell Journal of Economics, 1982(13), pp. 525 - 533.

[33] Grembowski D, Paschane D, Diehr P, Katon W, Martin D, Patrick D. Managed Care, Physician Job Satisfaction, and the Quality of Primary Care[J]. Journal General Internal Medicine, 2005(20), pp. 271 - 277.

[34] Grol R, Mokkink H, Smits A, Van Eijk J, Mesker P, Mesker - Niesten J. Work Satisfaction of General Practitioners and the Quality of Patient Care[J]. Family Practice, 1985(2), pp. 128 - 135.

[35] Gruber, J., Owings, M. Physician Financial Incentives and Cesarean Section Delivery[J]. RAND Journal of Economics, 1996(27), pp. 99 - 123.

[36] Grossman, M. On the Concept of Health Capital and the Demand for Health [J]. Journal of Political Economy, 1972, 80(2): 223 - 255.

[37] Grytten, J. et al. The Income Effect and Supplier Induced Demand. Evidence from Primary Physician Services in Norway[J]. Applied Economics, 2001, 33 (11), pp. 1455 - 1467.

[38] Haas JS, Cook EF, Puopolo AL, Burstin HR, Cleary PD, Brennan TA. Is the Professional Satisfaction of General Internist Associated with Patient Satisfaction? [J]. Journal General Internal Medicine, 2000(15), pp. 122 - 128.

[39] Hahn, S. R. Physical Symptoms and Physician - Experienced Difficulty in the Physician - Patient Relationship[J]. Annals of Internal Medicine, 2001, 134 (9), pp. 897 - 904.

[40] Head, J. G. Merit Goods Revisited[J]. Finanzarchiv, 1969, 28(2).

[41] Hillman, A., et al. Physicians' Utilization and Charges for Outpatient Diagnostic Imaging in a Medicare Population[J]. Journal of the American Medical Association, 1992(268), pp. 2050 - 2054.

[42] Hoppock, R., Job satisfaction[M]. oxford: Harper, 1935.

[43] Hugh Gravelle, Arne Risa Hole, Mohammad Iftekher Hossain. Response Bias in Job Satisfaction Surveys: English General Practitioners[N]. Discussion Papers in Economics, University of York, 2008.

[44] Hsien - Ming Lien, Ching - To Albert Ma, Thomas G. McGuire. Provider -

Client Interactions and Quantity of Health Care Use[J]. Journal of Health Economics 2004(23), pp. 1261 - 1283.

[45] Ilies, Remus, Wilson, Kelly Schwind, Wagner, David T. The Spillover of Daily Job Satisfaction onto Employees' Family Lives: The Facilitation Role of Work - family Integration[J]. Academy of Management Journal, 2009, 52(1), pp. 87 - 102.

[46] Janet Currie, Wanchuan Lin, Wei Zhang. Patient Knowledge and Antibiotic Abuse: Evidence from an Audit Study in China[J]. Journal of Health Economics, 2011(30), pp. 933 - 949.

[47] Janssen, O., Van Yperen, NW. Employees' Goal Orientations, the Quality of Leader - Member Exchange, and the Outcomes of Job Performance and Job Satisfaction[J]. Academy of Management Journal, 2004, 47(3), pp. 368 - 384.

[48] Katz A. Better Outcome Means More Job Satisfaction: Pilot Project Winnipeg and Halifax to Enhance Physician - Patient Communication[J]. Canadian Family Physician, 1999(45), pp. 218 - 220.

[49] Kessler, D. P., McClellan, M. Do Doctors Practice Defensive Medicine? [J]. Quarterly Journal of Economics, 1996(111), pp. 353 - 390.

[50] Lancet. Chinese Doctors are Under Threat[J]. The Lancet, 2010(376), pp. 657.

[51] Mathieu, J. & Zajac, D. A Review and Meta - Analysis of the Antecedents, Correlates, and Consequences of Organizational Commitment[J]. Psychological Bulletin, 1990, 108(2), pp. 171 - 194.

[52] Lee, Tae Heon, Gerhart, Barry, Weller, Ingo. Understanding Voluntary Turnover: Path - Specific Job Satisfaction Effects and the Importance of Unsolicited Job Offers[J]. Academy of Management Journal, 2008, 51(4), pp. 651 - 671.

[53] Levine, R., D. Renelt. A Sensitivity Analysis of Cross - Country Growth Regressions[J]. American Economic Review, 1992, 82(4), pp. 942 - 63.

[54] Linn LS, Brook RH, Clark VA, Davies AR, Fink A, Kosecoff J. Physician and Patient Satisfaction as Factors Related to the Organisation of Internal Medicine Group Practices[J]. Med Care, 1985(23), pp. 1171 - 1178.

[55] Liu, Meng – chun and Chen, Shin – Horng. MNCs' Offshore R&D Networks in Host Country's Regional Innovation System: The Case of Taiwan – Based Firms in China[J]. Research Policy, 2012, 41(6), pp. 1107 – 1120.

[56] Locke, E. A. What is Job Satisfaction? [J]. OB and Human Performance, 1969 (4), pp 309 – 336.

[57] Louis Lévy – Garboua a, Claude Montmarquette. Reported Job Satisfaction: What Does it Mean? [J]. Journal of Socio – Economics, 2004, 33, pp. 135 – 151.

[58] Lum, L., Kervin, J., Kathleen, C., Frank, R., and Wendy, S. Explaining Nursing Turnover Intent: Job Satisfaction, Pay Satisfaction, or Organizational Commitment? [J]. Journal of Organizational Behavior, 1998, 19(3), pp. 305 – 320.

[59] Martin Mende, Ruth N. Bolton, and Mary Jo Bitner. Decoding Customer – Firm Relationships: How Attachment Styles Help Explain Customers' Preferences for Closeness, Repurchase Intentions, and Changes in Relationship Breadth [J]. Journal of Marketing Research, 2013(1), pp. 125 – 142.

[60] Mathieu, J. and Zajac, D. A Review and Meta – Analysis of the Antecedents, Correlates, and Consequences of Organizational Commitment[J]. Psychological Bulletin, 1990, 108(2), pp. 171 – 194.

[61] McCoy, David, Bennett, Sara, Witter, Sophie, Pond, Bob, Baker, Brook, et. al. Salaries and Incomes of Health Workers in Sub – Saharan Africa [J]. The Lancet, 2008, 371(9613), pp. 675 – 681.

[62] McGuire, T. G. Physician Agency. In [N]. Handbook of Health Economics, North Holland, 2000.

[63] Mobley, W., Griffith, R. W., Hand, H. H., Meglino, B. M. Review and Conceptual Analysis of the Employee Turnover Process [J]. Psychological Bulletin, 1979, 86(3), pp. 443 – 522.

[64] Moreno – Jiménez, B. Gálvez – Herrer, M. Rodríguez – Carvajal, R and Vergel, AI. A Study of Physicians' Intention to Quit: the Role of Burnout, Commitment and Difficult Doctor – Patient Interactions [J]. Psicothema, 2012, 24 (2), pp. 263 – 270.

[65] Morgan, M. Sociology as Applied to Medicine[M]. Elsevier, 2008.

[66] Motowildo, S. J. Predicting Sales Turnover from Pay Satisfaction and Expectation [J]. Journal of Applied Psychology, 1983, 68(3), pp. 484 – 489.

[67] Musgrave, R. A. The Theory of Public Finance [M]. New York: McGraw – Hill, 1959.

[68] Nevo, A. and Rosen. A. Identification with Imperfect Instruments [N]. Cemmap working paper, 2008.

[69] Newhouse, J. P, et al. Does the Geographical Distribution of Physicians Reflect Market Failure? [J]. Bell Journal of Economics, 1982(13), pp. 493 – 505.

[70] Nicholson, S. Physician Specialty Choice Under Uncertainty [J]. Journal of Labor Economics, 2002, 20(4), pp. 816 – 847.

[71] Ostroff C. The Relationship between Satisfaction, Attitudes and Performance: an Organizational Level Analysis [J]. Journal of Applied Psychology, 1992(77), pp. 963 – 974.

[72] Pathnlanl DE, Konrad TR, Williams ES, Scheckler WE, Linzer M, Dougla SJ. Physician Job Satisfaction, Dissatisfaction, and Turnover [J]. Journal of Family Practice, 2002(51), pp. 593.

[73] Pauly, M. V. Doctors and Their Workshops: Economic Models of Physician Behavior [M]. University of Chicago Press, 1980.

[74] Piccolo, RF. Core Self – Evaluations in Japan: Relative Effects on Job Satisfaction, Life Satisfaction, and Happiness [J]. Journal of Organization Behaviour, 2006, 27(1), pp. 109 – 109.

[75] Poot. Doctor – Patient Relations in Dermatology: Obligations and Rights for a Mutual Satisfaction [J]. Journal of the European Academy of Dermatology and Venereology, 2009, 23(11), pp. 1233 – 1239.

[76] Pozgar, George D. Legal and Ethical Insurcs for Health Professionals [M]. Jones and Bartlett Publishers, 2005.

[77] Pritchett, L, and L. Summers. Wealthier Is Healthier [J]. Journal of Human Resources, 1996, 31(4), pp. 844 – 68.

[78] Propper, C. & Van Reenen, J. Can Pay Regulation Kill? Panel Data Evidence on the Effects of Labor Markets on Hospital Performance [J]. Journal of Political Economy, 2010, 118(2), 222 – 273.

[79] Razee, Husna, Whittaker, Maxine, Jayasuriya, Rohan. Listening to the Rural Health Workers in Papua New Guinea – the Social Factors that Influence their Motivation to Work[J]. Social Science & Medicine,2012,75(5),pp. 828 –835.

[80] Rice,Tomas. The Physician as the Patient's Agent[J]. The Elgar Companion to Health Economics,2006,pp. 261 –268.

[81] Richard L. Lichtenstein. The Job Satisfaction and Retention of Physicians in Organized Settings: a Literature Review[J]. Medical Care Review,1984(41), pp. 139 –179.

[82] Riccardo Fioritoa, Tryphon Kollintzas. Public Goods, Merit Goods, and the Relation Between Private and Government Consumption [J]. European Economic Review,2004,48(6),pp. 1367 –1398.

[83] Rizzo,J. A.,Blumenthal,D. Physician Labor Supply: Do Income Effects Matter [J]. Journal of Health Economics,1994(13),pp. 433 –453.

[84] Roenen C,Ferrinho P,Van Dormael M,Conceição MC,Van Lerberghe W. How African Doctors Make Ends Meet: An Exploration[J]. Trop Med Int Health, 1997,2(2),pp. 127 –35.

[85] Roodman,D. Estimating Fully Observed Recursive Mixed – Process Models with Cmp[J]. Stata Journal,2011(11),pp. 159 –206.

[86] Roter, Debra, Judith A. Hall. Doctors Talking with Patients/ Patients Talking with Doctors: Improving Communication in Medical Visits [M]. Greenwood Publishing group, Praeger Publisher,2006.

[87] Sajaia,Z. Maximum Likelihood Estimation of a Bivariate Ordered Probit Model: Implementation and Monte Carlo Simulations [J]. The Stata Journal, 2008, 4 (2),pp. 1 –18.

[88] Scarpello,V. & Campbell,J. P. Job Satisfaction: Are All the Parts There? [J]. Personnel Psychology,1983(36),pp. 577 –600.

[89] Shields,M. A. and Ward,M. Improving Nurse Retention in the National Health Service in England: the Impact of Job Satisfaction on Intentions to Quit[J]. Journal of Health Economics,2001,20(5),pp. 677 –701.

[90] Schultz,T. W. Investment in Human Capital[J]. American Economic Review, 1961(51),1 –17.

[91] Smith, P. C., L. M. Kendall, C. L. Hulin. The Measurement of Satisfaction in Work and Retirement[M]. Chicago: Rand McNally, 1969.

[92] Sousa – Poza. Well – Being at Work: A Cross – National Analysis of the Level and Determinants of Job Satisfaction[J]. Journal of Socio – Economics, 2000, 29(6), pp. 517 – 538.

[93] Sweeney, George. Welfare Implications of Fully Distributed Cost Pricing Applied to Partially Regulated Firms[J]. The Bell Journal of Economics, 1982, 13(2), pp. 525 – 533.

[94] Sparr, Landy F., Gordon, Geoffrey H., Hickam, David H., Girard, Donald E. The Doctor – Patient Relationship During Medical Internship: The Evolution of Dissatisfaction[J]. Social Science & Medicine, 1988(26), pp. 1095 – 1101.

[95] Strauss, J., D. Thomas. Health, Nutrition, and Economic Development[J]. Journal of Economic Literature, 1998, 36(2), pp. 766 – 817.

[96] Thom, David H., Hall, Mark A. and Pawlson, Gregory L. Measuring Patients' Trust in Physicians When Assessing Quality of Care[J]. Health Affairs, 2004, 23(4), pp. 124 – 132.

[97] Tsai, Yafang. Relationship Between Organizational Culture, Leadership Behavior and Job Satisfaction[J]. Health Services Research, 2011(11).

[98] Van der Meer, Peter H., Wielers, Rudi. What Makes Workers Happy? [J]. Applied Economics. 2013, 45(3), pp. 357 – 368.

[99] Vahter, P. Does FDI Spur Productivity, Knowledge Sourcing and Innovation by Incumbent Firms? Evidence from Manufacturing Industry in Estonia[J]. World Economy, 2011(34), pp. 1308 – 1326.

[100] Wallace, JE, Lemaire, JB, Ghali, WA. Physician Wellness: a Missing Quality Indicator[J]. Lancet, 2009(374), pp. 1714 – 1721.

[101] Wanous, J. P., Reichers, A. E., & Hudy, M. J. Overall Job Satisfaction: How Good are Single – Item Measures? [J]. JounJal oj Applied Psychology, 1997(82), pp. 247 – 252.

[102] Warr, P. Work, Happiness and Unhappiness[M]. New Jersey: Mahwah, 2007.

[103] Weil, David N. Accounting for the Effect of Health on Economic Growth[J]. The Quarterly Journal of Economics, 2007, 122(3), pp. 1265 – 1306.

[104] Wibulpolprasert S, Pengpaiboon P. Integrated Strategies to Tackle the Inequitable Distribution of Doctors in Thailand: Four Decades of Experience [J]. Human Resources for Health, 2003(1):12.

[105] Williams ES, Skinner AC. Outcomes of Physician Job Satisfaction: a Narrative Review, Implications, and Directions for Future Research [J]. Health Care Manage Review, 2003(28), pp. 119 – 139.

[106] WHO. The World Health Report 2006: Working Together for Health [M]. Geneva: World Health Organization, 2007.

[107] Wright, Thomas A., Bonett, Douglas G. Job Satisfaction and Psychological Well – Being as Nonadditive Predictors of Workplace Turnover [J]. Journal of Management, 2007, 33(2), pp. 141 – 160.

[108] Xie, Bin, Dilts, David M. and Shor, Mikhael. The Physician – Patient Relationship: The Impact of Patient – Bbtained Medical Information [J]. Health Economics, 2006, 15(8), pp. 813 – 833.